Baedeker
Allianz Reiseführer

Kopenhagen

VERLAG KARL BAEDEKER

Hinweise zur Benutzung

Sternchen (Asterisken) als typographisches Mittel zur Hervorhebung bedeutender Bau- und Kunstwerke, Naturschönheiten und Aussichten, aber auch guter Unterkunfts- und Gaststätten hat Karl Baedeker im Jahre 1846 eingeführt; sie werden auch in diesem Reiseführer verwendet: Besonders Beachtenswertes ist durch * einen vorangestellten 'Baedeker-Stern', einzigartige Sehenswürdigkeiten sind durch ** zwei Sternchen gekennzeichnet.
Zur raschen Lokalisierung der Sehenswürdigkeiten von A bis Z auf dem beigegebenen Cityplan sind die entsprechenden Koordinaten der Kartennetzmaschen jeweils neben der Überschrift in Rotdruck hervorgehoben: Tivoli **G/H 7**.

Farbige Streifen an den rechten Seitenrändern erleichtern das Auffinden der Großkapitel des vorliegenden Reiseführers: Die Farbe Blau steht für die Einleitung (Natur, Kultur, Geschichte), die Farbe Rot für die Sehenswürdigkeiten, und die Farbe Gelb markiert die praktischen Informationen.

Wenn aus der Fülle von Unterkunfts-, Gast- und Einkaufsstätten nur eine wohlüberlegte Auswahl getroffen ist, so sei damit gegen andere Häuser kein Vorurteil erweckt.

Da die Angaben eines solchen Reiseführers in der heute so schnellebigen Zeit fast ständig Veränderungen unterworfen sind, kann der Verlag weder Gewähr für die absolute Richtigkeit leisten noch die Haftung oder Verantwortung für eventuelle inhaltliche Fehler übernehmen. Auch lehrt die Erfahrung, daß sich Irrtümer kaum gänzlich vermeiden lassen.

Baedeker ist ständig bemüht, die Qualität seiner Reiseführer noch zu steigern und ihren Inhalt weiter zu vervollkommnen. Hierbei können ganz besonders die Erfahrungen und Urteile aus dem Benutzerkreis als wertvolle Hilfe gar nicht hoch genug eingeschätzt werden. Vor allem **Ihre Kritik, Berichtigungen und Verbesserungsvorschläge sind uns stets willkommen.** Sie helfen damit, die nächste Auflage noch aktueller zu gestalten. Bitte schreiben Sie in jedem Falle an die

Baedeker-Redaktion
Karl Baedeker GmbH
Marco-Polo-Zentrum
Postfach 31 62
D-73751 Ostfildern.
Telefax: (07 11) 4502-343, E-Mail: baedeker@mairs.de
www.baedeker.com

Der Verlag dankt Ihnen im voraus bestens für Ihre Mitteilungen. Unter allen Einsendern und Einsenderinnen verlost der Verlag am Jahresende – unter Ausschluß des Rechtsweges – eine Städtekurzreise für zwei Personen nach London. Falls Sie gewonnen haben, werden Sie benachrichtigt. Ihre Zuschrift sollte also neben der Angabe des Buchtitels und der Auflage, auf welche Sie sich beziehen, auch Ihren Namen und Ihre Anschrift enthalten. Die Informationen werden selbstredend vertraulich behandelt und die persönlichen Daten nicht gespeichert.

◀ *Märchenhaftes Wahrzeichen der dänischen Hauptstadt: Andersens kleine Meerjungfrau am Hafenufer von Langelinie*

Vorwort

Dieser Reiseführer gehört zur neuen Baedeker-Generation. In Zusammenarbeit mit der Allianz Versicherungs-AG erscheinen bei Baedeker durchgehend farbig illustrierte Reiseführer in handlichem Format. Die Gestaltung entspricht den Gewohnheiten modernen Reisens: Nützliche Hinweise werden in der Randspalte neben den Beschreibungen herausgestellt. Diese Anordnung gestattet eine einfache und rasche Handhabung. Der vorliegende Band hat Kopenhagen zum Thema, beschreibt jedoch darüber hinaus auch etliche besuchenswerte Reiseziele auf Seeland. Dänemarks Hauptstadt gilt mit seiner gelungenen Mischung aus traditionsreichen und innovativen Kultureinrichtungen und -veranstaltungen als lebensfrohe Metropole mit besonderem Charme. Der Reiseführer gliedert sich in drei Hauptteile: Im ersten Teil wird über Kopenhagen im allgemeinen, seine Einwohner, das dänische Parlament, Wirtschaft und Verkehr, Kulturszene, dänisches Design, berühmte Persönlichkeiten und Stadtgeschichte berichtet. Eine Sammlung von Literaturzitaten leitet über zum zweiten Teil, in dem die Sehenswürdigkeiten in Kopenhagen und auf Seeland beschrieben werden.

Nördlich von Kopenhagen werden im Frilandsmuseet bei Lyngby bäuerliche Traditionen vorgestellt, erzählt das Nationalhistorische Museum auf Schloß Frederiksborg die Geschichte der absolutistischen Herrscher Dänemarks.

Daran schließt ein dritter Teil mit reichhaltigen praktischen Informationen, die dem Besucher das Zurechtfinden vor Ort wesentlich erleichtern. Sowohl die Sehenswürdigkeiten als auch die Informationen sind in sich alphabetisch geordnet. Baedeker Allianz Reiseführer zeichnen sich durch Konzentration auf das Wesentliche sowie Benutzerfreundlichkeit aus. Sie enthalten eine Vielzahl eigens entwickelter Pläne und zahlreiche farbige Abbildungen.

Zu diesem Reiseführer gehört als integrierender Bestandteil ein ausführlicher Cityplan, auf dem die im Text behandelten Sehenswürdigkeiten anhand der jeweils angegebenen Kartenkoordinaten zu lokalisieren sind. Wir wünschen Ihnen mit dem Baedeker Allianz Reiseführer viel Freude und einen erlebnisreichen Aufenthalt in Kopenhagen!

Baedeker
Verlag Karl Baedeker

Inhalt

Natur, Kultur Geschichte

Seite 10 – 33

Sehenswürdigkeiten von A bis Z

Seite 34 – 131

Praktische Informationen von A bis Z

Seite 132 – 193

Baedeker Specials

Wonderful

Børsen

Vier ineinander verschlungene Drachenschwänze krönen den Turm der alten Börse

Kopenhagen ist keine Weltstadt wie Paris oder London – man kann die Innenstadt in einer Stunde durchqueren ohne einmal außer Atem zu sein –, und trotzdem besitzt Dänemarks Hauptstadt eine ausgesprochene Vielzahl wundervoller Sehenswürdigkeiten und kultureller Aktivitäten von internationalem Format. Die lebhafte Kulturszene bietet namhafte Veranstaltungen, auf dem alljährlichen Jazz-Festival gastieren berühmte Virtuosen, auch die Ballettinszenierungen des traditionsreichen Königlichen Ensembles haben längst Weltruf erlangt. Meistbesuchte Attraktion ist vermutlich die tägliche Wachablösung vor der königlichen Residenz Amalienborg – mit etwas Glück bekommen Sie sogar Ihre Majestät, Margarethe II., zu Gesicht. Weltoffen, lebensfroh und intim zugleich wirkt das Herzstück von Alt-Kopenhagen: der malerische Nyhavn. Seine liebevoll restaurierten Häuserfassaden schauen auf betagte Dreimaster, die im Museumshafen vor Anker liegen. 'Hyggelig' nennen die Dänen diese wunderbar anheimelnde Stimmung, die mehr bedeutet als Gemütlichkeit und Synonym für jenen unverwechselbaren Charme ist, der Kopenhagens besondere Atmosphäre ausmacht. Schlendern Sie von hier zur Insel Slotsholmen, wo das dänische Parlament auf Schloß Christiansborg tagt, und weiter zum Einkaufsparadies Strøget, Dänemarks längster Flanierzeile. Stöbern Sie in Antiquitätenläden oder Avantgarde-Boutiquen und erstehen Sie ein Stück dänisches Design – 'blaubemaltes' Porzellan, Jensen-Silber oder vielleicht lieber Holmegaard Glas? Sollten Sie unterwegs Hunger bekommen: Das Angebot an ausgezeichneten Restaurants, urgemütlichen Kneipen und hübschen Cafés ist mehr als reichlich. Kulinarische Entdekkungsreisende müssen die köstlichen

Ny Carlsberg Glyptotek

mit mediterranem Wintergarten

Christiania

Im Aussteiger-Freistaat wird alternativ gelebt

Copenhagen

Variationen des legendären 'Smørrebrød' probieren, zu dem ein Frischgezapftes gehört – schließlich brauen Carlsberg und Tuborg vor Ort. Sein beliebtestes Wahrzeichen verdankt die Stadt jedoch Andersens zauberhafter Geschichte von der 'Kleinen Meerjungfrau'. So manchen Betrachter mag die sehnsuchtsvoll aufs Meer hinausblickende Bronzenixe an Märchenstunden der eigenen Kindheit erinnern. Eher wie ein Märchen aus Tausendundeiner Nacht wirkt der abendliche Lichtertraum des Tivoli, Kopenhagens vergnüglichster Rummelplatz und Kulturzentrum für alle Altersklassen. Auf Rosenborg Slot wartet der dänische Kronschatz, in Louis J. Tussaud's Wachsfigurenkabinett begegnet man illustren Persönlichkeiten, im Staatlichen Kunstmuseum hängen wichtige Beiträge zur Moderne. Versäumen Sie keinesfalls die Ausstellungen Louisianas, von der Kunstwelt als einzigartiger Glücksfall für die Musen des 20. Jahrhunderts gepriesen. Oder interessieren Sie sich mehr für antike Schätze und dänische Bildhauer? Beides ist in der 1996 erweiterten Ny Carlsberg Glyptotek zu bewundern, während Nordeuropas größter Musentempel, das dänische Nationalmuseum, mit Sammlungen zur skandinavischen Kultur von der Steinzeit bis heute aufwartet. Wer in den grünen Norden Kopenhagens hinausfährt, kann im Frilandsmuseet vergangenen Zeiten nachspüren, in Rundstedlund den literarischen Spuren Karen Blixens folgen oder durch den ältesten Vergnügungspark der Welt, den 'Bakken', bummeln. Zum obligatorischen Seeland-Ausflug gehört mindestens ein Schloß-Besuch – Frederiksborg Slot steht für Renaissance in Vollendung, Kronborg Slot ist Schauplatz der Hamlet-Tragödie – und natürlich nicht zu vergessen: ein endloser Sonnentag am Strand!

Skål!

Wer die Welt kennt, kennt Tuborg

Tussaud's Wax-Museum

Zur illustren Prominenz zählt auch Hans Christian Andersen im Kreise seiner Märchenfiguren

Natur, Kultur Geschichte

Zahlen und Fakten

Wappen der dänischen Hauptstadt Kopenhagen

Allgemeines

Urlaubsziel Dänemark

Dänemark gilt für viele Besucher als Inbegriff von Urlaub, purem Sommergefühl und wohltuender Beschaulichkeit. Hier nimmt man sich Zeit, ist alles ein bißchen 'hyggeliger', gemütlicher, als anderswo. Bei Dänemark denkt man an frische Seeluft, warme Strandtage und jede Menge Spaß für Kinder, Kultur mit Weltklasseformat, LEGO, Bier und Porzellan, grüne Wiesen, pulsierendes Stadtleben und idyllische Ferienhäuser am Meer.

Kopenhagen

Hauptstadt Dänemarks

Lage: 55°45' nördliche Breite und 12° bis 13° östlicher Länge

Fläche: 668 km²

Einwohnerzahl: 1,5 Mio.

Sprache: Dänisch

Königreich Dänemark

Brückenkopf bzw. 'Vogelfluglinie' zwischen Mitteleuropa und Skandinavien ist das Königreich Dänemark, zu dem die Halbinsel Jütland gehört sowie 474 Inseln, von denen knapp 100 bewohnt sind. Einer kurzen Landesgrenze von nur 68 km mit Schleswig-Holstein steht eine gesamte Küstenlänge von 7300 km gegenüber, davon rund 5000 km Badestrand. Übrigens ist kein Ort innerhalb Dänemarks weiter als 52 km vom Meer entfernt. Urlauber können zwischen der sanften Dünung an den Stränden der Ostsee und den rauheren Wellen an der Nordseeküste wählen. Den Übergang zwischen Ost- und Nordsee bezeichnen die Kattegat und Skagerrak genannten Randmeere. – Außenbesitzungen Dänemarks sind die Inselgruppe der Färöer und Grönland.

◀ *Blick auf Schloß Christiansborg im Zentrum von Kopenhagen*

Dänische Hauptstadt København

Hauptstadt der ältesten europäischen Monarchie ist Kopenhagen, eine moderne Metropole mit Charme, die beweist, daß Weltstadtflair nichts mit der Größe einer Stadt zu tun hat – und das nicht erst seit 1996 als Kulturhauptstadt Europas. Kopenhagen erstreckt sich am Ostufer Seelands, mit 7525 km² die größte dänische Insel, sowie auf der Insel Amager im Øresund. In Kopenhagen haben Parlament (Folketing) und Regierung des Landes ihren Sitz, residiert seit 1794 auf Amalienborg Slot die königliche Familie. Urkundliche Erwähnung findet Dänemarks Hauptstadt erstmals anno 1043 unter der Bezeichnung 'Havn'. Im Jahre 1167 ließ Bischof Absalon neben dem Fischerhafen eine Festung errichten, in deren Umkreis sich rasch ein lebhafter Handelsplatz entwickelte, der den Namen 'Købmændenes Havn' (= Kaufmannshafen) erhielt.

Fläche und Einwohner

Von der Größe und Einwohnerzahl ist Kopenhagen im Vergleich zu anderen Hauptstädten eher klein. Das eigentliche Stadtgebiet umfaßt die Kommune København mit 88 km² und die Kommune Frederiksberg mit 9 km². Hier wohnen rund 580000 Menschen. Darüber hinaus gibt es das Amt København, in dem 18 Kommunen zusammengeschlossen sind. Dieses erweiterte Stadtgebiet umschließt eine Fläche von 571 km² mit fast 623000 Einwohnern. Groß-Kopenhagen schließlich, dänisch 'hovedstadsområdet' (Hauptstadtumgebung) genannt, setzt sich aus den beiden Kommunen København und Frederiksberg sowie 26 Gemeindevororten zusammen. Die Hauptstadtregion umfaßt eine Fläche von 668 km² und zählt knapp 1,5 Mio. Einwohner. Damit ist Kopenhagen die größte Stadt Skandinaviens – über ein Viertel der dänischen Bevölkerung leben in der Hauptstadt und ihrer Umgebung. Die Entwicklung zur heutigen Millionenstadt ist erst in zweiter Linie Folge des Bevölkerungswachstums. Hauptsächlich erfolgte sie durch die flächenmäßige Ausdehnung des Stadtgebietes und durch Eingemeindungen. Die alte Innenstadt erlebt zur Zeit sogar eine Abwanderung von etwa 15000 Einwohnern jährlich.
Rund 94 % der Bevölkerung gehören der evangelisch-lutherischen Staatskirche (Folkekirken) an, der als nominelles Oberhaupt die Königin vorsteht.

Verwaltung

Eine Besonderheit Kopenhagens ist, daß innerhalb des Stadtgebietes die Kommune Frederiksberg liegt, eine selbständige Gemeinde mit eigenem Bürgermeister, Stadtrat, Rathaus und eigener Verwaltung, doch ansonsten in das Wirtschafts- und Verkehrsgefüge Kopenhagens integriert. Zum Amt København zählen folgende Kommunen mit Selbstverwaltung: Albertslund, Ballerup, Brøndby, Dragør, Gentofte, Gladsaxe, Glostrup, Herlev, Hvidovre, Høje-Tåstrup, Ishøj, Ledøje- Smørum, Lyngby-Tårbæk, Rødovre, Søllerød, Tårnby, Vallensbæk und Værlose.
Kopenhagen im engeren Sinn wird von einer durch Kommunalwahl bestimmten Bürgerrepräsentation von 55 Mitgliedern verwaltet. Diese wählen aus ihren Reihen als hauptberufliche Verwaltungsbeamte den Oberbürgermeister und sechs Bürgermeister, die zusammen den Magistrat bilden. Bei Abstimmungen haben diese gewählten Repräsentanten das gleiche Stimmrecht wie alle anderen Mitglieder.
Da die einzelnen Kommunen Kopenhagens ihre Bestimmungen (vor allem steuerliche) selbständig erlassen, besteht ein gewisser Trend, in Kommunen mit günstigeren Abgabeverordnungen zu ziehen.

Das dänische Parlament

Verfassung

Nach der Verfassung von 1953 ist Dänemark eine demokratisch-parlamentarische Monarchie. Die Königswürde ist erblich. Mit dem Thronfolgegesetz von 1953 wurde die Erbfolge für weibliche Nachkommen wieder eingeführt.

Monarch

Laut Verfassung hat der Monarch, das dänische Staatsoberhaupt, "die höchste Gewalt in allen Angelegenheiten des Königreiches und übt diese

Verfassung, Monarch (Fortsetzung)

durch die Minister aus". Demnach liegt die alleinige Verantwortung in den Händen der zuständigen Minister. Die wichtigsten politischen Aufgaben des Königs sind: repräsentative Vertretung des Königreiches nach außen, Gesetzesinitiative und -bestätigung sowie vorläufige Erfassung (verfassungskonformer), wenn das Parlament (Folketing) nicht zusammentreten kann, Ausschreibung von Neuwahlen, allerdings nur auf Veranlassung des Premierministers, und Ernennung des Premierministers sowie des Kabinetts. Königin von Dänemark ist Margrethe II. aus dem Hause Glücksburg, Linie Schleswig-Holstein-Sonderburg-Glücksburg, die 1997 ihr 25. Thronjubiläum beging.

Staatsrat und Ministerrat

Im Staatsrat (König und Minister) wird über alle Gesetze und wichtigen Regierungsmaßnahmen verhandelt. Das Kabinett nennt sich Ministerrat. Jeder einzelne Minister ist als Ressortchef dem Parlament gegenüber verantwortlich. Er kann von diesem durch ein Mißtrauensvotum gestürzt werden. Zudem kann jeder Minister vom König oder vom Parlament wegen seiner Amtsführung vor dem Staatsgerichtshof unter Anklage gestellt werden.

Premierminister

Der Premierminister wird nicht vom Parlament gewählt, sondern nach Absprache mit den Obmännern der Parteien von der Königin ernannt. Seiner möglichen Abwahl durch ein Mißtrauensvotum kann er einen eigenen Antrag auf Neuwahlen entgegensetzen. Diese beiden Gründe ermöglichen, daß in Dänemark auch Minderheitsregierungen über längere Perioden regieren können.

FOLKETINGET

Das Parlament (Folketing) ist nach Abschaffung der ersten Kammer (Landsting) anno 1953 die alleinige Volksvertretung und gesetzgebendes Organ. Seine 179 Mitglieder – darunter je zwei Abgeordnete von den Färöern und von Grönland – werden in allgemeiner, geheimer und direkter Wahl auf vier Jahre gewählt. Stimmrecht haben alle Männer und Frauen ab 18 Jahren. Eine Auflösung des Folketings ist bei Verfassungsänderungen vorgeschrieben.

Wirtschaft

Wirtschaftszentrum

Kopenhagen ist Zentrum der dänischen Wirtschaft, die sich durchweg in privaten Händen befindet, sowie Verwaltungssitz zahlreicher Banken und Industrieunternehmen. Mehr als zwei Drittel der dänischen Industrieprodukte werden exportiert, die Hälfte davon in EU-Länder.

Industriezweige

Spitzenbier gehört zu den maßgebenden Kopenhagener Erzeugnissen. Es wird von den heute vereinigten Brauereien Tuborg und Carlsberg produziert, die weltweit exportieren. Dansk Design (s. S. 18ff.) ist ein Teil dänischer Kultur und genießt Weltruf. Das funktionale Design von Gebrauchsgegenständen, die Haus, Heim und Büro gestalten und verschönern, steht für innovative Produktionsideen und ein besonderes Gefühl der Form- und Farbgebung. Dies gilt ebenso für Möbel, Silber, Glas und Porzellan, wie für Schiffbau und Brückenkonstruktionen, Elektronik und Architektur.

Verkehr

Hafen

Der Güter- und Passagierverkehr des fast 450 ha großen Hafens von Kopenhagen, der die dänische Hauptstadt jahrhundertelang zu einem der wichtigsten Handelszentren im Ostseeraum machte, ist seit dem Zweiten Weltkrieg stark zurückgegangen, da viele Überseeschiffe den Hafen aufgrund seines geringen Tiefgangs (bis 10 m) nicht mehr anlaufen konnten. Längst haben andere Häfen wie Rotterdam, Göteborg und Hamburg – Rotterdam besitzt vergleichsweise einen Tiefgang von 22 m – die Füh-

Alleinige Volksvertretung und gesetzgebendes Organ: das Folketing

In kunstvoller Handarbeit entsteht das 'Blaubemalte' der königlichen Porzellanmanufaktur.

Einkaufsbummel durch die moderne Ladenpassage im Flughafen Kastrup

Hafen (Fortsetzung)

rungsrolle übernommen. Zudem hat sich wie andernorts ein Großteil des Güterumschlags auf Lkw und Eisenbahn verlagert, so daß die Bedeutung des Hafens sich heute im wesentlichen auf den Großraum Kopenhagen beschränkt. In den letzten Jahren sind vermehrt Anstrengungen zur Wiederbelebung des Hafenbereichs unternommen worden, die bereits erste Umsatzsteigerungen beim Stückguttransport bewirkt haben. Nicht zu vergessen die zahlreichen Kreuzfahrtschiffe, die vor der schönen Hafenfront von Langelinie vor Anker gehen. Der Nutzung entsprechend läßt sich der Hafen in drei verschiedene Gebiete aufteilen:
Yder- und Nordhavnen: Containerhafen für den Gütertransport, Werften.
Frihavn: v. a. Lagerhäuser.
Inderhavnen: Passagierhafen mit Zollamt, Verwaltungsgebäuden und umfunktionierten ehemaligen Hafengebäuden, die heute Hotels, Dienstleistungsbetriebe und Wohnungen beherbergen.
Sydhavnen: Industriehafen mit Industriebetrieben, Bürogebäuden, Eigentumswohnungen und Hotels.

Schiffsverkehr

Regelmäßiger Fährschiffsverkehr besteht von Kopenhagen nach Schweden (Tuborg Havn–Landskrona; Dragør/Amager–Limhamn), nach Norwegen (Sct. Annæ Plads–Oslo) und innerdänisch nach Bornholm (Havnegade–Rønne). Eine direkte Fährverbindung von Kopenhagens Häfen nach Deutschland gibt es nicht. Erreichen kann man Dänemarks Hauptstadt per Schiff über die Autofährverbindung von Schweden (Landskrona, Limhamn) und Norwegen (Oslo). Die Auto- und Eisenbahnfähre von Puttgarden nach Rødbyhavn braucht eine Stunde, von Rostock nach Gedser dauert es zwei Stunden, mit der Schnellfähre 70 Minuten. Personenschiffe fahren von Kopenhagen nach Helsingør, Tragflügelboote stellen zudem die Verbindung von Kopenhagen nach Schweden (Malmö, Hven) her.

Flughafen

Kopenhagens Flughafen Kastrup gehört heute zu den verkehrsreichsten Flughäfen Europas. Er liegt auf der Insel Amager, rund 10 km südlich vom

Flughafen (Fortsetzung)

Stadtzentrum. Kastrup ist derzeit der sechstgrößte Flughafen Europas, dessen Passagieraufkommen in naher Zukunft auf rund 16 Mio. Fluggäste pro Jahr ansteigen soll. Die Terminals und Warteräume wurden bereits erweitert, Hauptattraktion ist die moderne Abflughalle im Hauptgebäude, deren Einkaufszentrum im Stil der Kopenhagener Fußgängerzone 'Strøget' über 20 Geschäften Platz bietet.

*Brückenschlag über den Großen Belt

Seeland und Kopenhagen sind seit 1997 per Bahn und seit 1998 auch per Auto über zwei gigantische Brücken (Mautgebühr) und eine doppelte Tunnelröhre mit dem dänischen Festland verbunden – eine architektonische, technische und logistische Meisterleistung. Im Oktober 1994 erfolgte der Tunneldurchstich für den 7,7 km langen, zweiröhrigen Eisenbahntunnel unter der 'Ostrinne' des Großen Belt zwischen Halskov und dem Inselchen Sprogø, der seit 1997 Personen- und Güterzügen ermöglicht, eine Stunde schneller als mit der Fähre zwischen Fünen und Seeland zu verkehren. Seit 1998 können auch Autofahrer von Flensburg bis Kopenhagen durchfahren und den Großen Belt ohne Fähre statt in bislang 90 nun in 15 Minuten überqueren. Von Knudshoved (Fünen) fahren Autos und Züge zunächst parallel über die 6,6 km lange, auf 62 flachen Betonpfeilern ruhende Westbrücke zur künstlich verbreiterten und eingedeichten Sandinsel Sprogø. Züge erreichen das seeländische Halskov von dort durch besagten Eisenbahntunnel. Autos und Lastwagen fahren indes über die 6,8 km lange, vierspurige Ostbrücke weiter, die sich im Scheitelpunkt 65 m hoch über die vielbefahrene Schiffahrtsroute durch den Belt spannt. Umweltprobleme des Riesenprojektes (Baukosten ca. 7 Mrd. DM) ergeben sich durch Sandvorspülungen für die Vergrößerung der Beltinsel Sprogø auf das fast Vierfache ihrer ursprünglichen Fläche und durch die knapp 100 im Meeresboden verankerten Brückenpfeiler (bis zu 6000 t), die Veränderungen der Strömungsverhältnisse bewirken. Auch die Sauerstoff- und Salzzufuhr der ohnedies schon schwer geschädigten Ostsee wird beeinträchtigt – eine Vertiefung des Belts soll dieser Entwicklung entgegenwirken.

*Brückenschlag über den Øresund

Weitere technische Meisterleistung im Ostseeraum ist die Straßen- und Eisenbahnverbindung über den Øresund zum Nachbarn Schweden. Die knapp 16 km lange, auf 51 Pfeilern und zwei Pylonen ruhende Brücken-Tunnel-Kombination wurde am 14. August 1999 von der schwedischen Kronprinzessin Victoria und dem dänischen Thronnachfolger Frederik eingeweiht und am 1. Juli 2000 für den Verkehr freigegeben. Mit dem mächtigen doppelstöckigen Brückenträger – im Untergeschoß fahren die Züge, während das Obergeschoß den Kraftwagen vorbehalten ist – und den knapp über 200 m hohen Pylonen ist dieses Bauwerk eine weithin sichtbare Landmarke. Während sich Umweltschützer um die Folgen für Vogelschutzgebiete und den Fischbestand sorgen, erhoffen sich Befürworter des Projektes durch die neue Verkehrsader eine Belebung der gesamten Øresundregion zwischen Kopenhagen und Malmö.

Fehmarn-Belt

Schon längst ist auch die Querung des Fehmarn-Belts zwischen Puttgarden und Rødby/Lolland im Gespräch, um den alten Traum von der Vogelfluglinie endgültig Wirklichkeit werden lassen – egal wie Eiderenten und Dorsche darauf reagieren werden.

Autobahnen und öffentlicher Nahverkehr

Autobahnen führen bis zum Stadtrand und teilweise sogar in die Stadt hinein. Hauptzufahrten von und nach Deutschland:
E 47 in Richtung Køge, Rødbyhavn zur Fähre nach Puttgarden; Abfahrt Nykøbing – Gedser zur Fähre nach Rostock (E 55);
E 20 in Richtung Korsør und über die neue Brücke nach Nyborg/Fünen, weiter über Jütland zur dänisch-deutschen Grenze bei Flensburg;
E 47 nach Norden Richtung Helsingør.
Eine für den innerdänischen Verkehr wichtige Ausfallstraße ist die Autobahn-/Schnellstraße (21/23), die von Kopenhagen westlich über Roskilde nach Kalundborg (ab hier Fähren nach Jütland) führt.
Ein gut ausgebautes S-Bahnnetz (s. hintere Umschlaginnenseite) verbindet die Kopenhagener Innenstadt mit den Vororten, ergänzt durch ein umfangreiches Busnetz.

Kunst und Kultur

Kulturszene

Kulturmetropole mit Flair

Keine andere Stadt des Landes ermöglicht einen vergleichbaren Zugang zum dänischen Kulturleben wie Kopenhagen. Die geschäftige Hauptstadt bietet ein Füllhorn von Sehenswürdigkeiten und Erlebnissen für jeden Geschmack, berühmte Museen und märchenhafte Vergnügen bei Tivoli und Co., stimmungsvolle Sommertage in den grünen Oasen der Parks, am Nyhavn und in den schönen Atriumhöfen der Restaurants, ein Schlaraffenland für Shoppingfreunde auf und um Europas längste Fußgängerzone, die "Strøget", ein intensives Musik- und Theaterleben, und natürlich nicht zu vergessen: dänische Gaumenfreuden nebst lebhafter Cafékultur.

Eldorado für Museumsfreunde

Allein in der Innenstadt informieren 50 größere und kleinere Museen über Weltklassekunst und altes Spielzeug, Erotik und Weltrekorde, die Kronjuwelen, dänisches Design und vieles mehr. Zu Recht trug Kopenhagen 1996 den offiziellen Titel 'Kulturhauptstadt Europas'. Um den entsprechenden Rahmen zu liefern, wurden umfangreiche Renovierungen und Neubauten vorgenommen wie die Erweiterungen der Ny Carlsberg Glyptothek, des Staatlichen Kunstmuseums und der Königlichen Bibliothek sowie der Bau eines neuen Museums für moderne Kunst, der 'Arche', knapp 20 km südlich der City in Ishøj.

Ballettlegenden und heißer Jazz

Internationalen Ruf genießt das Königliche Theater mit seinen Schauspiel-, Opern-, vor allem aber den Ballettaufführungen. Illustre Namen gefeierter Tänzer und Choreographen wie Landé, der 1726 erste getanzte Intermezzi in Kopenhagen inszenierte, August Bournonville, der alles dominierende Ballettmeister des 19. Jh.s, John Cranko, Neumeier, Lærkesen und Lander sowie die legendären Startänzer Erik Bruhn und Peter Schaufuss sind dem Königlichen Dänischen Ballett verbunden. Für Besucher, die der dänischen Sprache nicht mächtig sind, empfiehlt sich in erster Linie ein Besuch der königlichen Ballettvorstellungen, allen voran das Bournonville-Ballett "Et Folkesagn" – heute mit dem Bühnenbild von Margarethe II. Eine typische Form der dänischen Unterhaltung sind die 'Revyen', eine Mischung aus Musik, Tanz, Kabarett und Satire, wie sie in den Vergnügungsparks von Bakken und Tivoli gegeben werden. Nicht zu vergessen die zahlreichen Straßenmusikanten, die 'Vise-sangere' und Live-Musikveranstaltungen in den Kneipen und Varietés der Altstadt sowie das breite Angebot für Cineasten, besonders im modernen Kinopalast am Axeltorv. Höhepunkte im Jahresreigen sind das alljährliche Kopenhagener Sommerfestival mit einem bunten Veranstaltungsprogramm und zahllosen Open-Air-Aktivitäten sowie das vielgepriesene Jazz-Festival, das 10 Tage im Juli überall in Kopenhagen Jam Sessions internationalen Karats präsentiert.

Royal Shopping

In Kopenhagen wird ein Einkaufsbummel zum entspannenden Vergnügen. Alles was das Herz begehrt, läßt sich zu Fuß erreichen. Avantgarde in der Larsbjørnstræde, Designeroutfit in der Gønnegade, Bücher in der Fiolstræde, Kaufhäuser und exklusive Geschäfte auf der 1,8 km langen Einkaufsmeile Strøget und natürlich Strædet, Nyhavn und Farvergade, unbestritten das europäische Mekka, wenn es um Antiquitäten aller Preisklassen geht.

Baedeker Special

Jazzrhythmen vom Feinsten

Seinen Ruf als Jazzmetropole verdankt Kopenhagen vor allem dem seit 1979 alljährlich veranstalteten **Jazz Festival**, das ohne Zweifel zu den Höhepunkten der dänischen Musikszene gehört. Jazzfreunde kommen in Kopenhagen das ganze Jahr auf ihre Kosten, ein wahres Feuerwerk dieser Musikrichtung aber bietet das vielfältige Veranstaltungsprogramm in der Zeit vom ersten Freitag bis zum zweiten Sonntag im Juli, wenn die Straßen, Plätze und Parks der dänischen Hauptstadt zum Schauplatz exzellenter Jazzkonzerte werden. In Kopenhagen trafen sich bereits Ende der fünfziger Jahre die Anhänger der 'swingenden' Rhythmen, Mitte der sechziger Jahre gastierten gefeierte Solisten wie die Tenorsaxophonisten Stan Getz, Dexter Gordon oder Ben Webster im legendären *Café Montmartre* in der Store Regnegade – 1976 wurde das *Jazzhus Montmartre* in der Nørregade wiedereröffnet und avancierte schnell zum Treffpunkt internationaler Künstler wie innovativer dänischer Ensembles. Traditioneller Jazz wird auch heute in vielen Kneipen und Cafés gepflegt, darunter das renommierte *De Tre Musketerer* am Nikolaj Plads, während sich das bereits erwähnte *Montmartre* und das 1991 eröffnete *Copenhagen Jazz House* vor allem modernen Jazzrhythmen widmen. Zum jährlichen Festival gehören neben den angekündigten Highlights natürlich auch spontane Jamsessions, bei denen sich mitunter illustre Jazzmusiker wie der Trompeter Wynton Marsalis oder der Bassist Nils-Henning Ørsted Petersen mit unbekannten Amateuren zusammenfinden – eine herrlich ungezwungene Atmosphäre mit unvergeßlichen Eindrükken, nicht nur für Jazzenthusiasten.

Gruppe 'Blue in Green' auf dem Kopenhagener Jazz Festival

Dänisches Design

Dansk Design

Dänemarkreisende sind immer wieder fasziniert vom anmutigen Zusammenspiel der Farben und Formen, dem ebenso schönen wie funktionalen Design, das sich in unterschiedlichster Weise im täglichen Leben der Dänen findet. Geschmackvoll dekorierte Fensterbänke, bezaubernde Stilleben in schlichten Keramiktöpfen, Kaffeekannen von Bodum oder der Königlichen Porzellanmanufaktur, altes Jensen-Silber und moderne PH-Leuchten, Kinderstühle von trip-trap oder die HiFI-Anlagen von Bang & Olufsen – alles Leckerbissen dänischer Designkunst. Kennzeichen des dänischen Designs waren und sind die hervorragende handwerkliche, später industrielle Qualität der Erzeugnisse, die kunstvolle Gestaltung – zahlreiche Designer waren bedeutende Künstler ihrer Zeit – und der von Kaare Klint manifestierte Wert der Funktionalität nach dem Grundsatz "Die Form eines Gegenstandes folgt seiner Funktion". Wer sich einen Überblick zum Thema 'Dänisches Design' verschaffen will, sollte im Kunstindustriemuseet und im neuen Dänischen Design Center reinschauen.

Royal Copenhagen

Eine der wichtigsten Fusionen in der Entwicklungsgeschichte des Kopenhagener Designs fand 1985 statt, als sich die Königliche Porzellanmanufaktur mit Georg Jensens Silberschmiede und den Holmegaard Glaswerken zu 'Royal Copenhagen' vereinigte. Die berühmten Porzellan-, Silber- und Glasprodukte kann man heute am Amagertorv 6 erstehen.

Keramik

Die Geschichte der dänischen Keramik ist eng verbunden mit den beiden großen Kopenhagener Porzellanfabriken: der Königlichen Porzellanmanufaktur und der Bing & Grøndahl Porzellanfabrik.

Königliche Porzellanmanufaktur

Die am 1. Mai 1775 durch Vermittlung der Königinwitwe Juliane Marie von dem Apotheker Frantz Heinrich Müller gegründete Königliche Porzellanmanufaktur war lange Zeit im Besitz der königlichen Familie. Als Porzellanmarke wählte das Unternehmen drei Wellenlinien, das Symbol der drei dänischen Durchfahrtsgewässer: Øresund, Großer Belt und Kleiner Belt.
Bekannt wurde die Königliche Porzellanmanufaktur v. a. durch ihre großen Geschirre und die kunstvolle Unterglasurmalerei. Das älteste Service, das nach Meissner Vorbildern verzierte 'Musselmalet' (Blaubemaltes), wird, von einigen Änderungen abgesehen, seit dem Gründungsjahr hergestellt. Der erste Großauftrag – ein Tafelservice von 2600 Teilen –, war das 1789 entworfene 'Flora Danica'. Es wurde vom dänischen Kronprinz Frederik als Geschenk für die russische Zarin Katharina II. in Auftrag gegeben, die Zarin verstarb jedoch vor der Fertigstellung. Benannt wurde das bis heute produzierte Geschirr nach dem gleichnamigen Nachschlagewerk über die Botanik des Landes. Die Dekorationstechnik der Unterglasurmalerei, bei der bereits vor der Feldspatglasierung aquarellartige Farben aufgetragen werden, erlaubt aus technischen Gründen nur die Verwendung weniger Farben, woraus sich wiederum die Bezeichnung 'Blaues Kopenhagener Porzellan' ableitet.
Ihre große Blütezeit erlebte die Königliche Porzellanmanufaktur unter Leitung von Arnold Krog gegen Ende des 19. Jahrhunderts. Charakteristisch für diese Epoche sind die vielen Landschaftsmotive aus Dänemark. Wichtige Impulse für die jüngere Entwicklung in Richtung des Funktionalen und Diskreten lieferten die Keramikerin Gertrud Vasegaard mit ihren 1960 entworfenen Geschirren 'Gemma' und 'Gemina' sowie die Architektin Grethe Meyer mit ihren Fayencen 'Blaukant' (1962) und 'Rottopf' (1981). Weniger Funktionalität zeigten parallel hierzu die Arbeiten des Goldschmieds Arje Griegst, der u. a. 1978 das Service 'Konkylie' vorstellte.

Dänisches Design in höchster Vollendung: dekoratives Porzellan für festliche Stunden ▶

Bing & Grøndahl Porzellanmanufaktur

In der 1853 errichteten Porzellanfabrik von Bing & Grøndahl führte der Maler Pietro Krohn die Unterglasurtechnik ein. Sein 1888 entworfenes 'Reiherservice' entstand unter Mithilfe von Effie Hergermann-Lindencrone und Fanny Garde, die 1901 das bekannte 'Mövenservice' schuf. Das 'Blaubemalte Service' des Hauses, dessen Muster im Gegensatz zur Königlichen Porzellanmanufaktur nicht vier-, sondern dreiteilig ist, entwarf der Maler F. A. Hallin, von dem auch der erste 'Weihnachtsteller' ('Hinter der vereisten Fensterscheibe', 1895) stammt. Vertreter des modernen Funktionalismus waren in den dreißiger Jahren der Silberschmied Kay Bojsen und der Zeichner Ebbe Sadolin mit ihren weißen Geschirren, deren Formen ohne farbige Dekoration auskamen. Der Bildhauer Henning Koppel lieferte zunächst ebenfalls reinweiße Services, arbeitete später jedoch auch mit Farbkompositionen (z. B. 'Comet', 1978). Noch gebrauchsbetontere Arbeiten stellte der Keramiker Erik Magnussen vor, dessen Alltagsgeschirr 'Hank' (1972) u. a. in den Dänischen Staatsbahnen verwendet wird.

Silber

Georg Jensens Silberschmiede

In den ersten Jahren der 1904 von Georg Jensen gegründeten Silberschmiede lieferten Jensen selbst und der Maler Johan Rohde die richtungsweisenden Entwürfe. Seit Beginn produzierte das Unternehmen sowohl Bestecke und Hohlwaren als auch Schmuck. Der gelernte Goldschmied und Bildhauer Georg Jensen, der als einer der bedeutendsten Silberdesigner seiner Zeit gilt, schuf u. a. das vielgepriesene Silberbesteck 'Antik' (1906). Weitere anerkannte Namen der Schmiede waren Harald Nielsen, Sigvard Bernadotte, Magnus Stephensen, Søren Georg Jensen und der für seine Keramikentwürfe (s. oben) wie für seine Hohlwarenarbeiten berühmte Bildhauer Henning Koppel, der dem Silber in zahlreichen Gebrauchsgegenständen zu neuen Ausdrucksformen verhalf, darunter auch die 'Fischschüssel' (1954). Mit dem Anstieg der Silberpreise folgte eine teilweise Umorientierung der Schmiede auf neue Werkstoffe wie Stahl. Unter den Schmuckdesignern des Hauses sind v. a. Nanna Ditzel, Torun Bülow-Hübe, Arje Griegst, Anette Kræn und Ole Bent-Petersen zu nennen. Vorbild für zahlreiche dänische Besteck-Designer war das von Kay Bojsen 1938 in Silber und 1951 in Stahl kreierte Besteck 'Grand Prix'; fließende Formen zeigte u. a. Arne Jacobsens 'AJ-Besteck' (1960). Bekannt wurde Kay Bojsen ferner durch seine Entwürfe für Holzspielzeug.

Glas

Holmegaard Glaswerke

Nach einer fast zweihundertjährigen Pause, in der in ganz Dänemark kein Glas mehr produziert wurde, kam es auf Initiative des Grafen Christian Danneskiold-Samsoe in Holmegaard, 7 km nördlich von Næstved (Südseeland), zu einer Renaissance der dänischen Glaskunst. Den Torf als wichtiges Heizmaterial lieferte das Moor, die fehlenden Glasmacher wurden in Norwegen angeworben und schließlich ging 1825 der erste Glasofen in Betrieb. Zunächst wurden nur grüne Flaschen ('Bouteilles') hergestellt, ab 1835 folgten Tafelgläser, gefertigt von Meistern, die man auch aus Süddeutschland und Böhmen geholt hatte. So verwundert es nicht, daß einige Termini der Glasherstellung deutschen Ursprungs sind. Später kamen mit Schleifen, Ätzen und Bemalen verschiedene Veredlungsprozesse hinzu, mit Automatik und Schablonisierung trat die Massenproduktion von Industrieglas neben die Fertigung 'von Hand'. Hauptprodukt sind nach wie vor die Tafelgläser. In den letzten Jahren wurde zudem die Herstellung von Halbkristall-Glas (Klangglas) aufgenommen.

Die dänische Glaskunst der Gegenwart prägen zwei unterschiedliche, wenngleich nicht immer trennbare Entwicklungslinien. Einerseits wachsen die Formen quasi aus sich selbst heraus, materialgerecht und traditionsverbunden, andererseits lassen sich die 'Glaspusteri' von den modernen Kunstrichtungen der Malerei, Graphik und Bildhauerei inspirieren.

Möbel und Beleuchtung

Möbeldesign

Die dänische Möbelkunst erfuhr ihren Durchbruch auf internationaler Ebene im Laufe der fünfziger Jahre. Wegbereiter für diesen Erfolg war der Architekt Kaare Klint, der als Lehrer für Möbelgestaltung an der Architekturschule von Kopenhagen tätig war. Mit seinen Studien der menschlichen Proportionen eröffnete Klint eine systematische Arbeitsweise, die Bequemlichkeit und Funktionalität von Möbeln in den Vordergrund stellte. Auf dieser Grundlage nutzte er bereits bestehende, zweckmäßige Möbeltypen, die er weiterentwickelte – u.a. vereinfachte er englische Chippendale-Möbel – und damit ein neues Verständnis von Möbeldesign schuf. Seither haben sich viele dänische Künstler durch ausländische Möbel inspirieren lassen und diese dann so stark verbessert, daß das Endprodukt urdänisch erscheint. Zu den bekanntesten Vertretern der jüngeren Generation gehört der Stuhldesigner Hans J. Wegner, dessen 1949 entworfener 'The Chair' zum Begriff wurde – der 'Stuhl der Stühle' soll der einzige gewesen sein, auf dem John F. Kennedy wirklich sitzen konnte.

Beleuchtungsdesign

Bekanntester Designer von dänischen Beleuchtungskörpern ist Poul Henningsen, dessen lichttechnische Tätigkeit anno 1925 begann, als er einen Wettbewerb für die Beleuchtung des dänischen Pavillons auf der Pariser Weltausstellung gewann. Poul Henningsen – von den Dänen kurz PH genannt – entwarf jedoch nicht nur Lampen, sondern lieferte auch die theoretische Grundlage, nach der heute viele Designer arbeiten. "Schmeißt den Künstlerschlapphut weg und zieht euch Arbeitskluft an, entwickelt jeweils nur einen Gegenstand, der dann brauchbar ist", forderte Henningsen in der Zeitschrift "Kritisk Revy". Charakteristisch für PH's Beleuchtungskörper ist, daß sie mehrere Schirme besitzen, um die Farbe des Lichtes zu korrigieren. Die von Henningsen 1958 vorgestellte Leuchte 'PH-5' ist heute ebenso wie der ursprünglich für das Kopenhagener Restaurant Langelinie Pavillionen entworfene 'PH-Teller' in zahlreichen dänischen Haushalten anzutreffen.

Design für Architektur

Auf dem Gebiet des dänischen Designs sind viele hervorragende Ergebnisse bei funktionsgebundenen Aufgaben im Zusammenhang mit der Errichtung neuer Bauten erzielt worden. So entwarf der Architekt Arne Jacobsen 1960 beispielsweise nicht nur das Gebäude des Kopenhagener Hotels SAS Royal, sondern widmete sich auch der Gestaltung der Möbel bis hin zu den Gläsern und Bestecken des Restaurants.
Architekturstudent Søren Robert Lund war gerade 25 Jahre alt, als er 1988 mit seinem Entwurf einer dekonstruktivistischen Betonskulptur den Wettbewerb zum Bau des 1996 eröffneten Arken, dem neuen Museum für moderne Kunst, gewann.

Industriedesign

Aufgabe moderner Industriedesigner ist weniger die Verarbeitung eines bestimmten Materials als vielmehr der Entwurf von Produkten, die sich mitteilen. Illustre Beispiele für bewußte Designpolitik sind die unverwechselbaren Kaffeekannen der Firma Bodum und die Fernseh- und HiFi-Geräte des mehrfach ausgezeichneten Unternehmens Bang & Olufsen. Hier wird verstärkt versucht, technisch komplizierte Geräte mit Formschönheit zu entdramatisieren, wobei nach dem Motto 'die Form folgt der Funktion' durch eine klare Gestaltung gut verständlich ausgedrückt wird, wozu und wie ein Gerät zu benutzen ist.

Berühmte Persönlichkeiten

Hinweis

Die nachstehende, alphabetisch geordnete Liste vereinigt eine Reihe von Persönlichkeiten, die durch Geburt, Aufenthalt, Wirken oder Tod mit Kopenhagen verbunden sind und überregionale Bedeutung erlangt haben.

Absalon (um 1128 bis 21. 3. 1201)

Als Stadtgründer Kopenhagens gilt der dänische Staatsmann Absalon, dem man 1901 zu seinem 700. Todesjahr auf dem Højbro Plads ein Denkmal gesetzt hat. Der Enkel des mächtigen Skjalm Hvide, der unter König Sven Estridsen Seeland regiert hatte, kam auf dem Familiensitz in Fjenneslev bei Sorø zur Welt. Nachdem Absalon anno 1157 die Mannen von Waldemar I. im Kampf um die Königskrone unterstützt hatte, folgte im nächsten Jahr die Ernennung zum Bischof von Roskilde. Zudem bekam er als Schenkung des Königs die Rechte über den Ort 'Havn', wo er rund zehn Jahre später zum Schutz gegen wendische Seeräuber eine Festung auf der Insel Strandholm (heute Slotsholm) erbauen ließ. Die rasch expandierende Siedlung um die Burg erhielt den Namen 'Købmændenes Havn' (Kaufmannshafen).
Das Amt des Erzbischofs von Lund wurde Absalon 1177 übertragen. Zudem war er einer der einflußreichsten Ratgeber von Waldemar I. und Knut VI.; er stärkte die Stellung der dänischen Kirche und dehnte ihren Einflußbereich bis nach Rügen und Pommern aus. Im Frühjahr 1201 starb Absalon in Sorø, wo er in der Klosterkirche beigesetzt wurde.

Martin Andersen Nexø (25. 6. 1869 bis 1. 6. 1954)

Den größten Teil seiner Jugend verbrachte der gebürtige Kopenhagener als Hütejunge und Schusterlehrling auf der Insel Bornholm. Nach dem Besuch verschiedener Volkshochschulkurse arbeitete er als Lehrer und später als Schriftsteller. Die letzten drei Jahre seines Lebens verbrachte Andersen Nexø in Dresden.
Grundthemen seines künstlerischen Schaffens sind harte Sozialkritik und Mitgefühl für die Armen und Ausgestoßenen der Gesellschaft. In seinem vierbändigen Romanwerk "Pelle der Eroberer" (1906–1910) beschreibt er einfühlsam das harte Leben von Bauern, Fischern und Arbeitern und schildert dabei die Ziele der Arbeiterbewegung um 1900. Dänemarks Erfolgsregisseur Bille August verfilmte den Roman 1987 mit Starbesetzung und wurde dafür ein Jahr später mit Golden Globe und Oscar ausgezeichnet.

Karen Blixen (17. 4. 1885 bis 7. 9. 1962)

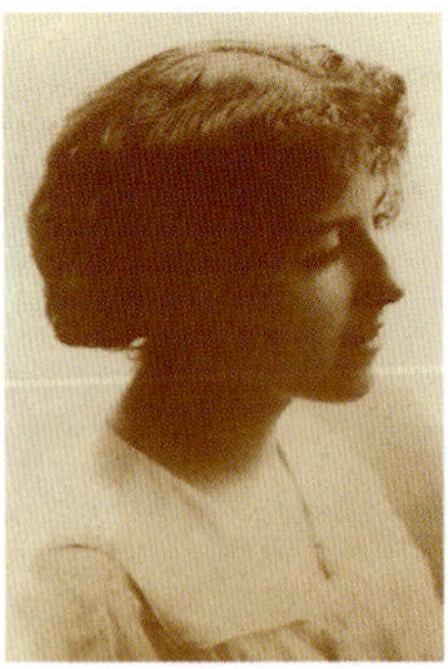

Das bewegte Leben der freiheitsliebenden Schriftstellerin beginnt und endet vor den Toren Kopenhagens auf dem Landsitz Rundstedlund, wo Mutter Ingeborg aus der vermögenden Kaufmannsfamilie Westenholz ein strenges Regiment führt. Mit zehn Jahren trifft Karen der erste Schicksalsschlag durch den Selbstmord ihres geliebten Vaters, Hauptmann Wilhelm Dinesen, dessen leidenschaftliche Ader die zweitälteste Tochter geerbt hat. Als junge Frau unternimmt Karen erste Schreibversuche und belegt Kurse an der Kopenhagener Kunstakademie. Ihre Verlobung mit dem schwedischen Baron Bror von Blixen-Finecke ruft im Hause Westenholz blankes Entsetzen hervor. Was beide neben echter Zuneigung verbindet, ist die

Baedeker Special

Mit Glücksgaloschen durch Zeit und Raum

"Es war ein sonderbarer Koffer! Sobald man auf das Schloß drückte, konnte der Koffer fliegen. Hoch hinauf über die Wolken, weiter und weiter fort." Hemmungslose Reiselust mit poetischen Mitteln, Länder und Zeiten in "Galoschen des Glücks" gedankenschnell wechselnd, trotz aller Reisestrapazen des 19. Jahrhunderts ein Jetsetter mit Postkutsche, Eisenbahn und Schusters Rappen – Dänemarks berühmtester Märchenerzähler hätte sich in unserem reiselustigen Zeitalter zweifellos wohlgefühlt. "Ich wünschte, ich könnte auf einer Kanonenkugel durch die Sphären reiten" schrieb Hans Christian Andersen, der mehr als 30 Europareisen unternahm, London und Paris besuchte, Berlin, Weimar und Konstantinopel. In seinen Reisebüchern, Romanen und Briefen wurde er zum historischen Berichterstatter eines ganzen Kontinents. Und der kulturellen Blüte des Goldenen Zeitalters, jener Epoche zwischen etwa 1800 und 1850, mit der sich so illustre Namen wie Oehlenschläger, Kierkegaard und Thorvaldsen verbinden – letzterer ein enger Freund des Dichters.
Erst vierzehn Jahre alt, kam Andersen Anfang September 1819 auf eigene Faust nach Kopenhagen, um Schauspieler oder Sänger zu werden – von Anfang an eine eher unglückliche Leidenschaft. Mit kaum nachvollziehbarer Genialität und künstlerischer Energie verfaßte der Schusterssohn aus Odense/Fünen wenige Jahre später über 150 Märchen und Geschichten, von denen allerdings nur rund ein Dutzend erhalten ist. Sein Werk zeigt zum Teil autobiographische Züge. So gedachte er seiner geliebten Mutter als armem Kind in "Das kleine Mädchen mit den Schwefelhölzern", erinnert das Märchen von der chinesischen Nachtigall an Andersens unglückliche Liebe zur Sängerin Jenny Lind.
Wohl die bekannteste Märchenfigur ist seine "Kleine Meerjungfrau", die am Langelinieufer sehnsuchtsvoll aufs Meer hinausblickt. Sie spiegelt vermutlich eine Zuneigung für Edvard Collins wider, dessen Familie den jungen Andersen aufgenommen und für seine nachträgliche Schulbildung gesorgt hatte. Binnen kurzer Zeit avancierte er hernach mit seinen fantasievollen Märchen zum hofierten Gast der europäischen Aristokratie, wurden die Werke des begnadeten Sprachkünstlers in alle Welt übersetzt. Am 4. August 1875 starb Andersen in Kopenhagen, wo er auf dem Assistens Kirkegård beigesetzt wurde. Unter den vielen Adressen der Hauptstadt, in denen sich der Rastlose vorübergehend einmietete, wenn er von seinen ausgedehnten Reisen heimkehrte, sind drei Quartiere am Nyhavn: Nr. 20 und 67 und – während der letzten vier Lebensjahre – das Haus Nr. 18. Hier wohnte Andersen am liebsten, mit Blick auf das lebhafte Treiben am Hafen, auf Seeleute, Händler und Reisende.

Karen Blixen
(Fortsetzung)

Sehnsucht, endlich den familiären Zwängen zu entfliehen. Die Wahl fällt auf Ostafrika, wo die Ehe am Tag ihrer Ankunft 1913 in Mombasa geschlossen wird. "Ich befand mich plötzlich im Herzen Afrikas, in einem Vita Nuova, das für mich zum wahren Leben wurde", schreibt sie Jahre später. Die neugewonnene Freiheit auf ihrer Kaffeefarm in Ngong Hills zeigt indes bald auch tückische Seiten: minimale Erträge, Einsamkeit und dann noch Syphilis, mit der Bror sie bereits im ersten Ehejahr angesteckt hat. Als Freunde gehen Karen und Bror 1918 auseinander.
Das letzte Kapitel Kenia beginnt mit dem britischen Aristokraten und Flieger Denys Finch-Hatton – der großen Liebe ihres Lebens. Lange nächtliche Gespräche, bei denen Denys sich als glänzender Zuhörer erweist, lassen Karen ihre wahre Bestimmung erahnen. Ihm erzählt sie ihre hintergründigen Geschichten, mit denen sie später Weltruhm erlangten sollte. 1931 kommt Denys bei einem Flugzeugunglück ums Leben, muß Karen trotz aller Bemühungen ihre Farm aufgeben und nach Dänemark zurückkehren. In Rundstedlund findet sie eine neue Identität im Schreiben, verfaßt sie mit großem Einfühlungsvermögen ihre Bücher über die Natur Ostafrikas und das Leben der Eingeborenen. Neben dem stark autobiographischen Roman "Afrika, dunkel lockende Welt" (1937), der 1985 mit Meryl Streep und Robert Redford im oscargekrönten Kultstreifen "Jenseits von Afrika" verfilmt wurde, veröffentlichte die Autorin einfühlsame mystisch-psychologische Geschichten wie die ebenfalls erfolgreich verfilmte Erzählung "Babettes Fest" (1950).

Niels Bohr
(7. 10. 1885
bis 18. 11. 1962)

Dänemarks bedeutendster Physiker wirkte in Kopenhagen ab 1916 als Professor für theoretische Physik. Bohr gab dem von Ernest Rutherford entwickelten Atommodell anno 1913 die maßgebende Deutung (Bohrsches Atommodell) und entdeckte das Korrespondenzprinzip zwischen der klassischen und der Quantenphysik. Für seine Forschungen erhielt er 1922 den Nobelpreis für Physik. Als Fischer verkleidet wurde Bohr während der deutschen Besatzung Anfang 1943 aus Dänemark geschmuggelt, um über Schweden und England in die USA zu emigrieren. Dort arbeitete er an der Entwicklung der Atombombe mit, obwohl er ihre Auswirkung fürchtete. Nach dem Zweiten Weltkrieg kehrte er nach Kopenhagen zurück und setzte dort die Arbeit am Institut für theoretische Physik fort, dessen Leitung nach seinem Tod ab 1962 sein Sohn übernahm. 1947 wurde Niels Bohr Dänemarks höchste Auszeichnung verliehen: der Elefantenorden.

Tycho Brahe
(14. 12. 1546
bis 24. 10. 1601)

Tycho Brahe, 1546 im südschwedischen Knudstrup geboren, studierte zunächst Jura und wandte sich dann der Astronomie zu. Anno 1572 entdeckte er in der Cassiopeia, einem Sternbild des nördlichen Himmels, einen neuen Stern: die Nova Cassiopeia. Nach einer Europareise hielt Brahe in Kopenhagen Vorlesungen und erbaute auf der Insel Ven, mit der ihn 1576 König Friedrich II. belehnt hatte, die Sternwarte Uranienborg. Als der Astronom nach dem Tode Friedrichs II. († 1588) zunehmend weniger Unterstützung fand, verließ er Dänemark und trat 1599 als Kaiserlicher Astronom in Prag in die Dienste Rudolfs II. Zwei Jahre später starb Tycho Brahe in Prag, wo er in der Teynkirche seine letzte Ruhe fand – die Grabplatte ist stets mit dem Danebrog geschmückt.
Durch seine Beobachtungen der Planetenkörper, insbesondere seine Marsbeobachtungen, schuf Brahe die Voraussetzungen für Keplers Arbeiten über die Bahnen der Planeten. Brahe entwickelte das nach ihm benannte 'Tychonische System': Danach kreisen Sonne und Mond um die im Mittelpunkt der Welt ruhende Erde, während die übrigen Planeten die Sonne umkreisen. Darüber hinaus wies er nach, daß die Kometen nicht

Tycho Brahe (Fortsetzung)

Erscheinungen in der Erdatmosphäre sein können, wie Aristoteles angenommen hatte. – Zum Gedenken an den großen Astronom erhielt das Kopenhagener Planetarium 1989 seinen Namen.

König Christian IV. (12. 4. 1577 bis 28. 2. 1648)

Einige der bedeutendsten Kopenhagener Bauwerke sind dem populärsten dänischen König Christian IV. zu verdanken. Er brachte den Renaissance-Stil nach Dänemark, der u.a. die Kopenhagener Börse, Rosenborg Slot, den Rundetårn und Frederiksborg Slot kennzeichnet. Der königliche Bauherr gab jedoch nicht nur Prunkbauten in Auftrag. Für seine Seeleute ließ er die Wohnhäuser von Nybodn bauen, und auf seine Initiative hin entstand der Stadtteil Christianshavn. Darüber hinaus verlieh er schwedischen (Christiansstad), deutschen (Glückstadt) und norwegischen (Oslo, Kongsberg) Städten ihr Gesicht. Politisch war dem anno 1596 gekrönten Christian indessen wenig Erfolg beschieden. Es gelang ihm nicht, die Schweden in einen nordischen Staatenbund unter Führung Dänemarks zu zwingen. Auch im Dreißigjährigen Krieg hatte der Monarch nur selten Glück, mußte das dänische Heer schwere Niederlagen hinnehmen.

Nikolai Frederik Severin Grundtvig (8. 9. 1783 bis 2. 9. 1872)

Grundtvig, nach dem in Kopenhagen einer der ungewöhnlichsten modernen Kirchenbauten Europas, die Grundtvigskirke, benannt ist, gilt als Schöpfer der Volkshochschul-Bewegung und geistiger Vater einer konsequenten Erwachsenenbildung. Im Jahre 1844 gründete Grundtvig in Rødding/Jütland die erste Volkshochschule Europas, die nach der Angliederung von Nordschleswig an Preußen 1864 nach Askov umziehen mußte (ebenfalls in Jütland). Grundtvig, der seit 1839 in Kopenhagen als Pfarrer tätig war und 1861 den Bischofstitel erhielt, übersetzte zudem altnordische Sagen und verfaßte mehr als 400 Kirchenlieder.

Ludvig Holberg (3. 12. 1684 bis 28. 1. 1754)

Der aus Bergen (Norwegen) stammende Ludvig Baron von Holberg gilt als Schöpfer des neuen dänischen Theaters. Er studierte in Kopenhagen Theologie und war dann zunächst als Hauslehrer in Holland, Deutschland, England, Frankreich und Italien tätig, ehe er 1718 eine Professur für Metaphysik, 1720 auch der Rhetorik und der Geschichte in Kopenhagen erhielt. Neben seinem Wirken als Historiker und Schatzmeister der Universität verfaßte Holberg über 30 gesellschaftskritische Komödien, darunter "Der politische Kannegießer" (1723), "Jean de France" (1723), "Ulysses von Ithacia" und "Erasmus Montanus" (beide 1731), in denen er derben Realismus mit dem Geist der Aufklärung verband. Vor dem Königlichen Theater erinnert ein Standbild an den großen Dramatiker, der zu den bedeutendsten Vertretern der klassizistischen Komödie gehört.

Johannes Vilhelm Jensen (20. 1. 1873 bis 25. 11. 1950)

Jensen, in Farsø auf Jütland geboren, zählt zu den wichtigsten dänischen Schriftstellern der Moderne. Der studierte Mediziner lebte ab 1896 längere Zeit in den USA und unternahm später als Zeitungskorrespondent mehrere Reisen nach Frankreich, Spanien und Ostasien. Für seine meisterhaften Romane und Erzählungen erhielt Jensen im Jahre 1944 den Nobelpreis für Literatur. Seinen Lebensabend verbrachte der Schriftseller in Kopenhagen, wo er 1950 starb.
Jensens Werke sind geprägt von tiefer Heimatverbundenheit und einer starken Liebe zum dänischen Volkstum. Eines seiner Hauptwerke, der sechsteilige Romanzyklus "Die lange Reise" (1908–1922), schildert die Geschichte der nordischen Menschen von den Anfängen bis zur Entdekkung Amerikas durch Kolumbus. Heimatverbundenheit zeigt Jensen auch in seinen "Himmerlandsgeschichten" (1898–1910), einer wunderbaren Sammlung märchenhafter Erzählungen.

Søren Kierkegaard (5. 5. 1813 bis 11. 11. 1855)

Im Garten der Königlichen Bibliothek grüßt die 1918 enthüllte Statue von Dänemarks größtem Philosophen: Søren Kierkegaard. Das siebte Kind eines wohlhabenden Kopenhagener Wollhändlers studierte von 1830 bis 1841 an der Universität seiner Heimatstadt Theologie und Philosophie. Im September 1840 verlobte er sich mit der siebzehnjährigen Regine Olsen, die Verbindung hielt jedoch nur ein Jahr. Danach lebte er als freier Schriftsteller vom ererbten Vermögen. Die meisten seiner Bücher veröffentlichte Kierkegaard unter Pseudonymen. In Anlehnung an Sokrates wählte er vielfach die Form des Dialogs. In seinen Betrachtungen über Leben und Tod sind 'Angst' und 'Entscheidungsfreiheit' zentrale Themen. Kierkegaards Denken mündet in die Einsicht, daß eine Überwindung von Angst und Verzweiflung allein durch die Gnade Gottes möglich ist. Da Kierkegaard als religiöser Denker eine betont subjektive Haltung einnahm, geriet er in Gegensatz zu der dänischen lutherischen Kirche seiner Zeit und lehnte schließlich die Kirche, die vorgibt, ein geschlossenes System objektiver Wahrheit zu besitzen, überhaupt ab. Seine religionsphilosophischen Werke übten auf viele Denker des 20. Jh.s eine starke Wirkung aus, und die darin ausgesprochenen Ideen bilden weitgehend die Grundlagen der Dialektischen Theologie und der Existenzphilosophie. Wichtige Werke sind u. a. "Entweder-Oder" (1843), "Furcht und Zittern" (1843), "Der Begriff der Angst" (1844), "Die Krankheit zum Tode" (1849) und "Einübung in das Christentum" (1850).
Kierkegaard starb 1855 in Kopenhagen, wo er auf dem Friedhof Assistens Kirkegård im Stadtteil Nørrebro beigesetzt wurde. Wer sich über Leben und Werk Kierkegaards informieren will, sollte die Sondersammlung im Bymuseum einplanen.

Friedrich Gottlieb Klopstock (2. 7. 1724 bis 14. 3. 1803)

Der in Quedlinburg geborene Klopstock studierte in Jena Theologie und begann dort seinen dreiteiligen biblischen Dichtzyklus "Der Messias" (1748–1773), dessen erste von insgesamt 20 Gesängen begeisterte Aufnahme fanden. Das verschaffte ihm 1751 eine Einladung des Ministers Bernstorff nach Kopenhagen, die mit einem ansehnlichen Gehalt verbunden war. Unbelastet von finanziellen Problemen blieb Klopstock für drei Jahre, kehrte dann für ein Jahrzehnt nach Deutschland zurück, kam aber 1763 erneut nach Kopenhagen. Nach Bernstorffs Sturz durch Struensee verließ Klopstock Kopenhagen 1770 als dänischer Legationsrat mit Pensionsberechtigung, um künftig hauptsächlich in Hamburg zu leben.
Zu seinen bedeutendsten Werken gehören neben dem "Messias" die ab 1748 einzeln veröffentlichten und 1771 in Buchform erschienenen Oden. Die von biblischen Abhandlungen und den Dichtungen von Horaz, Pindar, J. Milton und E. Young beeinflußten Oden behandeln erhabene Themen wie Liebe, Freundschaft und das Erleben der Natur. Am bekanntesten sind "Die Frühlingsfeier", "Der Zürchersee" und "An meine Freunde" – , die zum Teil auch in Kopenhagen entstanden.

Valdemar Poulsen (23. 11. 1869 bis 6. 8. 1942)

Poulsens Name ist maßgeblich mit der Entwicklung von drahtloser Telegraphie und Telephonie verbunden, wofür er eine Vielzahl wichtiger Patente erhielt. Der in Kopenhagen geborene Physiker konstruierte schon im Jahre 1898 das erste betriebsfähige Magnet-Ton-Gerät. Anno 1904 entwickelte er den Lichtbogensender, der längere Zeit das drahtlose Senden bestimmte.

Johann Friedrich Graf von Struensee

Der schon mit 20 Jahren promovierte Mediziner wurde 1769 Leibarzt des dänischen Königs Christian VII. und kam mit dem kränkelnden, oft depressiven König nach Kopenhagen. Bald darauf begann zwischen Struensee

Johann Friedrich Graf von Struensee (Forts.) (5. 8. 1737 bis 28. 4. 1772)

und Königin Caroline Mathilde eine Liaison. Der von seiner Königin unterstützte Struensee besaß nun nicht nur erheblichen Einfluß auf den König, sondern ließ sich im Sommer 1771 sogar zum Geheimkabinettsminister und Lehnsgrafen ernennen und übte praktisch 16 Monate lang die Macht über den dänischen Hof und das Land aus. Die von ihm in dieser Zeit eingeführten liberalen Reformen nahmen die Entwicklung des kommenden Jahrhunderts vorweg.
Als Struensees Eigenmächtigkeiten überhandnahmen und seine Affäre mit der Königin nicht mehr zu verheimlichen war, erwirkte eine oppositionelle Hofclique vom König einen Haftbefehl gegen ihn. Am 17. Januar 1772 folgte die Verhaftung, am 28. April 1772 die grausame Bestrafung wie im Gesetz vorgeschrieben: "Die rechte Hand wird ... bei lebendigem Leibe abgehauen und dann der Kopf, der Körper wird zerteilt und auf Pfahl und Rad gelegt, aber Kopf und Hand werden auf einen Staken gesetzt." Rund 3000 Kopenhagener verfolgten dieses grauenvolle Schauspiel. – Die aus England gebürtige Königin wurde des Landes verwiesen.

Bertel Thorvaldsen (19. 11. 1768 bis 24. 3. 1844)

Dänemarks berühmtestem Bildhauer hat seine Vaterstadt ein eigenes Museum errichtet: das 1848 eröffnete Thorvaldsens Museum an der Porthusgade. Noch Schüler der Kunstakademie wurde Thorvaldsen schon 1793 mit der Große Goldmedaille ausgezeichnet. Dank eines Stipendiums der Akademie konnte er 1797 nach Rom reisen, wo er begann mit Marmor zu arbeiten. Der bald in ganz Europa gefragte Bildhauer wurde nach vierzigjährigem Aufenthalt in Rom anno 1838 nach Kopenhagen heimgeholt, wo man ihm einen triumphalen Empfang bereitete. Hiervon berichtet der große Bilderfries an der Kanalseite des Thorvaldsens-Museum, in dem alle Werke ausgestellt sind, die der Meister seiner Geburtsstadt vermachte.

Bjørn Wiinblad (geb. 20. 9. 1919)

Der gebürtige Kopenhagener studierte an der Königlichen Kunstakademie Malerei und Illustration. Neben Buchillustrationen entwarf er Plakate, Bühnenbilder und Figurinen für das Theater. Bald interessierten ihn jedoch auch andere Werkstoffe und Techniken: es entstanden Gobelins, Tapeten und Keramikarbeiten.
Keramiken brachten auch die ersten großen Erfolge auf Ausstellungen in Kopenhagen, Schweden und Norwegen, 1954 stellte er in New York aus. In Wiinblads vielseitigem Schaffen blieb Keramik das dominierende Material. Seine Formen und sein Dekorationsstil wirken ansprechend und heiter. Als Designer macht Wiinblad Entwürfe für Services und Gläser wie auch für Vasen und Wandteller. Die Flächen sind von Ornamenten überzogen, bunt oder schwarzweiß gehalten, mit Figuren bemalt oder durch märchenhafte Szenen aus '1001 Nacht' verziert. Seit vielen Jahren arbeitet Wiinblad für die Porzellanmanufaktur Rosenthal, die ihren Sitz im bayerischen Selb hat.

Stadtgeschichte

Vorgeschichte — Ursprünglich ist Dänemark und damit auch der Raum Kopenhagen von indogermanischen Jägern bewohnt. Zeugnisse ihrer Kultur mit Werkzeugen, Waffen und Schmuck sind in Kopenhagens Museen zu besichtigen. Berühmt sind ihre Luren, ungewöhnliche hornartige Musikinstrumente, wie sie das Denkmal der Lurenbläser vor dem Rathaus zeigt.

seit 800 — Als Krieger, Seefahrer und Bauern dringen Ende der Eisenzeit aus Südschweden nordgermanische Dänen, Wikinger genannt, ein. Ihre Könige schaffen den ersten dänischen Staat (Runenstein von Jelling, Jütland).

1167 — Waldemar I., der Große, macht dem Erzbischof Absalon ein Fischerdorf namens ‘Havn’ zum Geschenk. Zehn Jahre später läßt Absalon den Hafen durch eine Burg befestigen, deren Standort dem heutigen Schloß Christiansborg auf Slotsholmen entspricht. Die Siedlung, die sich um das Schloß herum bildet, erhält den Namen ‘Købmændenes Havn’.

1254 — Erste bischöfliche Gemeinderechte.

▼ *Belagerung von Kopenhagen durch die Schweden im Jahre 1658*

Union von Kalmar: Zusammenschluß von Dänemark, Norwegen und Schweden mit Erik VII. von Pommern an der Spitze. 1397

Erik VII. stattet Kopenhagen mit königlichen Handelsprivilegien aus. Die Stadt avanciert zum gefragten Handelsplatz im Ostseeraum. 1417

Christoffer II. von Bayern bestimmt Kopenhagen zu seiner Residenzstadt und garantiert die Rechte des Magistrats. Die Stadt zählt rund 10 000 Einwohner. 1445

Mit der Krönung Christians I. findet die erste Königskrönung in Kopenhagen statt. 1449

Christian I. gründet die Universität. Kopenhagen entwickelt sich zum kulturellen Mittelpunkt des Landes. 1479

Die Reformation erreicht Dänemark. König Christian III. ernennt sich zum Oberhaupt der dänischen (lutherischen) Staatskirche. 1536

Unter König Christian IV. entstehen das neue Stadtgebiet Christianshavn, die Wohnsiedlung Nyboder und zahlreiche Renaissance-Bauten. 1588–1648

Erfolglose schwedische Belagerung. 1658–1660

Als Lohn für die siegreiche Abwehr der schwedischen Belagerung wird Kopenhagen freie Stadt, deren Bürger nun gleichberechtigt neben dem Adel stehen.
Einführung der absoluten Erbmonarchie, die bis 1848 gilt. 1660

Stadtgeschichte

1662	Bau der Zitadelle.
1700	Kopenhagen hat 60000 Einwohner.
1711–1712	Während der Pest stirbt fast ein Drittel der Bevölkerung Kopenhagens.
1728	Ein verheerender Brand verwüstet die Stadt und äschert über 1670 Gebäude ein.
1795	Zweiter Großbrand Kopenhagens, dem abermals mehr als 1000 Häuser zum Opfer fallen.
1801	Kopenhagen wird von der englischen Flotte angegriffen, da Dänemark die von Napoleon I. gegen England verhängte Kontinentalsperre unterstützt.
1807	Dreitägige Beschießung Kopenhagens durch die Briten; erhebliche Zerstörung der Innenstadt.
1848	Die bürgerliche Revolution führt zum Ende des Absolutismus. Dänemark erhält eine liberale Verfassung. Kopenhagen wächst über seine Festungsmauern hinaus.
1867	Schleifung der Festung.
1894	Die Wirtschaft der Stadt empfängt durch den Freihafen neue, entscheidende Impulse.
1924	Eröffnung des Großflughafens Kastrup.
1940–1945	Besetzung des neutralen Dänemarks durch die deutsche Wehrmacht. Neben passivem Widerstand, an dem auch König Christian X. teilnimmt, gelingt es, die dänischen Juden nach Schweden zu evakuieren.
4. Mai 1945	Befreiung Kopenhagens von deutscher Besetzung.
1962	Mit der Fußgängerzone 'Strøget' entsteht eine der ersten autofreien Einkaufsstraßen Europas.
1991	Im September gibt die basisdemokratische Vollversammlung von Christiania ihre Zustimmung zur Legalisierung des 1971 errichteten Kopenhagener 'Freistaates'.
1996	Kopenhagen trägt als zwölfte Metropole Europas für ein Jahr den Titel 'europäische Kulturhauptstadt'.
1997	Am 15. Januar feiert Königin Margarethe II. ihr 25. Thronjubiläum.
1998	Fertigstellung der kombinierten Brücken-/Tunnelverbindung zwischen Halsskov (Seeland) und Nyborg (Fünen). Mit diesem Brückenschlag über den Großen Belt ist Kopenhagen künftig auch für Eisenbahn und Autofahrer direkt vom dänischen Festland erreichbar.
2000	Am 1. Juli 2000 wird die Øresund-Brücke zwischen Kastrup im Süden Kopenhagens und Lernacken vor den Toren Malmös für den Verkehr freigegeben.

Kopenhagen in Zitaten

Ludvig Holberg
(1684–1754)
Dänischer Dichter
und Historiker

Du fragst, an welchem End' der Stadt ich wohne?
Zwei Plätze gibt es dort ganz dicht.
Der eine, Gammeltorv, mit alter Kunst vertraut,
sowie mit Schlägerei und Diebstahl, Suff, Betrug und Spiel.
Nytorv der andere, wo das Schaffott man aufgestellt.
Dazwischen hat Justitia ihr Haus.
So wohn' ich zwischen Galgenpack und Galgen ungenieret,
und gegen beide hilft der eine Gott.

Aus: Vermischte Briefe, 1753

Karl von
Hailbronner
Deutscher
Reiseschriftsteller

Kopenhagen liegt flach und macht deshalb nicht den großen Eindruck, welchen es bei späterer Kenntniß seiner innern Schönheit und vorzüglich seines herrlichen Hafens hervorbringt. Die Stadt ist sehr ausgedehnt; man darf seinen Aufenthalt nicht zu kurz ansetzen, besonders da die überaus reizenden Umgebungen viel Zeit in Anspruch nehmen.
Die Dänen sind fein, geistreich, gebildet und verbinden mit diesen Eigenschaften eine Gutmütigkeit und Gastfreundschaft, die dem Fremden selten in ähnlichem Maße vorkommt.

Aus: Cartons aus der Reisemappe
eines deutschen Touristen, 1837

Sarah Bernhardt
(eigtl. Henriette
Rosine Bernard)
(1844–1923)
Französische
Schauspielerin

Dann reiste ich weiter nach Kopenhagen, dort sollte ich am Hoftheater fünf Vorstellungen geben.
Bei unserer Ankunft, der man zweifellos mit großer Spannung entgegengesehen hatte, bekam ich wahnsinniges Lampenfieber. Mehr als zweitausend Menschen stießen, als mein Zug hielt, ein so fürchterliches Hurra! aus, daß mir nicht klar war, was vor sich ging. Als dann Monsieur de Fallesen, der Direktor des Hoftheaters, und der erste Königliche Kammerherr in mein Abteil traten, baten sie mich, mich am Fenster zu zeigen, um die freundschaftlich gemeinte Neugierde des Publikums zu befriedigen. Das fürchterliche Hurra! ertönte von neuem, und ich verstand.
Doch mich packte eine wahnsinnige Unruhe. Niemals, o nein, niemals würde ich diese hohen Erwartungen, die in mich gesetzt wurden, erfüllen können, und wenn ich es noch so sehr wünschte. Meine winzige Person wird auf all diese herrlichen Burschen, auf all diese prächtigen und strahlenden Frauen mitleiderregend wirken. Ich stieg aus dem Zug und war im Vergleich zu ihnen so viel kleiner, daß ich das Gefühl hatte, nichts als ein Hauch zu sein; vor meinen Augen teilte sich nach Anordnung der Polizei die Menge in zwei dichte Reihen und ließ einen breiten Weg für meinen Wagen frei. Ich fuhr in leichtem Trab durch dieses freundliche Spalier, in dem respektvoll und herzlich die Hüte gezogen wurden und mir Blumen und Küsse zuflogen.
In meiner langen Künstlerlaufbahn habe ich seitdem eine ganze Reihe von Triumphen, Empfängen und Ovationen erlebt; aber dabei sind mir die des dänischen Volkes mit die teuersten geblieben. Das Spalier setzte sich fort bis zum Hotel d'Angleterre, wo ich abstieg, nachdem ich noch einmal gegrüßt und all diesen freundlichen Gesichtern gedankt hatte.

Zur Aufführung von "Adrienne Lecouvreur",
Mitte August 1880 im Königlichen Theater

Kopenhagen in Zitaten

Baedeker's Schweden und Norwegen nebst den wichtigsten Reiserouten durch Dänemark (1885)

Kopenhagen ist der Mittelpunkt des gesamten dänischen Handels. Seine Einfuhr (1880: 17,648,852 Ctr.) und Ausfuhr (1880: 4,694,625 Ctr.) beträgt mehr als die Hälfte der Ein- und Ausfuhr des ganzen Staates. Seine Rheder besassen 1883: 457 Schiffe, darunter 157 Dampfer. Hauptausfuhrartikel sind Getreide, Häute, Wolle, Thran, Butter u.s.w. Die Fabrikthätigkeit (Porzellan, Maschinen, Papier) ist weniger hervorragend.
Der Handelshafen ist vom Kriegshafen durch ein den Kallebostrand von N. nach S. durchschneidendes Pfahlwerk getrennt und liegt an der seeländischen Seite. An den Quais herrscht stets ein reges Leben. Die Waarenniederlagen und Magazine sind an beiden Seiten des Hafens. Der Kriegshafen (Orlogshavn) lehnt sich an die Amager vorliegenden Inselchen Nyholm, Frederiksholm, Arsenalø und Kristiansholm, auf welchen sich die kgl. Marine-Etablissements befinden. Die Befestigungen der Stadt nach der Landseite werden seit 1870 abgetragen, nur die Werke nach der Seeseite, die Citadelle Frederikshavn, die vorgeschobenen Batterien Trekroner und Lynetten, und die Batterien Sextus und Quintus auf Amager sind noch vertheidigungsfähig.

Aus: Baedeker's Schweden und Norwegen nebst den wichtigsten Reiserouten durch Dänemark, Handbuch für Reisende, 1885, Seite 17

Theodor Fontane (1819–1898) Deutscher Schriftsteller

Um zwölf erschienen zwei bildschöne 'petit-nièces' der Prinzessin, noch halbe Kinder, um die Großtante zum Besuch einer historischen Ausstellung abzuholen, die die Professoren Marstrand und Melbye seit dem 1. Oktober in einigen Nebensälen des Museums eröffnet hatten. Die ganze Stadt sprach von dieser Ausstellung. [...]
Denn was es da zu sehen gab, war etwas nie Dagewesenes, eine dänische Nationalausstellung, zu der man alles, was an historischen Porträts in Stadt und Land existierte, sorglich zusammengetragen hatte. Mit Kniestücken Christians II. und seiner Gemahlin Isabella fing es an und schloß mit drei lebensgroßen Porträts Friedrichs VII., des jetzt regierenden Königs Majestät, ab. [...] Dazwischen endlose Schlachten zu Land und zu See, Kämpfe mit den Lübischen, Erstürmung von Wisby, Bombardement von Kopenhagen, überall rotröckige Generäle, noch mehr aber Seehelden aus mindestens drei Jahrhunderten, und natürlich auch Thorvaldsen und Oehlenschläger und der häßliche alte Grundtvig.

Aus: Unwiederbringlich, 1891

Thomas Mann (1875–1955) Deutscher Erzähler

Und Tonio Kröger [...] hielt Ankunft in Kopenhagen, gab Trinkgeld an jeden, der sich die Miene gab, als hätte er Anspruch darauf, durchwanderte von seinem Hotelzimmer aus drei Tage lang die Stadt, indem er sein Reisebüchlein aufgeschlagen vor sich her trug, und benahm sich ganz wie ein besserer Fremder, der seine Kenntnisse zu bereichern wünscht. Er betrachtete des Königs Neumarkt und das 'Pferd' in seiner Mitte, blickte achtungsvoll an den Säulen der Frauenkirche empor, stand lange vor Thorwaldsens edlen und lieblichen Bildwerken, stieg auf den Runden Turm, besichtigte Schlösser und verbrachte zwei bunte Abende im Tivoli. Aber es war nicht so recht eigentlich all dies, was er sah.
An den Häusern, die oft ganz das Aussehen der alten Häuser seiner Vaterstadt mit geschwungenen, durchbrochenen Giebeln hatten, sah er Namen, die ihm aus alten Tagen bekannt waren, die ihm etwas Zartes und Köstliches zu bezeichnen schienen und bei alledem etwas wie Vorwurf, Klage und Sehnsucht nach Verlorenem in sich schlossen. Und allerwegen, indes er in verlangsamten, nachdenklichen Zügen die feuchte Seeluft atmete, sah er Augen, die so blau, Haare, die so blond, Gesichter, die von eben der Art und Bildung waren, wie er sie in den seltsam wehen und reuigen Träumen der Nacht geschaut, die er in seiner Vaterstadt verbracht hatte. Es konnte geschehen, daß auf offener Straße ein Blick, ein klingendes Wort, ein Auflachen ihn ins Innerste traf. [...] Es litt ihn nicht lange in der munteren Stadt.

Aus: Tonio Kröger, 1914

Erich Kästner
(1899–1974)
Deutscher
Schriftsteller

Jener Platz in Kopenhagen, an dem die Königliche Oper steht, heißt der Kongens Nytorv. Es ist ein außerordentlich freundlicher, geräumiger Platz. Und will man ihn mit der Muße betrachten, auf die er Anspruch hat, setzt man sich am besten vors Hotel d'Angleterre.
Unter freiem Himmel, vor der Front des Hotels, stehen in langen Reihen Stühle und Tische. Gäste aus aller Welt sitzen nebeneinander, lassen sich sorgfältig bedienen und finden sich notgedrungen mit den Annehmlichkeiten des Lebens ab. Übrigens kehren kein Stuhl und kein Gast dem Platz den Rücken. Man sitzt wie im Parterre eines vornehm bewirtschafteten Freilichttheaters, blickt gemeinschaftlich zur Fassade des Opernhauses hinüber und ergötzt sich an dem heiteren Treiben, das die Kopenhagener Bürger ihren Fremden dazubieten gewohnt sind.
Es ist schon recht sonderbar mit diesem Kongens Nytorv! Man mag jahrelang nicht mehr in Dänemark gewesen sein, und inzwischen gab's auf jeden Fall in etlichen Staaten Revolution, vielleicht wurde der Usurpator von Afghanistan von den Parteigängern seines Cousins aufgeknüpft, und in Japan stürzten bei einem Erdbeben mindestens zehntausend Häuser ein, als seien sie aus Altenburger Skatkarten erbaut gewesen – wenn man dann wieder aus der Amagergade herauskommt, sich nach links wendet und zum d'Angleterre blickt, sitzen noch immer jene eleganten Frauen und distinguierten Fremden, in fünf Reihen gestaffelt, vorm Hotel, unterhalten sich in einem Dutzend Sprachen, mustern geduldig das fröhliche Treiben und verbergen mühsam hinter der Gelassenheit ihrer Mienen, wie gut die dänische Küche schmeckt.
Am Kongens Nytorv steht die Zeit still.

Aus: Die verschwundene Miniatur, 1936

Peter Høeg
(geb. 1957)
Dänischer
Schriftsteller

Der Südhafen ist eine Geisterstadt. Der Himmel ist tief und grau. Die Luft, die man einatmet, schmeckt nach Kohlenrauch und Chemie.
Wer befürchtet, daß die Maschinen kurz vor der Machtübernahme stehen, sollte keinen Spaziergang im Südhafen machen. Hier ist der Schnee nicht geräumt. Die Bürgersteige sind unwegsam. Auf der schmalen, matschigen Fahrbahn kommen ab und zu übernatürlich große Lastwagen mit schwarzen Windschutzscheiben vorbei, hinter denen niemand zu sitzen scheint. Über einer Seifenfabrik hängt eine Decke aus schwarzem Rauch. Eine Cafeteria wirbt mit Bratkartoffeln. Hinter den Scheiben leuchten in einer verlassenen Küche an einsamen Friteusen rote und gelbe Signallampen. Über einem verschneiten Kohlenlager bewegt sich ein Kran auf seinen Schienen ruhelos und ohne Ziel hin und her. Aus den Ritzen geschlossener Garagentore dringen bläuliche Blitze, das Knistern von Elektroschweißern und das Klingeln des schwarzen Geldes, das hier verdient wird, aber keine einzige menschliche Stimme.
Dann öffnet sich die Straße zu einem Ansichtskartenmotiv, einem großen Hafenbecken, das von niedrigen, gelben Lagerhäusern eingefaßt ist. Das Wasser ist zugefroren, und während ich mich noch von dem Anblick erhole, bricht die Sonne niedrig, weißgelb und überraschend durch und läßt das Eis leuchten wie eine unterirdische elektrische Birne hinter Milchglas.

Aus: Fräulein Smillas Gespür für Schnee (1992)
© Carl Hanser Verlag, München, 1994.
Peter Høegs spannender Bestseller wurde 1997 von Dänemarks Erfolgsregisseur Bille August verfilmt, mit Julia Osmond in der Hauptrolle der jungen Inuit-Frau Smilla.

Sehenswürdigkeiten von A bis Z

Stadtbesic ung

Hinweis

Die nachstehenden Empfehlungen sollen dem Reisenden, der zum ersten Mal nach Kopenhagen kommt und nur wenig Zeit zur Verfügung hat, als Leitlinie dienen, um den Aufenthalt in der Stadt möglichst eindrucksvoll zu gestalten. Die fettgedruckten Sehenswürdigkeiten, Orte und Plätze beziehen sich auf die Beschreibungen der "Sehenswürdigkeiten von A bis Z" im Hauptteil dieses Reiseführers.

Stippvisite

Wer sich nur einige Stunden in Dänemarks Hauptstadt aufhält und dennoch das Allerwichtigste sehen möchte, dem sei die Teilnahme an einer organisierten Stadtrundfahrt mit Bus und Boot oder an einer Stadtführung per pedes empfohlen – auch letztere dauert dank der geringen Entfernungen in Kopenhagen nur etwa 2 Stunden (⟶ Praktische Informationen, Stadtbesichtigung).

Rundgänge

Rundgang 1

Ausgangspunkt ist das prächtige **Rådhus, dessen Turm den weitesten Rundblick über Kopenhagen gewährt. Am Nordende des Rathausplatzes beginnt die knapp 2 km lange **Strøget, Dänemarks berühmteste Einkaufsmeile, mit eleganten Modeboutiquen und renommierten Kaufhäusern, bunten Souvenirläden und urgemütlichen Cafés. Ungefähr auf der Hälfte der belebten Fußgängerzone erreicht man den *Amagertorv, wo das illustre Porzellanhaus Royal Copenhagen und die Einrichtungslegende Illums Bolighus liegen. Wer eine Vorliebe für Antiquitäten hat, kann hier auch einen Abstecher durch die angrenzende Læderstræde und ihre westliche Fortsetzung, die Kompagnistræde, einplanen und zumindest eines der vielen Antiquitätengeschäfte durchstöbern. Über den *Højbro Plads geht es südlich weiter zur Insel Slotsholmen. Anno 1167 begann Stadtgründer Absalon hier mit dem Bau von **Christiansborg Slot, heute ein dreistöckiges Prunkschloß, in dem seit 1918 auch das Dänische Parlament tagt. An der nördlichen Kanalseite erhebt sich das monumentale **Thorvaldsens Museum für einen der wichtigsten Bildhauer Dänemarks, während die Ostseite von Slotsholmen der verspielte Renaissancebau der ehemaligen *Børsen ziert. In der gegenüberliegenden *Holmens Kirke gaben sich Königin Margarethe II. und Prinz Hendrik 1967 das Jawort. Der Holmens Kanal führt hinauf zum *Kongens Nytorv, Kopenhagens größtem Platz, mit dem *Königlichen Theater und Skandinaviens ältestem Kaufhaus, dem Magasin du Nord. Nur einen Steinwurf entfernt dümpeln am 'hyggeligen' **Nyhavn betagte Museumsschiffe, sollte man sich vor der malerischen Hafenkulisse eine ausgiebige Ruhepause gönnen. Hier legen auch Boote zu Rundfahrten ab, die Andersens *lille Havfrue und den Stadtteil *Christianshavn einschließen. Vom Königlichen Neuen Markt folgt man der eleganten Østergade/**Strøget zurück bis zur Heiligåndskirken, bevor man durch das *Universitet-Viertel zum *Axeltorv mit dem kunterbunten Palads-Kinopalast weiterbummelt. Die Abendstunden sollten ganz allein dem **Tivoli gehören, wenn Tausende von Lichtern den Vergnügungspark in eine bunte Märchenwelt verwandeln.

◂ *Kulinarische Hochburg im Zauberlicht des Tivoli: Restaurant Nimb*

Rundgang 2

Startpunkt für den zweiten Rundgang ist der *__Kongens Nytorv__ neben dem bezaubernden **__Nyhavn__. Vom Königlichen Neuen Markt folgt man der Bredgade bis zur Frederiksgade. Linker Hand erblickt man hier die mächtige Kuppel der *__Marmorkirken__, rechts liegt die königliche Residenz **__Amalienborg Slot__. Hier sollte man unbedingt vor Mittag eintreffen, um die Wachablösung vor dem Schloß Schlag 12.00 Uhr miterleben zu können. An der **Alexander Newski Kirke** und dem *__Kunstindustrimuseet__ vorbei, erreicht man etwa 500 m weiter nördlich den weitläufigen Park des *__Kastellet__. An seinem Südrand steht das **Frihedsmuseet**, in dem die Geschichte Dänemarks zwischen 1940 und 1945 dokumentiert ist. Daneben sprudelt der mächtige Brunnen des *__Gefion Springvandet__ am Langelinie-Ufer, wo Andersens *lille **Havfrue** sehnsüchtig aufs Meer hinausblickt. Auf dem Rückweg passiert man die anglikanische **Saint Alban's Church**, bevor man durch die Gernersgade in Richtung des **__Statens Museum for Kunst__ abbiegt. Bei schönem Wetter kann man einen Ausflug in den *__Botanisk Have__ anschließen oder ein Sonnenbad im Park von **__Rosenborg Slot__ nehmen, bevor man das Bilderbuchschlößchen genauer besichtigt. Kostbare historische Musikinstrumente wie das Harmonium von König Christian VIII. gehören zu den Schätzen des nahen *__Musikhistorisk Museum__ in der Åbenrå 30. Zum Abschluß kann man nun den *__Rundetårn__ besteigen oder einfach nur durch die *__Købmagergade__ und Østergade/**__Strøget__ bummeln, um schöne Souvenirs und mindestens ein Stück dänisches Design zu erstehen.

Schon Hans Christian Andersen, Dänemarks berühmtester Märchenerzähler, wußte die charmante Atmosphäre am Nyhavn zu schätzen – bis heute einer der beliebtesten Treffpunkte im Herzen der dänischen Hauptstadt.

Rundgang 3

Der dritte Spaziergang beginnt beim **__Rådhus__ mit dem höchsten Turm im Land und Jens Olsens spektakulärer Weltuhr, an der der Tüftler 27 Jahre werkelte. Nur wenige Schritte trennen das Rathaus vom **__Nationalmuseet__, Dänemarks wichtigstem Museum für Kulturgeschichte – Tip für Kinder: die liebevoll gestaltete Spielzeugabteilung. An der Südseite des

Stadtplan mit Rundgängen

Rundgang 1

Rundgang 2

Rundgang 3

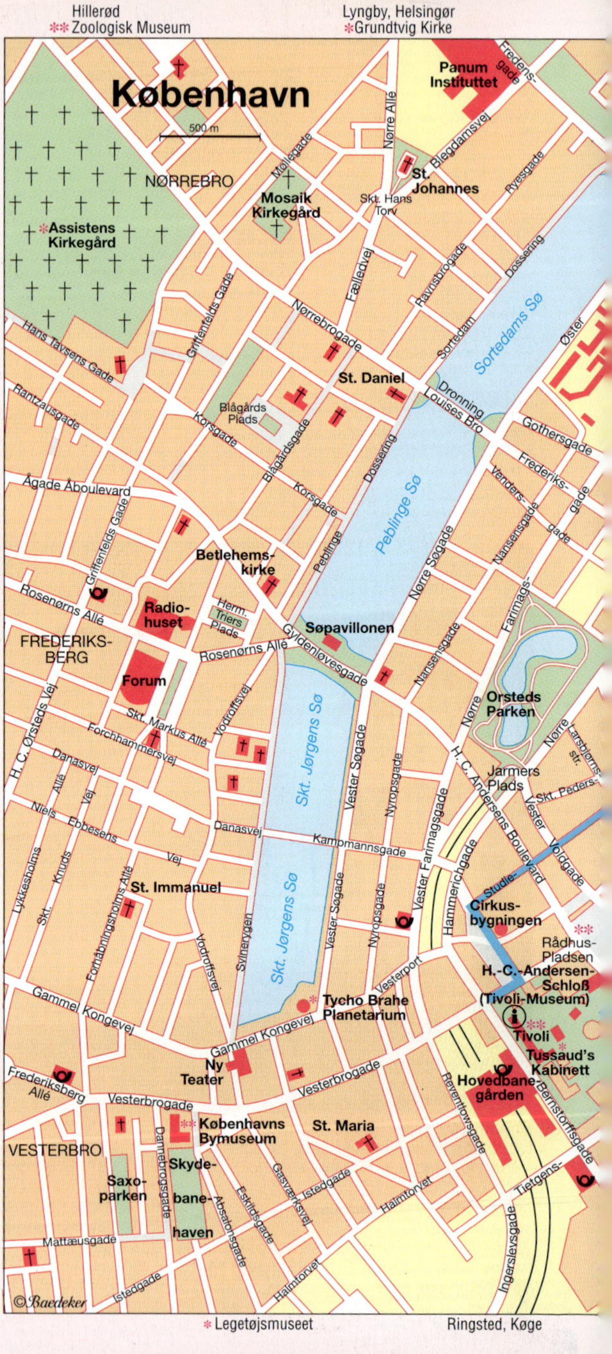

Klampenborg, Helsingør
Akvarium, Experimentarium, Bakken
Seefahrts-denkmal
Den lille Havfrue
Langelinie-pavillonen
Zollamt
Kastellet
St. Alban's Church
Churchill-parken
Gefion Springvandet
Friheds-museet
Esplanaden
Kunst-industri-museet
Toldmuseum
St. Ansgars Kirke
Medicinsk-Historisk Museum
Alexander Newski Kirke
Marmor-kirken
Amalienborg Slot
Frederiks-gade
Odd Fellow Palæ
Toldbodgade
Kvæsthusbroen
Østerport
Oslo Plads
Folke Bernadottes Allé
Dag Hammarskjölds Allé
Østre Anlæg
Holmens Kirkegård
Sortedam Dossering
Sortedams Sø
Øster Søgade
Øster Farimagsgade
Fredensbro
Sølvgade
Stockholmsgade
Hirschsprungske Samling
Statens Museum for Kunst
Kommune-hospitalet
Palme-hus
Geologisk Museum
Botanisk Have
Observatoriet
Rosenborg Slot
Botanisk Museum
Øster Voldgade
Livgardens Hist. Samling
Rosenborg Have (Kongens Have)
Arbejder-museet
Gothersgade
Musikhist. Museum
Reform. Kirke
Kultorvet
Rundetårn
Købmagergade
Pilestræde
Davids Samling
Kronprinsessegade
Dronningens Tværgade
Store Kongensgade
Grønningen
Suensonsgade
Gernersgade
Rigensgade
Kronprinsessegade
Klerkegade
Adelgade
Borgergade
Bredgade
Sølvgade
Sankt Annæ Plads
Ny Østergade
Ny Adelg.
Hotel D'Angleterre
Kongens Nytorv
Nyhavn
Charlotten-borg Slot
Kongelige Teater
Herluf T. Gade
Holbergsgade
Havnegade
Inderhavnen
Kanal
Niels Juels Gade
Krøyers Plads
Wilders Plads
Overgaden oven Vandet
CHRISTIANSHAVN
Orlogs-museet
Prinsessegade
CHRISTIANIA
Vor Frelsers Kirke
Løvens Bastion
Ravelinen
Stadsgraven
Torvegade
Elefantens Bastion
Christmas Møllers Plads
Panterens Bastion
Enhjørningens Bastion
Kalvebods Bastion
Langebrogade
Dänische Filmhochschule
Christians Kirke
B&W Museet
Strandgade
Knippelsbro
Arkitektur-centret Gammel Dok
St. Petri
Universitet
Frue Plads
Vor Frue Kirke
Gråbrødretorv
Skindergade
Krystalgade
Fiolstræde
Nørregade
Kronprinsensg.
Erotica Mus.
Pilestræde
City Arkaden
Østergade
Strøget
Helligånds-kirken
Nikolaj Kirke
Amagertorv
Højbro Plads
Gammeltorv
Vesterg.
Frederiksberggade
Nytorv
Laederstr.
Gl. Strand
Admiralg.
Nikolajg.
Bremerh.
Holmens Kanal
Holmens-kirke
Børsgade
Børsen
Thorvaldsens Museum
Christiansborg Slot
Folketing
Ripley's Museum
Kompagnistr.
Longangstræde
Rådhus
Teater-museet
Ministerien
Dansk Design Center
Vester Voldgade
Stormgade
Ny Vestergade
National-museet
Frederiksholms Kanal
Tøjhus-museet
Kongelige Bibliotek
Dantes Plads
H. C. Andersens Boulevard
Christians Brygge
Ny Carlsberg Glyptotek
Langebro
Hambrosgade
Mitchellsgade
Bernstorffsgade
Kalvebod Brygge
Sydhavnen
U-båds Museum
Amager Boulevard
Stadsgraven
Kasino
Universitet, Bella Center
Lufthavn

Nicht nur künstlerische Talente zieht es in die Skulpturensammlung der berühmten Ny Carlsberg Glyptotek – ein Höhepunkt: Rodins meisterhafte Marmorgruppe "Der Kuß" (um 1880), ewiges Symbol der Liebe.

Rundgang 3
(Fortsetzung)

Dantes Plads sollte man unbedingt einen Blick in die berühmte ** **Ny Carlsberg Glyptotek** werfen. Nach höchstem Kunstgenuß verspricht hier der mediterrane Wintergarten eine wohltuend entspannende Atmosphäre. Über die Langebro-Brücke geht es hinüber nach * **Christianshavn**. Panoramafreunde zieht es auf den Turm der * **Vor Frelsers Kirke** – der Rundblick über Kopenhagen ist atemberaubend. Längst ein Inbegriff für alternative Lebens- und Wohnformen ist der 1991 legalisierte 'Freistaat * **Christiania**', der 1971 in Christianshavn durch die Besetzung von ehemaligem Militärgelände ins Leben gerufen worden war. Mit Blick auf die vorbeiziehenden Schiffe kann man im verglasten Café des Architekturzentrums Gammel Dok eine Kaffeepause einlegen, bevor man über die Knippelsbro-Brücke wieder ins Stadtzentrum zurückkehrt und den Nachmittag gemütlich am ** **Nyhavn** ausklingen läßt. Für den Abend kann man sich hier mit Freunden auf ein Bier verabreden oder ausgiebig die Gaumenfreuden der dänischen Küche probieren – vom knallroten Pølserwürstchen über endlose Variationen zum Thema Fisch und Schalentiere bis zur obligatorischen Roten Grütze mit Sahne.

Empfehlungen für einen längeren Aufenthalt

Neben dem Kennenlernen der wichtigsten Sehenswürdigkeiten der Stadt, verschiedenen Museumsbesuchen und dem Vertiefen nur flüchtiger Eindrücke erlaubt der etwas längere Aufenthalt auch Ausflüge in die Randbezirke und eine Seelandtour. Wer sich für Kopenhagens Stadtgeschichte interessiert, sollte unbedingt noch im ** **Københavns Bymuseum** mit seiner beachtlichen Kierkegaard-Sammlung vorbeischauen, während dänisches Design wohl nirgendwo anschaulicher als im * **Kunstindustrie-**

Empfehungen für einen längeren Aufenthalt (Fortsetzung)

museet vorgestellt wird. Für dänische Braukunst steht der Name *__Carlsberg__, moderne Technolgie zum Anfassen präsentiert das *__Experimentarium__ in der ehemaligen Abfüllhalle der Tuborg-Brauerei. Jede Menge Spaß für Groß und Klein versprechen der **__Zoologisk Have__ und das **__Zoologisk Museum__. Lohnend ist auch ein Gang über den *__Assistens Kirkegård__, wo viele berühmte Dänen ihre letzte Ruhe gefunden haben. Südlich im Vorort Ishøj präsentiert das futuristische *__Arken__-Museum hochrangige Künstler der Moderne, rund 8 km nördlich der Hauptstadt kann man im **__Frilandsmuseet__ reetgedeckte Bauernkaten, alte Turmwindmühlen und traditionelle Fischerhütten aus dem 17.–19. Jh. bestaunen. Mehr als 120 Vergnügungsmöglichkeiten für die ganze Familie bietet rund 10 km nördlich vom Stadtzentrum der Vergnügungspark *__Bakken__, die volkstümliche Variante des Tivoli. Wer Robert Redford und Meryl Streep im Kultstreifen "Jenseits von Afrika" gesehen hat, muß natürlich auch zum *__Karen Blixen Museet__ in Rungstedlund, dem elterlichen Anwesen der dänischen Schriftstellerin. Liebhaber moderner Kunst treffen sich derweil 35 km nördlich von Kopenhagen bei Humblebæk im illustren Kunst- und Kulturzentrum **__Louisiana__. Als absolute Höhepunkte Seelands gelten schließlich **__Frederiksborg Slot__, Dänemarks schönstes Renaissanceschloß, unweit von Hillerød, und das 'Hamlet-Schloß' **__Kronborg Slot__ bei Helsingør. Rund 30 km westlich von Kopenhagen empfiehlt sich auch ein Ausflug nach **__Roskilde__, für dessen Domkirche und Wikingerschiffshallen man sich einen ganzen Nachmittag freihalten sollte. Und bei allem Kunstgenuß natürlich nicht zu vergessen: mindestens ein endloser Sonnentag am Strand!

Sehenswürdigkeiten von A bis Z

*Akvarium (Aquarium; Danmarks Akvarium)

Lage
Strandvejen, Charlottenlund

S-Bahn-Station
Charlottenlund

Buslinie
6

Eines der meistbesuchten Museen Kopenhagens ist das 1939 eröffnete und 1974 erheblich erweiterte Aquarium. Rund 5 km nördlich vom Stadtzentrum werden hier im Schloßpark Charlottenlund in mehr als 90 Bassins die Süß- und Salzwasserfische der Welt vorgestellt (Erklärungen nur in Dänisch). Zum artenreichen Bestand gehören u.a. Leuchtfische, Zitteraale, Haifische, asiatische und südamerikanische Exoten wie die berüchtigten Piranhas (Sägesalmler), deren Riesenschwärme in Minutenschnelle sogar ausgewachsene Rinder skelettieren können. Zu sehen sind rund 3000 Fischarten (geöffnet: Mitte Feb.–Okt. tgl. 10.00–18.00 Uhr, Nov. bis Mitte Feb. Mo.–Fr. 10.00–16.00, Sa., So. 10.00–17.00 Uhr).

Alexander Newski Kirke (Kirche) H 7

Lage
Bredgade 53

Buslinien
1, 6, 9

Die von drei vergoldeten Zwiebelkuppeln gekrönte Kirche der russisch-orthodoxen Gemeinde wurde zwischen 1881 und 1883 erbaut. Auf Bitten der Kaiserin Dagmar, Tochter Christians IX., ließ Zar Alexander III. selbst einen Beitrag zu den Baukosten übersenden. Den Entwurf des Sakralbaus lieferte der russische Architekt David Ivanowitsch Grimm von der St. Petersburger Kunstakademie, die Ausführung übernahm Albert Nielsen unter der Leitung von F. Meldahl. Zur Einweihung anno 1883 kamen sowohl Vertreter des dänischen als auch des russischen und des griechischen Herrscherhauses. Die Kirche spiegelt den Moskauer Architekturstil des 17. Jh.s wider. Während die Fassade aus rotem und grauem Backstein errichtet wurde, ist der ornamentale Schmuck in Sandstein gehalten. Über den Glocken thront als Schutzpatron des Nowgoroder Fürst Alexander Newski, der Mitte des 13. Jh.s ein schwedisches Heer an der Neva besiegte und später gegen den Deutschen Ritterorden in Rußland antrat. Eine Marmortreppe führt im Innern hinauf zum Kirchenraum. Er birgt eine kunstvolle dreitürige Ikonostasis, die Decke zieren russische und byzantinische Malereien. Die Ikonen zeigen den Einfluß des 'romantischen Stils', wie er in Rußland Ende des letzten Jahrhunderts verwandt wurde. Beachtung verdient das symbolträchtige Farbenspiel in P. Bogoljoboffs Darstellung 'Christus schreitet über den See Genezareth'.

*Amager (Insel) F–K 6–13

Lage
im Øresund

Bella Center

Die der City Kopenhagens östlich vorgelagerte Insel Amager ist durch eine große Hebebrücke mit ihr verbunden. Auf Amager, wo auch der Flughafen Kastrup (s. S. 13) liegt, befindet sich das Ausstellungs- und Kongreßzentrum Bella Center, mit einer überdachten Fläche von rund 85000 m² das größte Skandinaviens, wo jedes Jahr über 40 Messen stattfinden.

Zukunftsweisend ist die neue Verkehrsader über den Øresund, die Kopenhagen seit dem 1. Juli 2000 mit der südschwedischen Stadt Malmö verbindet. Vor der Øresundbrücke entsteht derzeit südlich der neuen Hochschule für Informatik die geplante Satellitenstadt Ørestad, ein 310 ha großes Gelände, das in den kommenden Jahren für mehr als 70000 Menschen Wohn- und Arbeitsstätte werden soll. Zudem haben die Städteplaner den Auftrag erhalten, mit der Copenhagen Riviera einen großen Freizeitpark anzulegen inklusive Marina und Open-Air-Arena. Nicht zu vergessen: Amagers Badestrände für ausgelassene Sommertage am Meer.

Amager (Fortsetzung)

Ørestad, Copenhagen Riviera

* Dragør

An der Ostseite der Insel präsentiert sich der Ort Dragør als malerisches Städtchen des 18. Jh.s, das den Charme alter Bauern- und Fischerdörfer erhalten hat. Durch die Heringsfischerei im Sund war Dragør im Mittelalter ein wirtschaftlich wichtiger Standort, dem 1370 Handelsprivilegien und das Recht zum Einsalzen der Heringe verliehen wurden. Mit dem Niedergang der Heringsfischerei verlor Dragør an Bedeutung, bis Mitte des 16. Jh.s der Lotsendienst im Sund eine neue Einnahmequelle versprach. Die Lotsen aus Dragør erhielten hierfür als erste im Land eine königliche Erlaubnis. Das 19. Jh. brachte eine Blütezeit für die Schiffsflotte von Dragør, die nicht nur zwischen Kopenhagen und den dänischen Provinzen verkehrte, sondern auch andere Orte der Ostseeküste sowie englische Häfen ansteuerte. Nach dem Aufkommen der Dampfschiffahrt Ende des letzten Jahrhunderts reduzierten sich die Fahrten der heimischen Flotte auf dänische Gewässer.

Fährverbindung nach Limhamn (Schweden)

Geschichte

Viele der Häuser in Dragør stehen unter Denkmalschutz. Im ältesten, dem auf 1682 datierten Fischerhaus am Havnepladsen, wird die historische Entwicklung der einheimischen Seefahrt dokumentiert (geöffnet: Mai bis Sept.: Di.–So. 12.00–16.00 Uhr).

Dragør Museet

Das Mølsteds Museum in der Bledersstræde (Nr. 1) zeigt Gemälde und Zeichnungen von Dragør aus der Zeit zwischen 1862 und 1930 (geöffnet: Mai–Sept.: Sa., So. 14.00–17.00 Uhr).

Mølsteds Museet

Im Süden der Insel liegt das einst als 'Holländerstadt' bekannte Store Magleby: Die ersten Bewohner der Insel waren Holländer, die sich unter Christian II. im frühen 16. Jh. hier ansiedelten, die Insel trockenlegten und kultivierten. In zwei alten Fachwerkhäusern des 18. Jh.s (Hovedgaden 4 und 12) befindet sich das Amagermuseet mit Zeugnissen bäuerlicher Traditionen der holländischen Einwanderer (geöffnet: Mai–Sept.: Di.–So. 12.00–16.00 Uhr; Okt.–April: Di., So. 12.00–16.00 Uhr).

Store Magleby, Amagermuseet

* **Amagertorv** (Amagermarkt; Fußgängerzone) H 8

Der zwischen Hyskenstræde und Østergade verlaufende Amagertorv, heute Teilstück der belebten Fußgängerzone ⟶ Strøget, war seit dem Mittelalter eine wichtige Verkehrsverbindung zwischen der Siedlung am Gammeltorv und dem Markt am ⟶ Nikolaj Plads. Ihr Name Amagertorv (Amagermarkt) findet erstmals 1472 Erwähnung. Im 16. und 17. Jh. war die Straße mitunter Festplatz für Ritterturniere, wenngleich vor allem die Bauern und Gärtner von Amager das Alltagsbild bestimmten. Nach Erlaß der Handelsgesetze von 1684 mußten alle von der Insel ⟶ Amager gelieferten Lebensmittel und Blumen hier auf dem Markt verkauft werden. In den angrenzenden Gebäuden hatten sich rasch mehrere Kaufmannsläden eingerichtet und an der Ecke zur Østergade stiegen seit 1656 'bessere Herrschaften' im vornehmen Gasthof Store Lækkerbidsken (Großer Leckerbissen) ab.

Verlauf
Zwischen Hyskenstræde und Østergade

Buslinien
8, 28, 29, 41

Auf der Suche nach schönen Mitbringseln wird man spätestens am Amagertorv fündig, wo Illums Bolighus und Royal Copenhagen liegen, zwei berühmte Shoppingadressen ersten Ranges.

Geschichte (Fortsetzung)

Als nach dem zweiten Großbrand Kopenhagens im Jahre 1795 der südlich angrenzende ⟶ Højbro Plads angelegt wurde, schuf man einen Übergang zum Amagertorv. Die Verkaufsstände verschwanden ab 1868, als der Markt nach ⟶ Christianshavn verlegt wurde.

Storkespringvandet

Nachdem der Platz seine Marktfunktion verloren hatte, trafen sich bei der Wasserpumpe am Amagertorv die Botengänger der Stadt. An die Stelle der alten Pumpe trat anno 1894 der stolze Storchenspringbrunnen, bis heute einer der beliebtesten Treffpunkte, flankiert von den stets belebten Cafés 'Europa' und 'Norden'.

*Royal Copenhagen

Das 1616 für den Ratsherren und späteren Bürgermeister Mathias Hansen im Stil der niederländischen Renaissance erbaute rote Backsteingebäude Nr. 6 ziert reicher Sandsteinschmuck. Heute findet man hier Spitzenprodukte Dänischen Designs (s. S. 18 ff.), präsentiert Royal Copenhagen Kostbarkeiten der Königlichen Porzellanmanufaktur und der Holmegaard Glaswerke sowie der Porzellanfabrik Bing & Grøndahl. Jeden Freitag und Samstag kann man zusehen, wie die handbemalten Services entstehen.

*Georg Jensen Museum

Im Nachbarhaus Nr. 4 sind Verkaufsräume und das Museum der Silberschmiede Georg Jensen untergebracht (geöffnet: Mo. – Do. 10.00 bis 18.00, Fr. 10.00 – 19.00, Sa. 10.00 – 17.00 Uhr). Jeden Freitag und Samstag führen Silberschmiede ihre Arbeit vor.

*W. Ø. Larsens Pipe Museum

Im Auftrag des Tuchhändlers J. A. Bechmann entstand zwischen 1789 und 1800 das schöne Patrizierhaus Nr. 9, dessen Fassade 1830 und 1870 um-

Amagertorv, W.O. Larsens (Fortsetzung)

gestaltet wurde. Über 400 Jahre Tabakgeschichte nebst exquisiter Rauchutensilien bietet ein Besuch im 1864 gegründeten Pfeifenmuseum von W. Ø. Larsen, das handgeschnitzte Meerschaumpfeifen, kunstvolle Tabakdosen sowie Wasserpfeifen zu seinen Schätzen zählt (geöffnet: Mo. bis Do. 10.00–18.00, Fr. 10.00–19.00, Sa. 10.00–16.00 Uhr). Gegenüber kann man sich in Ole Larsens Tabakgeschäft unter den vielen wohlduftenden 'Selected Blends' des königlichen Hoflieferanten seine Lieblingsmischung aussuchen (Abb. S. 148).

*Illums Bolighus

Eine Shoppingadresse ersten Ranges findet man im Haus Nr. 10. Auf vier Etagen bietet das illustre Illums Bolighus dänische Einrichtungsgegenstände vom trip-trap-Kinderstuhl über edle Designerlampen bis zum rustikalen Teegeschirr (s. hierzu: Dänisches Design, s. 18ff.). Junge Mode für Sie und Ihn wird im Erdgeschoß angeboten.

Ole Haslunds Haus

Ein Beispiel für den Historismus des 19. Jh.s liefert das 1867 fertiggestellte 'Ole Haslunds Haus' (Nr. 14). Charakteristisch sind seine als Fensterpfosten eingesetzten Hermen, mit einer Männerbüste gekrönte Pfeiler.

** Amalienborg Slot (Schloß Amalienborg) J 8

Lage
Amaliengade/
Amalienborg Plads

Das vierflügelige Rokoko-Schloß Amalienborg, seit 1794 königliche Residenz, wurde 1749–1760 unter König Frederik V. vom Hof- und Stadtbaumeister Nicolai Eigtved errichtet. Von der königlichen Familie – ihre Anwesenheit wird durch die aufgezogene Fahne des Dannebrog verkünd
werden zwei der Palais bewohnt (nicht zugänglich), während die b
anderen repräsentativen und musealen Zwecken dienen.
Das Museum im Palais Christians VIII. (geöffnet: Nov.–April: Di.–So.
bis 16.00 Uhr, Mai–Okt.: tgl. 10.00–16.00 Uhr) unterrichtet mit Expo
aus den Privaträumen über die königliche Familie von Christian IX.
Christian X. (1863–1947). Im Jahre 1999 wurde auch das Arbeitszi
Frederiks IX. in die bestehende Sammlung integriert. Baumeister Nicolai Eigtved (1701–1754) war der Stararchitekt seiner Zeit, der neben Schloß und Stadtviertel Amalienborg auch das Prinzenpalais (heute ⟶ National-

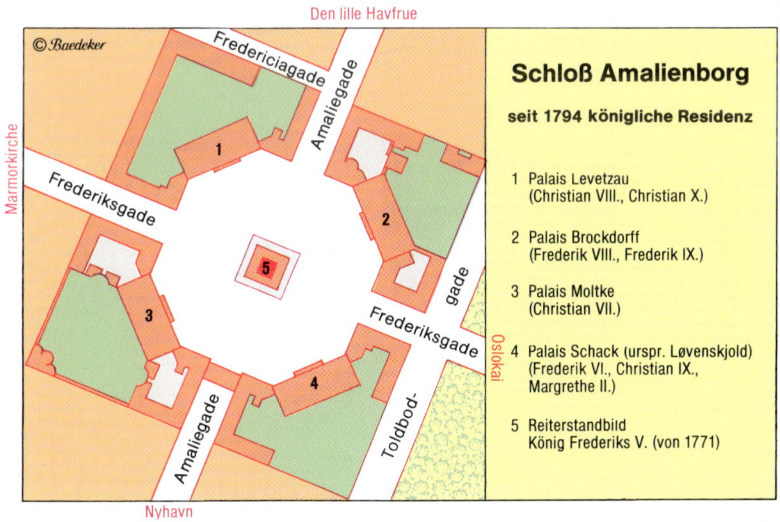

Baugeschichte (Fortsetzung)

museet) und die → Marmorbrücke an der Südseite von Schloß → Christiansborg schuf und damit einen geschlossenen Stadtteil im Rokoko-Stil errichtete. Möglich gemacht hatte diese städtebauliche Konzeption König Frederik V.; er verschenkte Grund und Boden von Amalienborg an die reichen adeligen Familien Brockdorff, Levetzau, Løvenskjold und Moltke und bot ihnen für die Durchführung ihrer Bauprojekte 40 Jahre Steuererlaß. Seine Bedingung, die mit dieser Schenkung verknüpft war: die vier Stadtpalais im Mittelpunkt des neuen Stadtviertels Frederiksstad mußten nach Plänen von Eigtved erbaut werden.
Bereits wenige Jahrzehnte später gingen die Palais nach dem Brand von Schloß Christiansborg anno 1794 in königlichen Besitz über. Im selben Jahr entstand auch die von C. F. Harsdorff entworfene Kolonnade, eine Holzkonstruktion mit ionischen Säulen, die die Verbindung zwischen den beiden Palaiskomplexen über die Amaliengade herstellt.

Reiterdenkmal Frederiks V.

Im Zentrum von Schloß Amalienborg erhebt sich die 12 m hohe Reiterstatue Frederiks V., die J. F. Saly 1711 anfertigte. Die Statue ist ein Geschenk der Ostindischen Kompanie zum Dank für die Unterstützung ihrer kolonialen Eroberungen durch die Krone.

**Wachablösung

Die Wachsoldaten von Schloß Amalienborg, die mit ihren Bärenfellmützen und ihren blau-weiß-roten Uniformen vor den Wachhäuschen stehen, gehören zu Kopenhagens beliebtesten Fotomotiven. Weilt Königin Margarethe II. in Kopenhagen, so findet jeden Tag Schlag 12 Uhr die Wachablösung mit Musik und Fahnenschmuck statt. Befindet sich allein die Königinmutter, Königin Ingrid, auf Amalienborg, so erfolgt die Ablösung nur mit Musik. Die neue Wache marschiert kurz vor 11.30 Uhr von ihrer Kaserne in Kongens Have (→ Rosenborg Slot) ab. Der Weg führt durch die Gothersgade bis Nørrevoldgade, weiter durch die Frederiksborgade, die → Købmagergade und die Østergade, dann über den → Kongens Nytorv und weiter durch die Bredgade und Frederiksgade zum Schloß.

Besuchermagnet Kopenhagens: die Wachablösung vor Schloß Amalienborg

Erinnert an einen gewaltigen Schiffsrumpf: das moderne Arken-Museum in Ishøj

*Arken – Museet for Moderne Kunst

Fast schon ein Kunststück für sich war der Arkenskandal, eine Köpenikiade, über die ganz Dänemark lachte: da war Gründungsdirektorin Anna Carstberg mit zusammengeflunkerten Qualitäten angetreten und tatsächlich eingestellt worden – wie sich herausstellen sollte, eine kostspielige Fehlentscheidung der Lokalpolitiker. Aber trotz aller finanziellen Probleme, die der neue Direktor Christian Gether nun zu lösen hat, zählt das 1996 eröffnete Museum für moderne Kunst zu den Erfolgen des Kopenhagener Kulturjahres.

Die Entwürfe für die exzentrische Betonskulptur in den Dünen der Betonvorstadt Ishøj lieferte der Architekturstudent Søren Robert Lund, dessen Konzept durch den gelungenen Wechsel von Enge und Weite überrascht. Wie ein riesiger präfuturistischer Schiffsrumpf recken sich weißgetünchte Mauern und drei Flugdächer dramatisch gen Himmel, eine bemerkenswerte Collage aus Beton und Stahl, Dünenlandschaft und Meer.

Vom 150 m langen Hauptschiff in der Form eines Flitzebogens betritt der Besucher separate Kunstkabinette und lichte Außengehege, raumgreifende Hallen für kragende Installationen und Galerien für beschauliche Graphik. Der zweiachsige Grundriß der 'Arche' bietet rund 4000 m² Ausstellungsfläche für zeitgenössische, vorwiegend dänische Kunst. Das Museum will indes mehr als Bilder und Skulpturen zeigen. Es besitzt auch einen großen Saal für Konzerte, Theater und Ballettworkshops, ein eigenes Kammerorchester und ein professionell ausgestattetes Kino.

Lage
Skovvej 100
Ishøj

Buslinie
S-Bahn bis Ishøj, von dort Bus 128

Öffnungszeiten
Di.–So.
10.00–17.00,
Mi. bis 21.00

Arkitekturcentret Gammel Dok

⟶ Christianshavn

*Assistens Kirkegård (Friedhof) F 7

Lage
Kapelvej 2

Buslinien
5, 16, 7E

Kopenhagens größter und wohl auch interessantester Friedhof wurde nach der Pestepidemie von 1711 im Jahre 1757 auf königliche Anordnung als Behelfs- bzw. Zusatzfriedhof (Assistens Kirkegård = Hilfsfriedhof) angelegt. Die mit Nischen versehene Backsteinmauer, die einen Teil des Friedhofs umgibt, schuf Philip de Lange, später folgten mehrere Erweiterungen der Anlage. Heute ist der Assistens Kirkegård zugleich Parkanlage, in der man – in Deutschland kaum vorstellbar – auf den Rasenflächen zwischen den Gräbern immer wieder Leute antreffen kann, die sich bei einem Picknick entspannen oder einfach nur ein Sonnenbad nehmen. Friedhof und Parkanlage sind von Sonnenaufgang bis Sonnenuntergang geöffnet.

Gräber

Grabstein von Søren Kierkegaard

Auf dem Friedhof haben viele illustre Persönlichkeiten ihre letzte Ruhe gefunden; Orientierungshilfe bietet eine Namenstafel am Eingang Nørrebrogade. Zu den bekanntesten Gräbern gehört das in Abschnitt P gelegene Grab des sprachgewandten Märchenerzählers Hans Christian Andersen (⟶ Berühmte Persönlichkeiten). In Abschnitt B ist der Philosoph Søren Kierkegaard (⟶ Berühmte Persönlichkeiten) begraben, in Abschnitt D trifft man auf das Mausoleum von Peter von Scholten, Generalgouverneur der ehemaligen westindischen Inseln St. Croix, St. John und St. Thomas, der 1848 nach einem Sklavenaufstand in eigener Regie die Sklaverei auf diesen Inseln aufhob. Nahe dem Eingang liegt ferner das Grab des dänischen Arbeiterdichters Martin Andersen Nexø (⟶ Berühmte Persönlichkeiten). Besondere Erwähnung verdienen zudem das Grab des Physikers und Nobelpreisträgers Niels Bohr (⟶ Berühmte Persönlichkeiten) sowie das Grab des dänischen Schriftstellers Poul Martin Møller (1794–1838), der mit seinem 1843 posthum erschienenen Hauptwerk "En dansk students eventyr" den ersten fantastischen Roman Dänemarks schrieb.

*Axeltorv (Axelmarkt; Fußgängerzone) G 8

Lage
Zwischen Hammerichsgade und Vesterbrogade

S-Bahn-Station
Vesterport

Mogens Breyen vollzog Ende der achtziger Jahre die Neugestaltung des Axeltorv, den Mogens Møller mit mehreren Plastiken versah. Im Wasser des großen Granitbassins spiegelt sich der Himmel über einem die Sonne symbolisierenden, venezianischen Mosaik. Die neun benachbarten Bronzeskulpturen sind abstrakte Interpretationen der Planeten unseres Sonnensystems. Am Ende des Platzes erblickt man den farbenfroh gestalteten Komplex des großen Kinotempels Palads (Nr. 9, ⟶ Abb. 164).

Vergnügen für Groß und Klein:
ein Familienausflug zum Kinderfest im Bakken

Axeltorv (Fortsetzung), Scala

Das moderne Shopping- und Vergnügungszentrum Scala (Nr. 2) beherbergt neben einer Reihe von Geschäften und Boutiquen auch Kinos, Diskotheken, ein Fitneßcenter sowie Cafés und Restaurants, wo man sich nach einem ausgiebigen Einkaufsbummel erholen kann.

*Bakken (Vergnügungspark)

Lage
Dyrehavsbakken

S-Bahn-Station
Klampenborg, ab hier zu Fuß (10 Min.) oder Kutsche

Buslinien
160, 178, 188

Öffnungszeiten
April–Aug. tgl. 14.00–24.00

Der anno 1583 gegründete Dyrehavsbakken, kurz Bakken genannt, ist der älteste Vergnügungspark der Welt. Er liegt am Rand von ⟶ Dyrehaven im Park von Klampenborg und erstreckt sich bis hinunter zum Øresund.
Ende des 16. Jh.s verweilten Besucher zunächst bei der nahen Quelle 'Kirsten Piils Kilde', um die erhoffte Heilung ihrer Leiden zu finden. Mit ihnen kamen fahrende Händler und Gaukler, die hier und auf dem angrenzenden Hügel ihre Stände und Buden aufbauten, die ab 1746 zu einer festen Einrichtung wurden.
Der Bakken ist die volkstümliche Variante des ⟶ Tivoli, mit über 120 Vergnügungsmöglichkeiten und Restaurants. Dazu gehören Kasperltheater und der Pierrot, Karussels und eine Riesen-Achterbahn, Schießbuden, Tombolas, Varietés, Bierhallen und Tanzrestaurants.
In der Hochsaison wird jeden Mittwoch ein großes Kinderfest mit buntem Programm veranstaltet – alle Vergnügungen sind an diesem Tag zum halben Preis erhältlich.

Blixen Museet

⟶ Karen Blixen Museet

Bolten's

→ Kongens Nytorv

*Botanisk Have (Botanischer Garten) G/H 7/8

Lage
Gothersgade 128

S-Bahn-Station
Nørreport

Buslinien
5, 10, 14, 16, 31, 40, 42, 43, 184, 185, 350S

Öffnungszeiten
Okt.–April: tgl. 8.30–16.00; Mai–Sept.: tgl. 8.30–18.00

Der Botanische Garten zwischen Sølvgade und Gothersgade wurde in den Jahren 1871 bis 1874 nach Plänen des Landschaftsgärtners H. A. Flindt angelegt. Der See des Gartens ist Teil des früheren Festungsgrabens.
Neben den Treibhäusern mit tropischen und subtropischen Pflanzen (geöffnet: tgl. 10.00–15.00 Uhr) sind besonders das große Palmenhaus (geöffnet: tgl. 10.00–15.00 Uhr) und das Kakteentreibhaus (geöffnet: Sa., So. 13.00–15.00 Uhr) sehenswert. Vorbild für die in jüngerer Zeit restaurierten Gewächshäuser aus Glas, Gußeisen und Holz, die wahrscheinlich von J. C. Jacobsen und Tyge Rothe entworfen wurden, war u. a. der englische Gartenarchitekt Joseph Paxton mit seinem Palmenhaus im Londoner Kew Garden.
In einem Teil des Gartens kann man zwischen künstlich angelegten Sumpf-, Heide- und Dünenbiotopen alle wildblühenden Pflanzen Dänemarks bewundern. Außerdem gibt es einen Alpengarten mit Gebirgspflanzen aus aller Welt.

Burmeister & Wain Museet

→ Christianshavn, B & W Museet

Københavns Bymuseum: Gouache von I. M. Wagner aus dem Jahre 1807

**Københavns Bymuseum & Søren Kierkegaard Samlingen (Stadtmuseum) F 9

Das bis 1998 neugestaltete Stadtmuseum vermittelt einen umfassenden Überblick über die Geschichte der dänischen Metropole. Das Museum befindet sich seit 1956 in dem anno 1787 vollendeten Gebäude der Königlichen Kopenhagener Schießgesellschaft, nachdem die Sammlungen ab 1901 zunächst im Rathaus ausgestellt worden waren.

Lage
Vesterbrogade 59

Stadtmuseum

Københavns Bymuseum und Søren Kierkegaard Samlingen

Öffnungszeiten:

1.10.-30.4.: Di. - So. 13.00-16.00
1. 5.-30.9.: Di. - So. 10.00-16.00

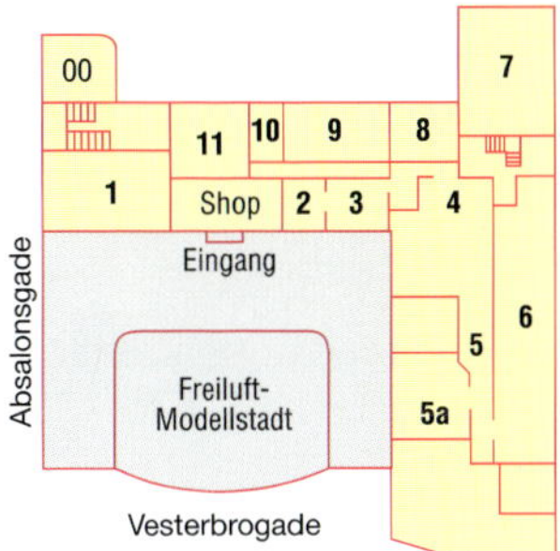

ERDGESCHOSS

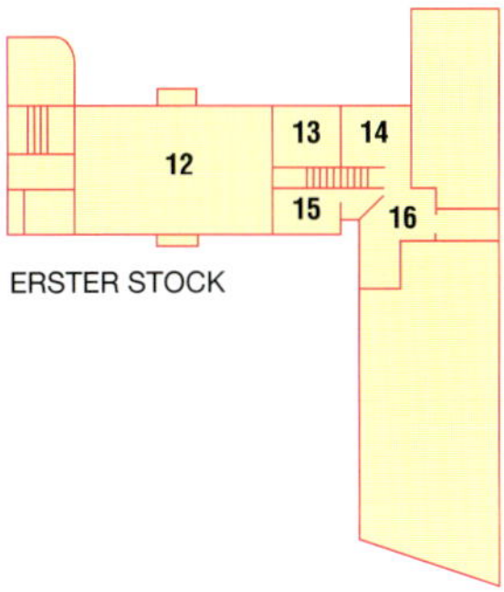

ERSTER STOCK

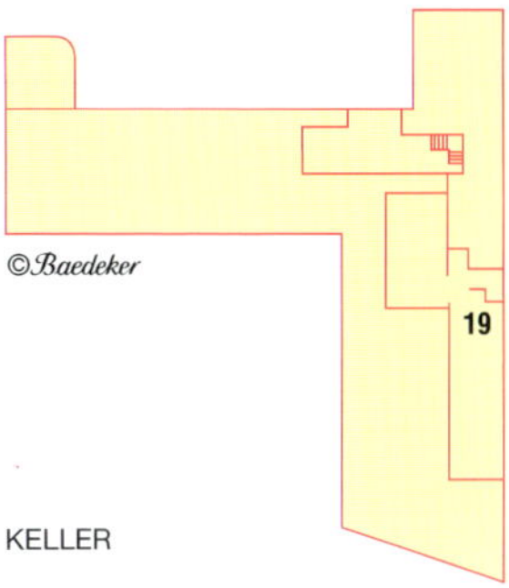

KELLER

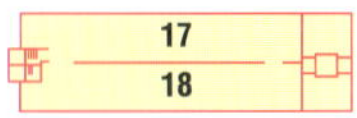

DACHGESCHOSS

- 1 Königszimmer im Stil des 19. Jh.s
- 2-5 Von Høje Taastrup 1995 bis Gammel Strand 1167; von der modernen City zum mittelalterlichen Hafenstädtchen
- 5a Pictorama (Film- und Diashow)
- 6 Bischofssitz und königliche Residenz: vom Handelsplatz des 11. Jh.s bis zur Renaissancestadt des 17. Jh.s unter Christian IV.
- 7 Gartenzimmer mit Gemälden, Silber Porzellan und Fayencen des 18. Jh.s
- 8-11 Absolutistische Herrscher: Kopenhagens Aufstieg 1660-1840; Søren Kierkegaard Sammlung (Eröffnung 1998)
- 12 Bankettsaal mit Hans Hansens Porträt von Frederik VI. (1818)
- 13-16 Bürgerliches Kopenhagen (1840-1908): liberale Verfassung und entscheidende industrielle Impulse
- 17-18 Demokratisches Kopenhagen (1908-2000): Entwicklung der demokratisch-parlamentarischen Monarchie; Kopenhagen heute und morgen
- 19 Kopenhagen im Untergrund: Kanalsystem, archäologische Funde und düstere Kapitel wie Prostitution und Kriminalität

Das Bymuseum verspricht Kopenhagener Geschichte zum Anfassen.

Bymuseum (Fortsetzung)

Buslinien
6, 28, 550S

In den ersten vier Räumen wird ein Bogen über 800 Jahre Geschichte gespannt, vom mittelalterlichen Kopenhagen bis zur modernen Metropole. Raum 5 erzählt über die Renaissancestadt des 17. Jh.s während der Regierungszeit Christians IV. (⟶ Berühmte Persönlichkeiten), Raum 6–9 sind den absolutistischen Herrschern zwischen 1660 und 1840 gewidmet. Über bauliche Veränderungen, Industrialisierung und das aufstrebende Bürgertum im 19. Jh. berichten die Säle 10–13. Schließlich findet man in den Räumen 14 und 15 umfangreiches Material zu Kopenhagens Entwicklung im 20. Jh. bis zu jüngsten Veränderungen im Stadtbild. Kurioses bieten derweil die Kellergewölbe, wo sich die dänische Hauptstadt 'im Untergrund' präsentiert, von der Kanalisation und archäologischen Funden bis zu den dunklen Seiten einer Großstadt wie Verbrechen und Prostitution. Daß die Schießgesellschaft einst nobel zu tagen wußte, kann man im schönen Bankettsaal und im Gartenzimmer erahnen.

Søren Kierkegaard Samlingen

Eine Sonderausstellung ist Leben und Werk des Philosophen Søren Kierkegaard (⟶ Berühmte Persönlichkeiten) gewidmet. Unter den Exponaten sind Möbel und persönliche Erinnerungsstücke wie das Porträt seiner Eltern und ein Bild seiner Freundin Regine Olsen zu sehen.

Museumsstraße

Die angrenzende Absalonsgade wurde 1980 zur Museumsstraße erklärt und mit alten Schildern, Laternen, Telefonhäuschen und Kopfsteinpflaster aus der Zeit zwischen 1850 und 1940 ausgestattet.

Stadtmodell

Vor dem Stadtmuseum kann man in den Sommermonaten ein Modell Kopenhagens zur Zeit der Reformation bewundern.

*Børsen (ehem. Börse) H 9

Lage
Børsgade

Auf der Schloßinsel Slotsholmen liegt gegenüber von ⟶ Christiansborg Slot die ehemalige Börse. Sie gehört zu den schönsten Bauten der Stadt und ist eines der Wahrzeichen von Kopenhagen.

Vier ineinander verschlungene Drachenschwänze zieren den Turm der ehemaligen Börse.

Baugeschichte (Fortsetzung)

Der langgestreckte Renaissancebau wurde zwischen 1619 und 1640 auf Veranlassung König Christians IV. (⟶ Berühmte Persönlichkeiten) von den holländischen Brüdern Lorenz und Hans van Steenwinckel d. J. errichtet. Auf Wunsch des Königs versah man die Börse zum Kanal hin mit dekorativen Quergiebeln, und das Dach wurde mit einem 54 m hohen Turm gekrönt. Seine 1625 vollendete Spitze besteht aus vier ineinander verflochtenen stilisierten Drachenschwänzen, die nach einem Entwurf des Feuerwerkers Ludvig Heidritter entstanden. Ein weiteres Charakteristikum der Börse ist ihr grün patiniertes Kupferdach.

Buslinien
1, 2, 5, 6, 8, 9, 10, 28, 29, 31, 37, 43

Ursprünglich befand sich im Erdgeschoß eine Verkaufshalle, während das Obergeschoß – im Westen über eine Rampe, im Osten über eine Treppe erreichbar – für Büros und Geschäfte vorbehalten war. Der Hofbaumeister Nicolai Eigtved ergänzte während Restaurierungsarbeiten im Jahre 1745 die Rampe um die beiden von J. C. Petzhold im Auftrag des Kaufmanns A. Bjørn gefertigten Statuen von 'Merkur' und 'Neptun'. Als Mitte des 19. Jh.s die Vereinigung der Großhändler die Börse übernahm, mußte sie sich verpflichten, den Architekturstil des Gebäudes zu erhalten und nicht ohne Zustimmung von staatlicher Seite zu verändern.
Heute werden die Börsengeschäfte nicht mehr hier, sondern im Haus Fonnesbech am ⟶ Nikolaj Plads (Nr. 8) abgewickelt. Das Gebäude der alten Börse gehört nun der Handelskammer von Kopenhagen, die hier auch ihren Sitz hat. Für die Öffentlichkeit ist das Gebäude in der Regel nicht zugänglich.

Die Mosaikarbeiten in der Vorhalle des Erdgeschosses illustrieren die historische Entwicklung der Börse. Großzügig mit Säulen, Holztäfelungen, vergoldeten Ledertapeten und einer kunstvollen Kassettendecke ausgestattet ist der große Börsensaal. An seinem Ende steht die Bronzefigur Christians IV., die der Bildhauer Bertel Thorvaldsen (⟶ Berühmte Persönlichkeiten) schuf.

Caritas Springvandet (Caritasbrunnen)

Lage
Gammeltorv

Buslinie
5

Der anno 1608 auf dem Gammeltorv aufgestellte und später mehrfach restaurierte Caritasbrunnen zählt zu den schönsten Arbeiten aus der Zeit der Renaissance. Die von Peter Hofmann angefertigte Bronzegruppe, die eine schwangere Frau mit zwei Kindern zeigt, symbolisiert die Nächstenliebe (Caritas). Zu ihren Füßen tummeln sich drei wasserspeiende Delphine.

*Carlsberg-Brauerei E 10

Carlsberg Visitors Centre
Gamle Carlsberg Vej 11

Buslinien
6, 18

Öffnungszeiten
Di.–So.
10.00–16.00

Die traditionsreiche Carlsberg-Brauerei gehört heute zu den größten weltweit. Sie ermöglicht Kopenhagen-Besuchern nicht nur eine Brauereibesichtigung mit anschließender Kostprobe – Führungen auf Wunsch auch in deutscher Sprache –, sondern informiert im 1882 gegründeten Carlsberg-Museum auch über dänisches Brauereiwesen von den Anfängen bis heute (Tel. 33271314, www.carlsberg.dk).

Ein Prost der Kunst!

Schon der von vier steinernen Elefanten bewachte Brauereieingang, die schmucke ‘Elefantporten’, signalisiert ein Gespür der Carlsbergdynastie für schöne Dinge. Seit langem unterstützt die Brauerei aus ihren Gewinnen das dänische Kulturleben, steht auf den Lieferwagen zu Recht das Motto: ‘Skål for Kunsten’ – Ein Prost der Kunst!. Brauereigründer J. C. Jacobsen rief bereits anno 1876 eine Stiftung für Forschungszwecke ins Leben, zu deren Aufgaben auch die Unterhaltung des Nationalhistorischen Museums von Frederiksborg Slot gehörte. Sein Sohn Carl teilte das Interesse für die Kunst und ließ u. a. die Turmspitze der Nikolaikirche und den schmalen Kampanile der Jesuskirche errichten, zudem erweiterte er die Stiftung und gründete die berühmte Ny Carlsberg Glyptotek mit einer einzigartigen Sammlung klassischer und moderner Kunst. Heute unterstützt der Ny Carlsbergfond auch die Erhaltung von Kronborg Slot und das Kunstmuseum Louisiana in Humlebæk. Nicht zu vergessen die jüngste Finanzierung: der 1996 eröffnete neue Flügel der Ny Carlsberg Glyptotek für die französische Gemäldesammlung.

Im November des Jahres 1847 ließ J. C. Jacobsen (1811–1887) in seiner neu erbauten Brauerei in Valby – außerhalb der Wälle von Kopenhagen – das erste bayrische Bier in Dänemark brauen. Die Brauerei nannte er Carlsberg nach seinem Sohn Carl. Dieser studierte die Braukunst im In- und Ausland und erweiterte die Produktionsanlagen 1871 um die erste Ny-Carlsberg-Brauerei, errichtete aber unter derselben Bezeichnung zehn Jahre später auch eine eigene Brauerei. Aus ökonomischen Erwägungen wurden beide Betriebe dann 1906 vereinigt. Aufgrund der wachsenden Konkurrenz auf internationaler Ebene fusionierte Carlsberg schließlich 1970 mit der ⟶ Tuborg-Brauerei zur ‘De forenede Bryggerier A/S’, jetzt Carlsberg A/S. Die verschiedenen Biersorten (⟶ Praktische Informationen, Essen und Trinken, Bier) werden heute in über 130 Länder exportiert. Die Produktionsanlagen der ersten Brauerei, der ‘Gamle Carlsberg’, wurden 1982 restauriert und sind heute nach Absprache zu besichtigen.

Vier 5 m hohe indische Granitelefanten flankieren das Tor des russisch-orthodox anmutenden Kuppelturms, der den Eingang zur Carlsberg-Brauerei markiert. ▶

*Christiania J 9

Lage
Stadtteil
Christianshavn

Buslinie
8

Woran selbst die, die damals den 'Freistaat' verkündeten, nie geglaubt hätten: 1996 feierte Christiania Silberhochzeit mit dem dänischen Staat. Der 1991 legalisierte 'Freistaat' auf der Insel ⟶ Amager gehört zum Stadtteil ⟶ Christianshavn. Da von hier aus ursprünglich die Flotte des Königs geschützt werden sollte, entstanden auf dem Gelände zunächst militärische Einrichtungen. Anno 1971 wurde das 34 ha große Kasernen- und Barackengebiet geräumt, besetzten Aussteiger, Alternative und Hippies das aufgelassene Gelände und gründeten hier am 13. November 1971 mit dem illegal ausgerufenen 'Freistaat Christiania' eine unabhängige Gesellschaft. Alle Räumungsversuche, die von der dänischen Öffentlichkeit mit Leidenschaft verfolgt wurden, mißlangen. Schließlich wurde der Platz als 'soziales Experiment' anerkannt, blieb aber weiterhin umstritten. Durch massiven Druck von außen wurde das Aussteigermodell zum 20jährigen Jubiläum legalisiert. Die Abgesandten der basisdemokratischen Vollversammlung Christianias unterschrieben 1991 ein lange umstrittenes Abkommen, in dem sich die Bewohner des Freistaates verpflichten, erstmals regelmäßig für Miete und Wohnnebenkosten aufzukommen und rund 150 erhaltenswerte Gebäude sowie die ausgedehnten Grünanlagen instand zu halten. Als Gegenleistung garantieren die Kopenhagener Behörden das Nutzungsrecht.
Kritiker betrachten Christiania nach wie vor als Unruheherd und 'Brutstätte der Kriminalität' (so einst Dänemarks Justizminister), bedingt durch die große Armut im Freistaat (drei von vier Christianitern leben aus öffentlichen Kassen, als Arbeitslose, Frührenter, Sozialhilfeempfänger) und den anhaltenden Drogenkonsum von Haschisch und Marihuana. Befürworter sehen in der knapp 900 Einwohner zählenden Aussteiger-Republik derweil einen beispiellosen Ansatz einer neuen 'Großgesellschaft' und verweisen auf die positiven Erfolge: Seit 1979 werden durch die freiwillig aufgestellte 'Junk-Blockade' praktisch keine harten Drogen mehr konsumiert; zum Schutz der Umwelt hat man im autofreien Christiania Kompostierung, Müllsortierung und Recycling in der alternativen 'Energiewerkstatt' eingeführt und experimentiert mit Sonnen- und Windenergie. Ferner gibt es eine gemeinsame Kinderbetreuung in Kinderhort und Jugendklub, die, wie auch andere soziale Einrichtungen, bis dato durch Gewinne der Kneipen und Restaurants finanziert wird.

**Christiansborg Slot (Schloß Christiansborg) H 9

Lage
Christiansborg
Slotsplads

Buslinien
1, 2, 6, 8, 9, 10, 28, 29, 31, 37, 41, 43

Schloß Christiansborg, auf der Insel Slotsholmen angelegt, ist seit 1918 Sitz des Dänischen Parlaments (Folketing, s. S. 12). Außerdem sind hier das Außenministerium und der oberste Gerichtshof untergebracht. Ferner befinden sich im Schloß die königlichen Audienzräume, die ebenso wie das Parlament nur im Rahmen von Führungen besichtigt werden können.
Beim Verlassen der Insel Slotsholmen in Richtung ⟶ Nationalmuseet überquert man den Frederiksholms Kanal auf der von Nicolai Eigtved entworfenen ⟶ Marmorbrücke.

Öffnungszeiten
der Schloßruinen

Okt.–April: Di., Do., Sa., So. 9.30–15.30 Uhr;
Mai–Sept.: tgl. 9.30–15.30 Uhr.

Führungen
durch Parlament und Schloß

Dänisches Parlament (Folketing):
Juni–Sept.: Mo.–Fr., So. zu jeder vollen Stunde 10.00–16.00 Uhr;
Okt.–Mai: So. zu jeder vollen Stunde 10.00–16.00 Uhr.
Königliche Empfangsräume (Führungen in deutsch oder englisch):
Okt.–April: Di., Do., Sa., So. 11.00, 15.00 Uhr;
Mai, Sept.: tgl. 11.00, 15.00 Uhr.
Juni–Aug.: tgl. 11.00, 13.00, 15.00 Uhr

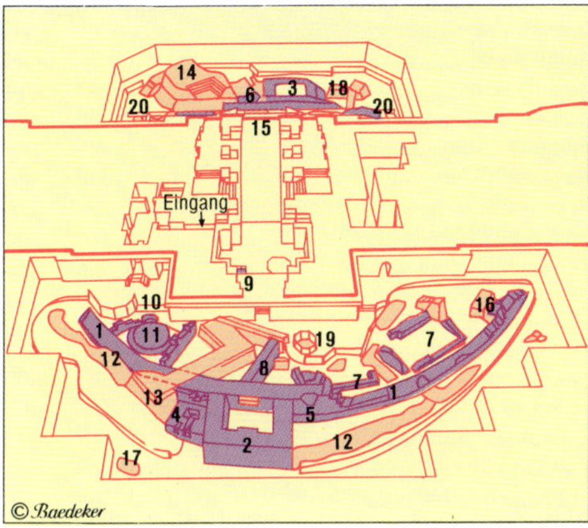

Schloß Christiansborg

1167	Bischof Absalon von Roskilde beginnt den Bau einer Burg
1368/69	Zerstörung; danach erweiterter Wiederaufbau
Anfang 15. Jh.	Übernahme durch die dänische Krone
1552-56	Bau des Königsflügels
1733-45	Barocker Neubau: 1. Christiansborg
1794	Zerstörung durch Brand
1803	Neuerlicher Baubeginn: 2. Christiansborg
1884	Zerstörung durch Brand
1907-28	Neubau des Schlosses: 3. Christiansborg

Ausgrabungen

Bischofsburg (12.-14. Jh.)

1 Ringmauer
2 Westlicher Ringmauerturm
3 Östlicher Ringmauerturm (?)
4 Geheimkabinett
5 Hofablauf
6 Umgestürzte Hausmauer
7 Kleine Bauten
8 Zweiräumiges Haus
9 Holzbrunnen
10 Kalksteinbrunnen
11 Backofen

Mittelalterliches Schloß (14.-18. Jh.)

12 Ringmauer
13 Südgiebel des Rittersaalflügels
14 Fundament vom Blauen Turm
15 Fundament des Königsflügels
16 Fundament des Kirchenflügels
17 Fundamentrest 16. Jh.
18 Schornsteinsockel
19 Brunnen
20 Wasserleitung des ersten Schloßbaus

Baugeschichte

Das Schloß erhebt sich über dem Platz, an dem Bischof Absalon (⟶ Berühmte Persönlichkeiten) im Frühjahr 1167 mit dem Bau einer Burg begann und Kopenhagen gründete. Die Burganlage wurde 1259 durch die Wenden und 1368/1369 durch die Lübecker zerstört, später jedoch erweitert wiederaufgebaut. Beim Bau des jetzigen Schlosses wurden die mittelalterlichen Ruinen freigelegt, die für Besucher zugänglich sind.
Die spätmittelalterliche Burg, die unter Erich dem Pommern an die Krone überging, wurde vom 15. bis 17. Jh. mehrfach umgestaltet und vergrößert. So erfuhr u. a. der Rittersaal zur Vermählung von Christoph III. von Bayern mit Königin Dorothea von Brandenburg im Jahre 1445 eine Erweiterung, und Christian III. ließ Mitte des 16. Jh.s an der Stelle des trockengelegten Burggrabens den Königs- und Trabantenflügel anfügen, der den zweitgrößten Saal im Schloß erhielt.
Den Anforderungen barocker Prachtentfaltung genügte die Burganlage im 18. Jh. nicht mehr: nachdem Frederik IV. noch 1720 den Autrag erteilt hatte, alle Flügel des Schlosses auf die gleiche Höhe aufzustocken, legte Christian VI. im April 1733 den Grundstein zum Neubau eines dreistöckigen Prunkschlosses. Im November 1740 zog die königliche Familie ein, wenngleich der prachtvolle Rittersaal erst 1766 seiner Vollendung entgegensah. Die gesamte Königsetage wurde mit französischem Spiegelglas versehen, und auch die anderen 348 Räume erhielten eine pompöse Ausstattung. Für den Rittersaal lieferte Nicolai Abildgaard 22 Gemälde zur dänischen Königsgeschichte. Das noch unvollendete Schloß brannte 1794 ab. Erhalten blieb von dem Vierflügelbau im Stil des Wiener Barocks nur die Reitbahnanlage.
In den ersten Jahren des 19. Jh.s entstand unter Frederik VI. nach Entwürfen des klassizistischen Meisters C. F. Hansen die zweite, nun nüchterner konzipierte Ausführung des Schlosses, dessen Rittersaal korinthische Säulen und eine kunstvolle Kassettendecke zierten. Im Jahre 1849 zog der

Schloß Christiansborg ist seit 1918 Sitz des dänischen Parlaments.

Baugeschichte (Fortsetzung)

neue Reichstag in das Gebäude ein, das als Königsresidenz nur selten genutzt wurde. Auch dieser Bau fiel im Oktober 1884 einem Brand zum Opfer. Zu den erhaltenen Teilen zählt die von C. F. Hansen errichtete, 1846 geweihte Schloßkirche, deren Kuppel mit Engelfiguren und Apostelstatuen von Bertel Thorvaldsen (⟶ Berühmte Persönlichkeiten) ausgeschmückt wurde.
Den Entwurf für das 'dritte', zwischen 1907 und 1928 erbaute Christiansborg lieferte Thorvald Jørgensen. Er stand vor der schwierigen Aufgabe, die verbliebenen Bauten harmonisch in eine neue Anlage einzufügen, was ihm nur teilweise gelang. Das große vierflügelige Schloß prägen heute sein 90 m hoher Turm und die massive Verkleidung aus behauenem Bornholmer Granit sowie Feldstein, der von Dänemarks Gemeinden zur Verfügung gestellt wurde. Besondere Beachtung verdienen der Thronsaal und der 40 m lange Rittersaal.

Reiterstandbild Frederiks VII.

Auf dem Platz vor dem Schloß erblickt man ein Reiterstandbild Frederiks VII., das von dem Thorvaldsen-Schüler H. V. Bissen stammt und zur Erinnerung an das erste Grundgesetz 1849 hier aufgestellt wurde.

Folketing

In der Wandelhalle des Folketing sollte man den silbernen Schrein beachten, in dem die Verfassungsurkunde aufbewahrt wird. Von der Mittelloge des Folketingsaals aus hat der Besucher einen guten Überblick über den Raum, dessen Dimensionen denen des britischen Unterhauses – der Mutter der Parlamente – entsprechen. Im Gegensatz zum Londoner Unterhaus, dessen Mitglieder auf Bankreihen in Längsrichtung des Saals sitzen, gruppieren sich die Folketingabgeordneten hufeisenförmig um den Mitteltisch und den Sitz des Vorsitzenden. Und während das britische Unterhaus für seine 650 Mitglieder nicht genügend Sitzplätze bereithält, haben die

Christiansborg Slot, Folketing (Fortsetzung)

179 Abgeordneten des Folketing jeder seinen festen Sitz mit Pult. Nach dem Muster der Nationalversammlung während der französischen Revolution sind die 'Rechtsorientierten' rechts und die 'Linksorientierten' links vom Vorsitzenden plaziert. Wenngleich neue Parteien und innerparteiliche Entwicklungen Änderungen in die Sitzordnung gebracht haben, sitzt nach wie vor – vom Vorsitzenden aus betrachtet – die Fraktion der Konservativen Volkspartei rechts von der liberalen Partei Venstre, diese wiederum rechts von der linksliberalen Partei Radikale Venstre und diese dann rechts von den Sozialdemokraten. Nur die Sozialistische Volkspartei sitzt etwas unlogisch zwischen den Linksliberalen und den Sozialdemokraten, für die kleineren Parteien bleiben in der Regel nur die hinteren Reihen übrig.
Die Plazierung der Abgeordneten richtet sich nach dem parlamentarischen Dienstalter, die Fraktionsvorsitzenden und politischen Wortführer sitzen jedoch in der ersten Reihe. Links vom Vorsitzenden nimmt die Regierung Platz. Die erste Reihe ist dem Ministerpräsidenten, dem Außenminister, dem Finanzminister und dem Justizminister vorbehalten, dahinter sitzen die übrigen Minister, nach Dienstalter gestaffelt.
Das dreiteilige Podium (links das Rednerpult) wurde von Anny Berntsen-Bure, Tochter des damaligen Ministerpräsidenten Klaus Berntsen, aus einem tausendjährigen Eichenstamm geschnitzt, der als Kern einer Bockmühle auf der Insel Møn diente. Der darüber hängende Wandteppich von Berit Hjeholt trägt den Titel 'Wie eine reiselustige Flotte'.

Kongelige Stalde og Kareter

Vom Folketingsgården gelangt man durch einen Torbogen des Südflügels zur Reitbahn mit den Königlichen Stallungen. Hier sind alte Kutschen, Pferdegeschirre und schmucke Livreen aus der Zeit ab 1778 zu besichtigen (geöffnet: Okt.–April: Sa., So. 14.00–16.00 Uhr, Mai–Sept. Fr.–So. 14.00 bis 16.00 Uhr).

Christiansborg Slot (Fortsetzung), *Teatermuseet

Über den Reitställen im Südflügel richtete N. H. Jardin anno 1766 das Königliche Hoftheater ein. Hier wurde Graf von Struensee (⟶ Berühmte Persönlichkeiten), mächtigster Minister und Liebhaber der Königin Caroline Mathilde, anläßlich eines Maskenballs am 16. Januar 1772 verhaftet. Wenig später mußte er sein Verhältnis mit der Königin mit dem Leben bezahlen.
Im Jahre 1842 modernisierte Jørgen Hansen Koch den Theatersaal, dessen Zuschauerraum seither unverändert erhalten blieb. Das 1922 eröffnete Theatermuseum erzählt mit Fotografien, alten Drucken und illustren Kostümen die Geschichte des dänischen und internationalen Theaters von den Zeiten Ludvig Holbergs (⟶ Berühmte Persönlichkeiten) bis heute (geöffnet: Mi. 14.00–16.00 Uhr, Sa., So. 12.00–16.00 Uhr).

*Christianshavn (Stadtteil) H–K 7–9

Lage
Insel Amager

Buslinien
2, 8, 9, 31, 37

Der Kopenhagener Stadtteil Christianshavn liegt gegenüber von Slotsholmen, auf der Insel ⟶ Amager. König Christian IV. (⟶ Berühmte Persönlichkeiten), der von 1588 bis 1648 regierte, ließ hier die neue Stadt anlegen, die zunächst gar nicht zu Kopenhagen gehörte. Mit ihrem Mittelkanal und den parallel im rechten Winkel dazu liegenden Straßen weckt sie Erinnerungen an Amsterdam. Zur Landseite hin versah man die Stadt mit massiven Bastionen und dickem Mauerwerk.
Der Stadtteil Christianshavn ist in sich eine Sehenswürdigkeit. Er wird über die Brücken Langebro und Knippelsbro erreicht. Mit dem Bau dieser 'Kleinstadt', der ab 1618 nach holländischem Muster mit rechtwinklig angelegten Straßen und Kanälen erfolgte, fügte König Christian IV. Kopenhagen eine eigene Note hinzu. Bis 1674 blieb Christianshavn unabhängig, mußte dann aber aus finanziellen Gründen dem Anschluß an Kopenhagen zustimmen. Daß hier auffallend viele alte Häuser erhalten sind, liegt daran, daß dieses Viertel von verheerenden Großbränden wie in Kopenhagen weitgehend verschont blieb. Bis heute konnte – trotz der unvermeidlichen Sanierungsmaßnahmen der letzten Jahrzehnte – im wesentlichen die historische Bausubstanz bewahrt werden: so die vielen Patrizierhäuser und liebevoll gestalteten Höfe in der Strandgade, wo u.a. der dänische Seefahrer Peder Tordenskjold (1691–1720) und der Volkshochschulgründer Nicolai Frederik Severin Grundtvig (⟶ Berühmte Persönlichkeiten) geboren wurden, die Bebauung entlang des Christianshavn-Kanals, den man auf einer Hafen- und Kanalrundfahrt passiert, Fachwerkbauten in der Amagergade, alte Festungswälle, die ⟶ Vor Frelser Kirke (Erlöserkirche) und die im Stil des Rokoko erbaute ⟶ Christians Kirke.
Wer über die Brücke Knippelsbro nach Christianshavn kommt, sieht zunächst das wenig attraktive Gebäude des Außenministeriums (links) und einen Bankenkomplex (rechts), ehemals Verwaltungssitz der Schiffswerft Burmeister & Wain. Dahinter erreicht man nach wenigen Minuten den Christianshavn Torv (Christiansmarkt) im Zentrum des Stadtviertels, wo man sich zu Fuß auf einen Rundgang durch die Nebenstraßen begeben sollte.

B & W Museet (Burmeister & Wain Museum)

In einem alten Lagerhaus an der Strandgade (Nr. 4) hat die Kopenhagener Schiffswerft Burmeister & Wain ein Museum eingerichtet, in dem auf drei Etagen Schiffsmodelle und Dieselmotoren ausgestellt sind (geöffnet: Mo. bis Fr. sowie am 1. So. im Monat 10.00–13.00 Uhr).
Die Werftanlagen von Burmeister & Wain befinden sich weiter nördlich auf Refshaleøen.

Arkitekturcentret Gammel Dok

Das ehemalige Speicherhaus Nr. 27B in der Strandgade birgt das Architekturzentrum Gammel Dok. Hier werden regelmäßig beachtliche Architektur- und Designausstellungen veranstaltet (geöffnet: tgl. 10.00–17.00 Uhr). Vom verglasten Restaurant des Kulturzentrums blickt man auf die vorbeiziehenden Schiffe im Inderhavnen.

Christianshavn-Kanal

Architekturzentrum Gammel Dok

Christians Kirke

Christians Kirke	⟶ dort
Orlogsmuseet (Königliches Marinemuseum)	Wer sich für historische Schiffsmodelle vom 17. Jh. bis heute, nautische Instrumente und Marineuniformen, Unterwasserarchäologie und maritime Kunst begeistert, sollte dem Königlichen Marinemuseum (Orlogsmuseet) in der Overgaden oven Vandet 58 einen Besuch abstatten (geöffnet: Di.–So. 12.00–16.00 Uhr).
Vor Frelser Kirke	⟶ dort
Christiania	⟶ dort

Christians Kirke (Kirche) I 7

Lage
Strandgade

Buslinien
2, 8, 9, 31, 37

Auf der westlichen Seite des Christianshavn-Kanals im gleichnamigen Stadtteil steht die Christianskirche. Die von Nikolai Eigtved zwischen 1755 und 1759 erbaute Rokokokirche war bis zum Jahre 1886 die Kirche der deutschen lutherischen Gemeinde. Die Baukosten wurden mit Genehmigung König Frederiks V. durch eine Lotterie finanziert, was der Kirche den Spitznamen 'Lotteriekirche' eintrug. Offiziell hieß der protestantische Sakralbau zunächst Frederiks Tyske Kirke (Friedrichs Deutsche Kirche), ihren jetzigen Namen erhielt sie 1901. Der Turm, gekrönt von einer Kugel mit Fahne, stammt von 1769; die Steinmetzarbeiten am Turm wurden von C. F. Stanley ausgeführt. Beachtenswert im Kircheninnern sind die dreistöckige Empore, das aus norwegischem Marmor gefertigte Taufbecken, eine Taufschale mit deutscher Inschrift von 1759 sowie die Krypta mit 48 Grabkapellen, die im 18. und 19. Jh. angelegt wurde (geöffnet: März bis Oktober: 8.00–18.00 Uhr; November bis Februar: 8.00–17.00 Uhr).

Cirkusbygningen G 7

Lage
Jernbanegade 8

S-Bahn-Station
Vesterport

Das erste zylinderförmige Zirkus- und Varietégebäude wurde 1885 von dem Architekten H.V. Brinkopff erbaut. Zu den besonderen Attraktionen des im April 1886 eröffneten Zirkus gehörte um die Jahrhundertwende 'Die schwarze Oper', eine musikalische Show, die nur von farbigen Interpreten aufgeführt wurde. Anno 1914 fiel die Zirkusarena einem Brand zum Opfer, allein die steinerne Ringmauer blieb erhalten. Den Wiederaufbau übertrug man dem Unternehmen Christiani & Nielsen unter der Leitung des Architekten Holger Jacobsen, den Fries an der Außenmauer, mit verschiedenen Szenen klassischer Pferderennen, gestaltete U. A. F. Hammeleff. Dann zog der Zirkus Schumann für einige Jahre in das Gebäude, später der ortsfeste Zirkus Benneweis, ein 1887 gegründetes Familienunternehmen. Heute dient der schmucke Zirkusbau als Veranstaltungshaus für Konzerte und Bühnenshows.
Kartenbüro: tgl. 12.00–17.00 Uhr, Tel. 33150111.

*Dansk Design Centre G 9

Lage
H.C. Andersens Boulevard 27

Buslinien
1, 2, 5, 6, 8, 10, 28, 29, 30, 32, 33, 550S, 650S

Nur einen Steinwurf vom Rathausplatz entfernt wurde im Januar 2000 das neue Dänische Design Center eröffnet, "ein Fenster zur Welt" für innovative Ideen und Konzepte heimischer wie internationaler Künstler. Das von Professor Henning Larsen entworfene Gebäude liefert selbst ein ausgezeichnetes Beispiel für formschöne Funktionalität, das Markenzeichen dänischer Designer. Gezeigt werden alljährlich drei bis fünf wechselnde Ausstellungen (Öffnungszeiten: Mo.–Fr. 10.00–17.00 Uhr, Sa., So. 10.00 bis 16.00 Uhr).

*C. L. Davids Samling (Kunstmuseum) H 6

Die ehemals private Kunstsammlung C. L. David ist in einem 1807 von J. H. Rawert erbauten Patrizierhaus untergebracht. Sowohl die Kunstwerke als auch das von außen eher schlicht wirkende Museumsgebäude wurden im Jahre 1945 von dem Anwalt C. L. David dem dänischen Staat vermacht.

Das Ausstellung präsentiert hervorragende Beispiele islamischer Kunst aus Persien und den angrenzenden Ländern vom 8. bis 16. Jh., darunter kostbare Brokate, Teppiche, Glas, Fayencen, Handschriften, Miniaturen und Tafelsilber. Die Sammlung birgt außerdem englische Möbel, eine französische Rokoko-Sopraporte von François Boucher sowie Möbel aus der Werkstatt von David Roentgen. Hinzukommt eine Reihe von Gemälden, vor allem dänischer Maler des 19. Jh.s, dänisches Silber aus dem 17. und 18. Jh. sowie eine hervorragende Sammlung von Porzellan aus der Frühzeit der Königlichen Kopenhagener Manufaktur (geöffnet: Di.–So. 13.00 bis 16.00 Uhr).

Lage
Kronprinsessegade 30

Buslinien
7, 10, 43

Davids Samling: Kronprinz Frederik (1787)…

… und indische Miniaturzeichnung (16. Jh.)

Dukketeatermuseet, Priors Papirteater (Puppentheatermuseum) H 8

Das in der Fußgängerzone → Købmagergade nahe dem → Rundetårn gelegene Dukketeatermuseet zeigt Puppentheater aus verschiedenen Zeiten und Ländern. Die Theater aus Dänemark, Deutschland, England und Frankreich umfassen ein vielseitiges Repertoire, das von Märchen bis zu Shakespeare reicht. Man kann hier auch große und kleine Puppentheater erstehen – ein Kaufzwang besteht nicht, wenngleich die Versuchung nicht nur für Kinderaugen mehr als groß ist (geöffnet: Mai–März: Mo., Mi.–Fr. 12.30–17.00 Uhr).

Lage
Købmagergade 52

S-Bahn-Station
Nørreport

Buslinien
5, 7, 14, 16, 24, 43, 84

*Dyrehaven (Hirschpark)

Lage
Klampenborg (10 km nördlich des Stadtzentrums)

S-Bahn-Station
Klampenborg

Öffnungszeiten
Tagsüber

Im Naturpark Dyrehaven, an den der vielbesuchte Vergnügungspark ⟶ Bakken angrenzt, leben in einem Waldgebiet von rund 10 km^2 die Herden von mehreren hundert Rehen, Kron- und Sikawild – Jagdrecht besitzt ausschließlich die Königin.
König Christian V. ließ 1734–1736 als Rastplatz für die Jagd durch Laurids de Thura das Rokokoschlößchen 'Eremitage' erbauen, welches einen reichen Ornament- und Skulpturenschmuck aufweist und nur bei Anwesenheit der Königin aus seinem Dornröschenschlaf erwacht.
An der S-Bahn-Station Klampenborg kann man eine Pferdekutsche mieten, um den Park – wie einst ihre Majestäten – zu durchqueren.
Theodor Fontane, der deutsche Dichter und Theaterkritiker, beschreibt dieses verwunschene Schloß inmitten des Wildparks in seinem anno 1891 erschienenen Roman "Unwiederbringlich":
"Der Weg, den man einzuschlagen hatte, lief am Ortsrande des Tiergartens hin, meist unter hochstämmigen Platanen, deren herabhängende, vielfach noch mit gelbem Laub geschmückten Zweige die Aussicht derart hinderten, daß man der inmitten einer lichten Waldwiese stehenden 'Eremitage' erst ansichtig wurde, als man aus der Platanenallee heraus war ... Holk und das Fräulein ... blieben unwillkürlich stehen und sahen fast betroffen auf das in einiger Entfernung in den klaren Herbsthimmel aufragende, von allem Zauber der Einsamkeit umgebene Schloß. Kein Rauch stieg auf, und nur die Sonne lag auf der weiten, mit einem dichten, immer noch frischen Gras überdeckten 'Plaine', während oben am stahlblauen Himmel Hunderte von Möwen schwebten und in langem Zuge, vom Sunde her, nach dem ihnen wohlbekannten, weiter landeinwärts gelegenen Furasee hinüberflogen... Schon belebte sich im Hintergrund der ganze weite Waldboden, und in gleicher Weise, wie bis dahin nur vereinzelte Rudel aus den vorgeschobenen Stellen hinausgetreten waren, traten jetzt viele Hunderte von Hirschen aus der zurückgelegenen Waldestiefe hervor und setzten sich, weil sie bei der unmittelbar bevorstehenden Defiliercour nicht fehlen wollten, in einen lebhaften Trab, anfänglich wirr und beinahe wild durcheinander, bis sie sich, im Näherkommen, ordnungsgemäß gruppierten und nun sektionsweise an der Eremitage vorüberzogen."

*Experimentarium (Technikmuseum) H 3

Lage
Hellerup,
Tuborg Havnevej 7

Buslinie
6

In der alten Abfüllhalle der ⟶ Tuborg-Brauerei wurde 1991 das dänische Science-Center Experimentarium eröffnet. In dem für 125 Millionen Kronen renovierten Gebäude bietet das Museum für Naturwissenschaft und neue Technologien die Möglichkeit, in Workshops und Versuchsaufbauten selber zu forschen. In rund 300 Experimenten – u.a. zu den Themen Magnetismus, Aerodynamik, polarisiertes Licht und Gyroskopie, Energiequellen, Anatomie, Astronomie und Umwelteinflüsse – sollen dem Besucher auf leicht verständliche Weise Prozesse und Gesetzmäßigkeiten aus Wissenschaft und Technologie nahe gebracht werden. Das Experimentarium versteht sich dabei als Schnittstelle zwischen dem Publikum und den Einrichtungen von Handel, Industrie und Forschung, die mit Vorträgen und Präsentationen neuer Erkenntnisse das Informationsangebot des Museums ständig aktualisieren und ergänzen (geöffnet: Mitte Juni–Mitte Aug. tgl. 10.00–17.00 Uhr, Mitte Aug.–Mitte Juni Mo., Mi.–Fr. 9.00 bis 17.00; Di. 9.00–21.00; Sa., So. 11.00–17.00 Uhr.)

Erlöserkirche

⟶ Vor Frelser Kirke

Naturwissenschaftliche Versuchsaufbauten im Experimentarium

Folketing

⟶ Christiansborg Slot

**Fredensborg Slot (Schloß Fredensborg)

Lage
40 km nördlich
von Kopenhagen

Eisenbahn-Station
Fredensborg

Buslinien
336, 384

Die Frühjahrs- und Herbstresidenz der königlichen Familie, am Esrumsø gelegen, wurde zwischen 1719 und 1722 von J. C. Krieger im Stil des italienischen Barock erbaut. König Frederik IV. gab dem Schloß den Namen 'Fredensborg' zur Erinnerung an den Frieden, der den zweiten Nordischen Krieg (1700–1720) beendete. Die heutige Form des Schlosses mit seiner klassizistischen Fassade geht auf den Architekten Caspar Frederik Harsdorff zurück.

Ist die Königin anwesend, findet jeden Tag um 12 Uhr die Wachablösung statt. Zu besichtigen ist die Schloßanlage nur im Monat Juli (tgl. 13.00 bis 17.00 Uhr).

In dem nordwestlich bis zum Esrum-See reichenden Schloßpark ließ Frederik IV. knapp 70 Statuen von Handwerkern, Bauern und Fischern ('Nordmandsdalen') aufstellen, die noch heute vollständig erhalten sind. Mit seinen Alleen und Bildwerken gilt der Schloßpark als eine der schönsten Parkanlagen Dänemarks; er ist ganzjährig geöffnet.

*Frederiksberg Have (Park) D/E 9

In der Nähe des ⟶ Zoologisk Have (Zoo) liegt Schloß Frederiksberg inmitten eines herrlichen, von Kanälen durchzogenen Parks. Früher pflegten

Schloß Frederiksberg

Lage
Roskildevej/Pile Allé/Allégade, Frederiksberg

Buslinien
18, 28, 41

Öffnungszeiten
Tagsüber

hier Mitglieder des Königshauses Kahnpartien zu veranstalten; heute ist Frederiksberg Have ein beliebtes Wochenendausflugsziel der Kopenhagener. Innerhalb der Parkanlage, deren Prunkstück eine 270 Jahre alte Lindenallee ist, befindet sich eine Reihe von Lokalen, in denen man die mitgebrachten Brote verzehren kann.
Zu den Besonderheiten Kopenhagens gehört es, daß das nicht weit vom Zentrum entfernte Frederiksberg eine eigenständige Gemeinde mit eigenem Stadtradt ist. Diese 'vornehme Wohngegend' Kopenhagens besitzt ein eigenes Stadtwappen, und ihre Bewohner zahlen weniger Steuern als die Kopenhagener.

Frederiksberg Slot

Das Schloß Frederiksberg entstand 1732–1738 zur Zeit König Christians VI., nachdem bereits 1699 unter der Regentschaft von Frederik IV. mit dem Bau einer Sommerresidenz begonnen worden war. Laurids de Thurah errichtete das symmetrisch konzipierte Lustschloß auf dem Valby-Hügel (heute Frederiksberger Hügel) im Barockstil italienischer Herrensitze. Die gewaltigen, von den Dänen Coffre und Krock ausgeführten Barockgemälde der Gemächer wurden mit Stuckdekorationen italienischer Meister (u.a. Carbonetti, Quadri und Rigas) umgeben, ergänzt durch kostbare Wandteppiche und Tapisserien. Im Jahre 1770 wurde das Schloß renoviert und einige der Räume umgestaltet. Dabei erhielt auch der Rittersaal sein jetziges Aussehen; seine Wanddekorationen stammen von Hersdorff. Seit 1869 beherbergt das Schloß die 1713 von Frederik IV. gegründete Militärakademie (Hærens Officersskole). Für die Öffentlichkeit ist heute nur die originalgetreu restaurierte Schloßkirche im Ostflügel zugänglich.

Frederiksberg Have

Der zunächst von Hans Henrik Bruhn bis 1711 nach französichen Vorbildern geometrisch angelegte und mit zahlreichen Wasserspielen, Statuen und exotischen Gewächsen ausgestattete Schloßgarten wurde zwischen 1789 und 1800 von Peter Petersen völlig neu gestaltet. Er orientierte sich an den englischen Parks und schuf eine romantische Parklandschaft mit kleinen Inseln und mäandrierenden Bachläufen. Bis auf die beiden von Linden gesäumten Hauptwege ließ er die Alleen durch kleine Baumgruppen ersetzen. – Empfehlenswert ist eine Rundfahrt mit dem Ruderboot, die von Flemming Svendsen angeboten werden – er ist der einzige, dem die königliche Bewilligung erteilt wurde.

Frederiksberg Have (Fortsetzung)

** Frederiksborg Slot (Schloß Frederiksborg; Nationalhistorisches Museum)

In Dänemarks schönstem Renaissance-Schloß, das auf drei Inseln inmitten des kleinen Frederiksborgsees liegt (⟶ Abb. S. 139), ist seit 1884 das Nationalhistorische Museum untergebracht. Das Schloß wurde unter König Christian IV. (⟶ Berühmte Persönlichkeiten) von dem Flamen Hans van Steenwinkel d. Ä. und seinem Sohn Hans van Steenwinkel d. J. zwischen 1602 und 1620 an der Stelle einer Schloßanlage Frederiks II. erbaut und nach einem Brand von 1859 im alten Stil wiederhergestellt.
Bis zum Bau von ⟶ Fredensborg Slot gab Schloß Frederiksborg den dänischen Königen den adäquaten Rahmen für ihre Krönungszeremonien. So begannen alle absolutistischen Monarchen zwischen 1671 und 1840 ihre Regierung hier in der Schloßkirche. Außerdem wurde in Schloß Frederiksborg der Elefantenorden neu geregelt, 1671 der Dannebrogorden eingeführt und 1693 erhob man die Schloßkapelle zur Ritterordenskapelle, eine Funktion, die sie noch heute innehat. Nach dem zweiten Nordischen Krieg fand 1720 auf Frederiksborg die Unterzeichnung des Friedensvertrages zwischen Dänemark und Schweden statt, der die jahrhundertelange Feindschaft zwischen beiden Ländern beendete.

Lage
Hillerød
(35 km nördlich von Kopenhagen)

S-Bahn-Station
Hillerød;
dann Bus 701, 703

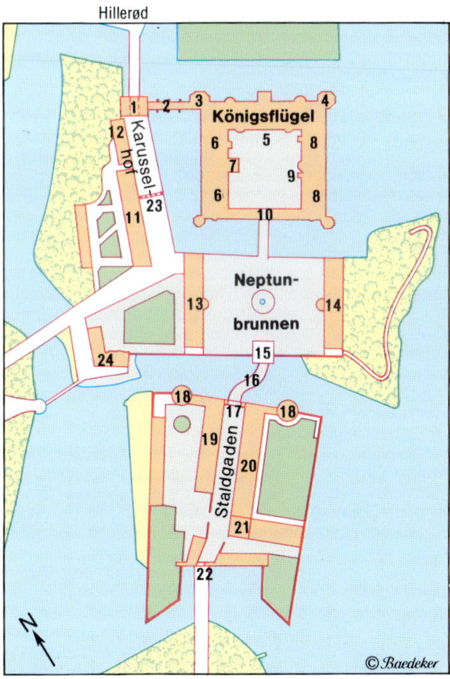

Schloß Frederiksborg

1 Audienzhaus
2 Langer Gang
3 Münzturm
4 Jägerbergturm
5 Große Galerie
6 Kirchenflügel
7 Kirchturm
8 Prinzessinnenflügel
9 Küchenbrunnen
10 Terrassengebäude
11 Vorratsflügel
12 Teestuben
13 Haus des Schloßherrn
14 Kanzleigebäude
15 Torturm
16 S-Brücke
17 Portal Christians VI.
18 Rundtürme Frederiks II.
19 Königsstall
20 Husarenstall
21 Herluf Trolles Turm
22 Stadttor
23 Karusseltor
24 Restaurant

Öffnungszeiten
April, Okt.:
tgl. 10.00–16.00;
Mai–Sept.:
tgl. 10.00–17.00;
Nov.–März:
tgl. 11.00–15.00

In den zwanziger Jahren des 18. Jh.s begann J. C. Krieger nördlich des Schlosses mit der Anlage eines Gartens, 1737–1740 wurden die Wohnräume modernisiert. Nach Vollendung von Schloß Fredensborg bekam Frederiksborg im späteren 18. und 19. Jh. allmählich Museumscharakter, der Rittersaal wurde zur Gemäldegalerie umgestaltet und Frederik VI. ließ 1812 eine Porträtsammlung einrichten. Frederik VII. machte das Schloß erneut zu seiner Residenz, die er nach einem Brand im Dezember 1859 unter Leitung von Ferdinand Meldahl auch weitgehend wieder restaurieren ließ. Nach seinem Tod hatte der Staat keine Verwendung mehr für das Schloß, das am 5. April 1878 auf Anregung des Bierbrauers J. C. Jakobsen (⟶ Carlsberg-Brauerei) vom König offiziell zum Museum für die Geschichte Dänemarks erklärt wurde. Bis 1884 wurden Rittersaal, Königs- und Prinzenflügel sowie die Kirche restauriert, 1907 wurde auch der Audienzsaal dem Museum angegliedert. Christian IX. und Frederik VIII. nutzten die Schloßräume vereinzelt für Empfänge. Die Größe der Sammlung von kostbaren Möbeln und historisch bedeutsamen Gegenständen erklärt sich aus dem Umstand, daß es zu jener Zeit noch keine anderen Kunstgewerbemuseen in Dänemark gab und daher alles hier zusammengetragen wurde. Auch die bestehende Porträtsammlung Frederiks VI. wurde im Museum aufgenommen und erweitert.

Schloßanlage

Die Schloßanlage zeigt sich in ihrer Bauweise stark von der holländischen Renaissance beeinflußt. Von der südlichsten Insel führt in Fortsetzung der Staldgaden eine S-förmige Brücke zum äußeren Schloßhof hinüber. Ihn betritt man durch einen wuchtigen Torturm, den Hans van Steenwinkel d. J. zwischen 1618 und 1623 erbaute.
Zwischen der Kanzlei und dem Haus des Schloßherrn steht im Vorhof der zweiten Insel seit 1888 die Nachbildung eines 1658 nach Schweden gebrachten Neptunbrunnens von Adrian de Vries (1623); die originalen Bronzefiguren wurden bei der Belagerung Kopenhagens im Jahre 1660 von den Schweden geraubt und befinden sich heute bei Stockholm im Park von Schloß Drøttningholm.

Hauptgebäude

Auf der dritten Insel erreicht man das eigentliche Schloß. Ältester Teil ist der nördliche Königsflügel, später entstanden der westliche Kirchenflügel mit dem Kirchturm und der östliche Prinzessinnenflügel. Den Abschluß zur mittleren Insel hin bildet ein niedrigeres Terrassengebäude. Als Verbindung zwischen Münzturm und Audienzhaus wurde 1613 aus grauem Backstein der Lange Gang angefügt.

**Schloßkirche

Im westlichen Flügel befindet sich die beim Brand 1859 unversehrt gebliebene Schloßkirche. Das Kirchenschiff mit gotischem Sterngewölbe wird von vergoldeten Sandsteinpfeilern getragen. Marmorintarsien, Alabasterfiguren, Einlegearbeiten aus Ebenholz und anderen seltenen Hölzern ergänzen die prächtige Ausstattung. Altar und Kanzel (ebenfalls aus Ebenholz) sind mit Silberreliefs biblischer Szenen von dem Hamburger Jakob Mores verziert. Der silberne Taufstein wurde 1920 nach einer Zeichnung von Mores aus dem 16. Jh. angefertigt. Am Ende der Kirche erblickt man die Schilder des Elefantenordens – u.a. das Schild des Atomphysikers Niels Bohr (⟶ Berühmte Persönlichkeiten), an den Seiten hängen die Schilder der Großkreuzritter des Dannebrogordens.
Die Orgel, eines der wertvollsten dieser Instrumente in Europa, wurde 1617 von dem Braunschweiger Orgelbauer Esaias Compenius geschaffen. Sie war von 1693 bis 1868 abgebaut, wird aber heute wieder – auch in Orgelkonzerten – gespielt (jeden Donnerstag von 13.30 bis 14.00 Uhr). Ihre 1000 Pfeifen und ihr nach wie vor überragender Klang haben sie in aller Welt berühmt gemacht.

*Rittersaal

Den über der Schloßkirche gelegenen, 50 m langen und nach dem Brand von 1859 rekonstruierten Riddersalen (Rittersaal) nannte man zur Zeit Christians IV. treffenderweise den 'Tanzsaal'. Der König hatte ihn mit prachtvollen Ornamenten und Silberfiguren ausschmücken lassen, die Decke erhielt kostbare Holzschnitzereien, zudem eine Reihe 1859 leider verbrannter Wandteppiche mit Darstellungen der Krönung im Jahre 1596,

Prunkvolles Paradebett (Raum 42)

Gemälde aus der Zeit Frederiks VI. (Raum 55)

Rittersaal von Schloß Frederiksborg

Frederiksborg Slot, Rittersaal (Fortsetzung)

die Karel von Mander in Delft gewebt hatte. Die originalgetreu erneuerte Holzdecke zeigt eine Wassermühle, nautische Instrumente, eine Buchdruckerei, ein Laboratorium, eine Uhrwerkstatt, eine Kannengießerei und das Königliche Wappen mit dem Wahlspruch der Monarchen 'Regna firmat pietas' ('Gottesfurcht stärkt die Reiche'). Die Wände sind mit Gobelins verkleidet, Szenen aus dem Kalmarkrieg und den Krönungszug 1596 darstellend. Der aus schwarzem belgischem Marmor gefertigte Kamin stammt von 1880, die Muster des Marmorfußbodens sind ebenfalls originalgetreu rekonstruiert. Die großen Kronleuchter entwarf um 1900 der Architekt Carl Brummer. Ferner hängen hier die Porträts von Christian IX. und seinen regierenden Nachkommen.

Weitere Räume

Das Deckengemälde im Engelsaal (Nr. 37) ist die verkleinerte Ausgabe einer Decke im Dogenpalast von Venedig. Ihr von Franz Schwartz 1883 gefertigtes Bildwerk zeigt Frederik III., umgeben von den vier Reichsständen sowie 'Krieg' und 'Frieden'. Die großen Wandgemälde (1879–1883) handeln vom Schwedenkrieg und der Einführung des Absolutismus.

Ein höchst eindrucksvolles Beispiel für die pompöse Prachtentfaltung der absolutistischen Monarchen liefern die Möbel in Raum 42. Seine Mitte beherrscht ein großes, aus Eichenholz geschnitztes Paradebett, das für die Hochzeit des Grafen Danneskiold-Samsøe mit Christine Catharine von Holstein 1724 in Paris ausgeführt wurde (⟶ Abb. S. 69). Die Wände bekleiden luxuriöse Gobelins, in den beiden Schränken an den Schmalseiten ist eine Silbersammlung aus der Zeit um 1700 ausgestellt.

Der Beginn des 19. Jh.s brachte eine Blütezeit für Dänemarks Literatur, Kunst und Wissenschaft. Bekannte Größen dieser Zeit unter Frederik VI. sind auf den Gemälden in Raum 55 zu sehen, darunter der Bildhauer Bertel Thorvaldsen (⟶ Berühmte Persönlichkeiten), der Dichter Adam Oehlenschläger (eigenes Gedenkzimmer in Raum 60), der Physiker H. C. Ørsted, Entdecker des Elektromagnetismus, und der Volkshochschulgründer Nicolai Frederik Severin Grundtvig (⟶ Berühmte Persönlichkeiten); die Bilder des Königspaares malte W. Eckersberg 1825 und 1826 (⟶ Abb. S. 69). Besonders interessant ist ferner das Gemälde von der Eröffnungssitzung der verfassungsgebenden Reichsversammlung am 23. Oktober 1848, das eine ganze Wand in Raum 61 füllt. Mit dieser Versammlung hatte der König die absolute Macht abgegeben. Gegenüber hängen Porträts dänischer Politiker. Der Nachbarraum 62 ist Mynster, Søren Kierkegaard (⟶ Berühmte Persönlichkeiten) und Nicolai Frederik Severin Grundtvig (⟶ Berühmte Persönlichkeiten) gewidmet, den drei Männern, die das kirchliche Leben Dänemarks im 19. Jh. entscheidend geprägt haben.

Frederikskirken

⟶ Marmorkirken

Frihedsmuseet (Museet for Danmarks Frihedskamp 1940 bis 1945; Museum für den Freiheitskampf Dänemarks 1940 bis 1945) J 7

Lage
Churchillparken

S-Bahn-Station
Østerport

Buslinien
1, 6, 9

Das Museum für den Freiheitskampf Dänemarks zwischen 1940 und 1945 liegt an der Esplanade im Churchillparken. Eine erste Ausstellung, 'Das kämpfende Dänemark', die am 21. Juli 1945 in der Kopenhagener Freimaurerloge stattfand, wurde später auch in Schweden, London und Moskau gezeigt. Für die Finanzierung des Museumsbaus schrieb man eine landesweite Lotterie aus, deren Erlöß bei über 500 000 Kronen lag, so daß im Oktober 1957 das Museum eingeweiht werden konnte. Der Entwurf für das 1994/1995 restaurierte Gebäude kam von dem Architekten Hans Hansen.

Frihedsmuseet (Fortsetzung)

Heute verfügt das Museum sowohl in Dänemark als auch in anderen Ländern über eine Reihe von Außenstellen; so gibt es u. a. permanente Ausstellungen im Lager Frøslev (Sønderjyllan), von dem aus viele Dänen in Konzentrationslager geschickt wurden, im Konzentrationslager Auschwitz (Oświecim) in Polen und im Konzentrationslager Sachsenhausen bei Berlin.

Öffnungszeiten

1.5. bis 15.9.: Di.–Sa. 10.00–16.00, So. 10.00–17.00 Uhr; 16.9. bis 30.4.: Di. bis Sa. 11.00–15.00, So. 11.00–16.00 Uhr.

Ausstellung

Das Freiheitsmuseum dokumentiert mit umfangreichem historischem Fotomaterial, Bildern, Zeitungsartikeln, Briefen, Waffen und anderen Erinnerungsstücken die Zeit der deutschen Besetzung und den Widerstandskampf Dänemarks zwischen 1940 und 1945.

Lassen-Denkmal

Die im Mai 1995 wiedereröffnete Ausstellung umfaßt folgende Themen: Deutschlands Angriff und die Besetzung des neutralen Dänemarks durch die deutsche Wehrmacht im April 1940; passiver Widerstand der dänischen Bevölkerung; Internierung von Kommunisten 1941; Dänen im Kriegsdienst der Alliierten; Organisation der Widerstandsbewegung; Verdunklung und Druck illegaler Blätter; illegale Waffen und Sabotage; Kriegsalltag; Dr. Werner Best; die deutsche Ostfront; deutsche Soldaten in Dänemark; Geheimagenten; 29. August 1943 (Deutschland greift Dänemarks Streitkräfte und Flotte an, daraufhin tritt die dänische Regierung zurück); Gefängnisse und Gefangenenlager in Dänemark; Judenverfolgungen in Dänemark; Organisationen in Schweden; deutsche Konzentrationslager; Gefangennahme dänischer Polizisten; Nazistische Organisationen in Dänemark; Landung der Alliierten in der Normandie am 6. Juni 1944; Streik der Kopenhagener Bevölkerung am 5. Juli 1944; Winter 1944/1945; Freiheitsrat und dänischer Rat in London; Angriffe auf Gestapohauptquartiere; Nachrichtendienste; illegale Arbeit im Untergrund; 'Die weissen Busse'; Dänemarks Befreiung im Mai 1945; Gefallene.

Denkmal für A. Lassen

Vor dem Museum erinnert ein Denkmal an den 1945 gefallenen Major Anders Lassen.

** Frilandsmuseet (Freilichtmuseum)

Lage
Lyngby, Kongevejen 100

S-Bahn-Station
Sorgenfri

Buslinie
184

Das dem ⟶ Nationalmuseet angeschlossene, 8 km nördlich von Kopenhagen in Lyngby gelegene Freilichtmuseum umfaßt rund 35 ha, die der Besucher auf einem knapp 3 km langen Rundweg durchwandern kann. Die ländlichen Gebäude aus der Zeit des 17.–19. Jh.s sind nach ihrer geographischen Herkunft zusammen angeordnet worden. Um eine Vorstellung der verschiedenen Haustypen zu gewinnen, empfiehlt es sich, wenigstens ein Beispiel von jeder Gruppe aufzusuchen. Für einen Gesamtrundgang und die kurze Besichtigung von vier Gebäuden muß man mit etwa einer Stunde, für den Besuch von neun bis zehn Häusern mit knapp zwei Stunden rechnen. Auskunft über Führungen erhält man am Eingang; im Sommer werden auch häufig Folkloreaufführungen gezeigt.

Reetgedecktes Landarbeiterhaus aus dem 19. Jahrhundert (Englerup/Seeland)

Turmwindmühle nach holländischem Muster

Alter Webstuhl von der Insel Fünen

Frilandsmuseet

P Parkplätze, PN Picknickplätze, W Werkstätten, Magazine, 00 Toiletten

1 Fischerhaus
Agger in Thy, Nordjütland (DK)
2 Seemannshütte von Sønderho
Fanø (Nordseeinsel; DK)
3 Bauernhof (Anfang 19. Jh.)
Øster Larsker, Bornholm (DK)
4 Wassermühle
Pedersker, Bornholm (DK)
5 Bauernhaus (Ende 16. Jh.)
Ostenfeld, Südschleswig (D)
6 Turmwindmühle (DK)
1832 an dieser Stelle erbaut, bis 1906 in Betrieb (unzugänglich)
7 Wassermühle (vor 1800)
Ellested, Fünen (DK)
8 Jagdgrenzstein (1743)
Løve, Mitteljütland (DK)
9 Bauernhof (um 1850)
Kølvrå, Karuper Heide, Mitteljütland (DK)
10 Bauernhof (ab 1736)
Insel Læsø (Kattegat; DK)
11 Bauernhaus (1866)
Múla, Insel Borđoy) (Färöer; DK)
12 Vorratshütte
Viđarejđi, Insel Viđoy (Färöer; DK)
13 Wassermühle für den Hausgebrauch
Sandur, Insel Sandoy (Färöer; DK)
14 Korntrockenhaus
Múla, Insel Borđoy (Färöer; DK)
15 Stemmstein (für Kraftsport)
Múla, Insel Borđoy (Färöer; DK)
16 Meilenstein (2. Hälfte 17. Jh.)
Bezirk Holstebro Westjütland (DK)
17 Steinbrüche
(2. Hälfte 18. Jh.)
Smedevad bei Holstebro, Westjütland (DK)
18 Bauernhof (ab 1770)
Vemb, Westjütland (DK)
19 Scheune (urspr. um 1600)
eines Gehöftes Fjellerup/Djursland, Ostjütland (DK)
20 Fischerhütten
Nymindegab, Westjütland (DK)
21 Bauernhof (1803)
Lønnestak, Westjütland (DK)
22 Bauernhaus (1653, z. T. älter)
Eiderstedt, Südwestschleswig (D)
23 Bauernhof (urspr. 17. Jh.)
Sønder Sejerslev, Nordschleswig (DK)
24 Spitzenklöppelschule (19. Jh.)
Nørre Sejerslev, Nordschleswig (DK)
25 Hof von Toftum (Kapitänsbauernhaus; 18. Jh.)
Insel Rømø (DK)
26 Brennstoffschuppen
Sode, Nordostschleswig (DK)
27 Scheune (17. Jh.)
Øsby, Nordostschleswig (DK)
28 Scheune (1605)
Grønninghoved, Nordostschleswig (DK)
29 Bauernhaus (1766)
Barsø, Nordostschleswig (DK)
30 Kate von Dyndred
(2. Hälfte 18. Jh.); Alsen, Nordschleswig (DK)
31 Bauernhaus
mit Schuhmacherwerkstatt Ødis Bramdrup bei Kolding, Ostjütland (DK)
32 Bauernhof (17./18. Jh.)
True bei Århus, Ostjütland (DK)
33 Töpferwerkstatt (1844)
Sorring, Ostjütland (DK)
34 Bauernhof (urspr. 2. Hälfte 17. Jh.); Halland (S)
35 Doppelgehöft (17./18. Jh.)
Göinge, Schonen (S)
36 Badehäuschen
Småland (S)
37 Doppelstöckiges Vorratshäuschen
Südostsmåland (S)
38 Kleine Wassermühle
Westsmåland (S)
39 Hof eines Kleinbauern
(18./19. Jh.)
Dörröd, Schonen (S)
40 Weberhütte
Tystrup, Seeland (DK)
41 Landhandwerkerhaus
(17.–19. Jh.)
Kalvehave, Seeland (DK)
42 Landarbeiterhaus
Englerup, Seeland (DK)
43 Bauernhof (vor 1800)
Pebringe, Seeland (DK)
44 Armenhaus (1710)
Greve, Seeland (DK)
45 Grenzstein (1757)
Virum, Seeland (DK)
46 Spritzenhäuschen (um 1850)
Kirke-Såby, Seeland (DK)
47 Kleinbäuerliches Anwesen
(1760); Årup, Fünen (DK)
48 Holzschuhmacherhaus (19. Jh.)
Kirke-Søby, Fünen (DK)
49 Dorfanger mit Versammlungsplatz
Fünen (DK)
50 Dorfschmiede (um 1845)
Ørbæk, Fünen (DK)
51 Bauernhof (1747)
Lundager, Fünen (DK)
52 Kleinbauernhof
Dannemare, Lolland (DK)
53 Kate (Kleinbauernhaus)
(vor 1800)
Tågense, Lolland (DK)
54 Bockwindmühle
(um 1662; unzugänglich)
Karlstrup, Seeland (DK)

Frilandsmuseet (Fortsetzung)

Öffnungszeiten
Mitte April – Sept.
Di.–So.
10.00–17.00;
1.10.–22.10.:
Di.–So.
10.00–16.00

Pferdewagenfahrten durch den Park beginnen bei der Turmwindmühle von 1832 (Nr. 6). Wegen Brandgefahr besteht striktes Rauchverbot.
Die Sammlung des Freilichtmuseums, dessen Aufgabe in der Dokumentation der traditionellen Wohn- und Arbeitsverhältnisse des ländlichen Dänemarks liegt, besteht aus alten Bauernhöfen, Katen, Seemannshäusern, Mühlen, Schmieden usw., die von ihren ursprünglichen Standorten aus den verschiedenen Regionen Dänemarks und den früheren dänischen Provinzen in Südschweden und Südschleswig hierher gebracht wurden. Das Innere der Gebäude ist mit dem entsprechenden alten Mobiliar, Gebrauchsgegenständen und Arbeitsgerät ausgestattet worden. In der parkähnlichen Umgebung der Häuser findet man einheimische Wildpflanzen, die Hausgärten zieren traditionelle Blumensorten, bunte Gemüsebeete und alte Obstbäume. Die Zahl der Gebäude wird nach wie vor erweitert.

Gammel Bryghus (Altes Brauhaus) H 9

Lage
Christians Brygge

Buslinien
1, 2, 5, 6, 8, 9, 10, 31, 37, 43

Das Alte Brauerei-Gebäude bzw. Königliche Brauhaus, das durch sein markantes Ziegeldach auffällt, gehört zu den Bauten, die unter König Christian IV. (⟶ Berühmte Persönlichkeiten) errichtet wurden.
Die zwischen 1616 und 1618 an der südwestlichen Schanzenmauer mit drei Giebeln und Ziegeldach entstandene Brauerei mußte nach den Bränden der Jahre 1632 und 1767 zweimal wiederaufgebaut werden. Sie stellt heute einen der ältesten Industriebetriebe Dänemarks dar, wenngleich das Gebäude ab dem 19. Jh. als Militärdepot genutzt wurde.

Gammel Strand (Alter Strand) H 8

Lage
Westlich Højbro Plads

Buslinien
1, 2, 6, 8, 10, 28, 29, 41

Gegenüber von Slotsholmen (Schloßinsel), getrennt durch den Kanal, liegt der Gammel Strand, wo früher einmal lange Reihen von Fischersfrauen ihre frischen Fische und andere Meerestiere aus Tårbæk und Skovshoved anboten. – Zu Beginn des Mittelalters verlief die Küstenlinie noch entlang der heutigen Løngangsstræde, Magstræde, Snaregade und Fortunstræde. Es wird angenommen, daß hier die Fischerboote ihren Fang ausluden, 1337 wurde der Bereich erstmals mit der Bezeichnung 'propre mare' ('nahe dem Meer') erwähnt. Seit dem 15. Jh. wechselten die Bezeichnungen zwischen 'ved Stranden' (am Strand) und 'Strandgade' (Strandstraße), der Name 'Gammel Strand' wurde 1716 zum ersten Mal verwendet.
An den noch bis vor einigen Jahren betriebenen Fischmarkt erinnert das 1940 aufgestellte Denkmal einer Fischersfrau, die steinerne 'Fiskerkone'. Ihr Markenzeichen ist der auf den Rücken gebundene Fischerkorb, in dem die Frauen einst den Fang ihrer Männer zur Stadt beförderten.

Bootsrundfahrt ab Gammel Strand

◀ *Frilandsmuseet: Dorfschmiede aus der Mitte des 19. Jahrhunderts von der Insel Fünen*

Monumentaler Gefionbrunnen im Churchillparken

Gammel Strand (Fortsetzung)

Heute legen am Gammel Strand die Boote der Hafen- und Kanalrundfahrten zur Kleinen Meerjungfrau (⟶ Den lille Havfrue) ab. Gegenüber der Anlegestelle befindet sich eines der besten Fischrestaurants der Stadt, Krogs Fiskerestaurant.

Gedenkstätte dänischer Widerstandskämpfer

⟶ Mindelunden

*Gefion Springvandet (Gefionbrunnen) J 7

Lage
Churchillparken

S-Bahn-Station
Østerport

Buslinien
1, 6, 9

Der im Jahre 1909 von der Carlsberg-Stiftung (⟶ Carlsberg-Brauerei) im heutigen Churchillparken errichtete Gefionbrunnen des Bildhauers Anders Bundgaard gehört zu den eindrucksvollsten Wasserspielen Kopenhagens. Der gewaltig sprudelnde Brunnen mit der Gestalt von Gefion und ihrem kraftvollen Vierergespann ist in der Zeit vom 15. April bis zum 31. Oktober in Betrieb.

Die Darstellung beruht auf einer altnordischen Sage, der 'Ynglingesaga der Heimskringla'. Danach war der Göttin Gefion, die im Auftrag Odins Land beschaffen sollte, von Schwedens König Gylfe soviel Land versprochen worden, wie sie an einem Tag umpflügen könne. Die Göttin zog daraufhin nach Jotunheim, wo sie einem Riesen vier prachtvolle Söhne gebar, die sie in Zugochsen verwandelte und vor einen Pflug spannte. Mit ihnen pflügte sie ein Gebiet von der Größe Seelands um, ehe die Sonne untergegangen war. Das gepflügte Land wurde aus Schweden herausgehoben und in die Ostsee gesetzt – das verbliebene 'Loch' ist der Vänersee –, und so entstand Seeland.

Nach dem Gründer der Volkshochschulbewegung benannt: die Grundtvig-Kirche

Glyptothek

⟶ Ny Carlsberg Glyptotek

* Grundtvigs Kirke (Kirche) — E 4

Lage
På Bjerget,
Stadtteil
Bispebjerg

Buslinien
10, 16, 19, 43

Mit dem Namen der Kirche wird Bischof Nicolai Frederik Severin Grundtvig (⟶ Berühmte Persönlichkeiten) geehrt, Vater der Volkshochschulbewegung, der ersten, die in Europa gegründet wurde.
Der moderne Sakralbau entstand zwischen 1921 und 1940 auf dem Bispebjerg. Die Ausmaße sind gewaltig: Länge innen 76 m, Breite innen 35 m, Höhe innen 22 m, außen 30 m. Das Hauptschiff bietet 1800 Personen Platz. Für den Bau der Kirche, an der die sechs renommiertesten Maurer Dänemarks 19 Jahre lang arbeiteten, verwandte man nur gelben Backstein, das für Dänemark typische Baumaterial, davon allerdings 6 Millionen Steine. Als Architekt zeichnete P. V. Jensen-Klint verantwortlich. Nach dessen Tod vollendete sein Sohn Kaare den Bau. Die große Marcussen-Orgel erklingt bei zahlreichen Kirchenkonzerten im Jahr.

Öffnungszeiten

Mai–Sept.: Mo.–Sa. 9.00–16.45 Uhr, So. 12.00–16.00 Uhr;
Okt.–April: Mo.–Sa. 9.00–16.00 Uhr, So. 12.00–13.00 Uhr.

Hausschilder

Bevor anno 1771 die Hausnummern in Kopenhagen – nach französischem Vorbild – durch Graf von Struensee (⟶ Berühmte Persönlichkeiten)

Baedeker Special

Märchen in Bronze und Stein: Den Lille Havfrue

Auf einem vom Meer umspülten Stein am Hafenufer von Langelinie blickt die zierliche Bronzefigur einer kleinen Meerjungfrau hinaus auf den Øresund – das sicherlich meistfotografierte Wahrzeichen der dänischen Hauptstadt. Vielleicht wird der eine oder andere Betrachter hier in stille Märchenstunden seiner eigenen Kindheit zurückversetzt, als er der rührenden Geschichte von der jüngsten und schönsten Tochter des Meereskönigs lauschte, die sich vergeblich für ihren geliebten Menschenprinzen opferte. Die fast unscheinbar wirkende Skulptur der kleinen Meerjungfrau entstand 1913 nach dem gleichnamigen, 1837 erschienenen Märchen von Hans Christian Andersen.

Bei den Langelinie-Pavillons hält die Kleine Meerjungfrau sehnsuchtsvoll Ausschau nach ihrem Prinzen

Den Ausschlag gab 1909 die Premiere des Andersen-Balletts von der kleinen Nixe, die einst aus den Tiefen des Meeres stieg, weil sie einen Prinzen liebte, und die, wie der dänische Dichter erzählte, die Welt der Menschen wieder verlassen mußte, weil der Prinz ihre Liebe nicht erwiderte. Während der Vorstellung im Königlichen Theater kam dem kunstinteressierten Brauereibesitzer Carl Jakobsen die Idee, Kopenhagen eine Statue des lieblichen Fabelwesens zu schenken. Vorbild sollte die gefeierte Primaballerina Ellen Price werden, die die Titelrolle tanzte. Da sie freilich wenig gewillt war, dem Bildhauer Edward Eriksen nackt Modell zu sitzen, schuf dieser nur das Gesicht der Bronzeskulptur nach Ellen Price, den Körper aber formte er nach dem seiner schönen Ehefrau. Kunstmäzen Jacobsen wollte die Nixe mit einem Fischschwanz versehen lassen, Eriksen aber hatte Andersens Märchen genau gelesen und wußte, daß die kleine Meerjungfrau der alten Seehexe ihr goldenes Haar und ihre süße Stimme gegeben hatte, um wie die Menschen zwei Beine zu erhalten. Als Kompromiß entwarf Eriksen daraufhin einen schleierähnlichen Schwanz, der die Beine gut erkennen läßt.

Daß die zuerst wenig beachtete Skulptur der Kleinen Meerjungfrau sich zum meistbesuchten Wahrzeichen der Stadt entwickelte, nachdem eine amerikanische Zeitung einen gelungenen Schnappschuß von der sehnsuchtsvoll Ausschau haltenden Nixe abgedruckt hatte, gehört wohl zu den Märchen unserer Tage.

Hausschilder (Fortsetzung)

eingeführt wurden, mußten sich Bürger und Reisende an Namensschildern orientieren, die sich auf den Beruf des Besitzers, Pflanzen, Tiere, Himmelskörper usw. bezogen und in bildlicher Ausgestaltung auf der Außenseite der Häuser angebracht waren. Während man im Mittelalter einfache Aushängeschilder benutzte, zeigten die schmiedeeisernen Schilder im 17. und 18. Jh. kunstvolle Formen und Verzierungen – z.B. das 1723 gefertigte, reichverzierte Hausschild des Hutmachers N. Jørgensen in Vandkusten mit dem vergoldeten Hut als Symbol des betriebenen Handwerks. Gasthäuser mußten ihr Gewerbe schon unter Christian II. mit einem Hausschild kenntlich machen, das dann den Herbergen und Wirtshäusern ihren Namen verlieh. Im 18. Jh. setzten sich, besonders nach dem verheerenden Stadtbrand von 1728, die Steinplatten durch, die man, mit dem Wahrzeichen des Gebäudes versehen, über dem Eingangsportal bzw. der Haustür anbrachte.

Hausschild am Nyhavn

*Den lille Havfrue (Die Kleine Meerjungfrau) J 7

Lage
Langelinie

An der Uferpromenade der Langelinie sitzt Kopenhagens bekannteste Attraktion: die Kleine Meerjungfrau (s. S. 78).
Buslinie: 29; 15.6–1.9.: Sonderbusse vom Rathausplatz.
S-Bahn-Station: Østerport

*Helligåndskirken (Heiliggeistkirche) H 8

Lage
Amagertorv

Buslinien
28, 29, 41

Öffnungszeiten
Tgl. 11.00–16.00

Die älteste Kirche Kopenhagens geht als Klosterkirche bis auf das Jahr 1400 zurück, als man hier aus Backsteinen eine dreischiffige Basilika erbaute. Nach ihrer teilweisen Zerstörung durch einen Brand anno 1728 wurde sie 1880 im Neurenaissance-Stil wiederaufgebaut.
Das Sandsteinportal, ursprünglich für die Börse (⟶ Børsen) gedacht, stammt allerdings noch aus dem Jahre 1620. Der 1732 von Christian VI. gestiftete Altar wurde von Didrik Gercken ausgeführt, die Skulpturen von Just Wiedewelt, das Altarbild der Himmelfahrt Christi von Hendrick Krock.
An der Nordseite der Kirche befindet sich die Grabkapelle eines dänischen Staatsministers, die 1670 erbaut wurde.
Auf dem kleinen Friedhof erinnert ein Denkmal an die dänischen Opfer in den nationalsozialistischen Konzentrationslagern. Hinter der Kirche steht das Heiliggeisthaus aus der Zeit um 1300, ebenfalls Teil des Heiliggeistklosters.

*Hirschsprungske Samling (Kunstsammlung Hirschsprung) H 7

Lage
Stockholmsgade 20

Buslinien
10, 14, 24, 40, 43, 84

Die in den vierziger Jahren entstandene Kunstsammlung Hirschsprung umfaßt rund 600 Gemälde, 200 Skulpturen und weit über 1000 Aquarelle und Zeichnungen aus der Zeit von 1800 bis 1910. Sie vereinigt die Werke zahlreicher dänischer Künstler jener Epoche und gibt durch das Mobiliar aus Wohnungen der Künstler auch Einblick in den damaligen Alltag. Zu den Hauptvertretern jener Periode gehören C.W. Eckersberg und seine Schüler C. Købke, P. C. Skovgaard und Constantin Hansen sowie die Skagener Maler P. S. Krøyer und Anna und Michael Ancher, die den 'modernen Durchbruch' um 1880 repräsentieren. Ausgestellt sind ferner Arbeiten von Vilhelm Hammershøj, Ejnar Nielsen und L. A. Ring.

Hirschsprungske Samling (Fortsetzung)

Öffnungszeiten
Do.–Mo.
11.00–16.00,
Mi. 11.00–21.00

Die Sammlung geht auf eine Stiftung von Heinrich Hirschsprung, einem berühmten Kopenhagener Zigarettenfabrikanten, zurück, der die Kunstwerke 1902 dem dänischen Staat vermachte. Ein Bild von Hirschsprung, zusammen mit seiner Frau Pauline, der Tochter und vier Söhnen, hängt im zweiten Raum. Es wurde von P. S. Krøyer gemalt, dessen Mäzen Hirschsprung war.
Untergebracht ist die Sammlung in einem 1911 fertiggestellten Gebäude, dessen Hauptfassade wie eine antike Tempelfront hervortritt. Seinen Dreiecksgiebel ziert ein Relief, das von dem Künstler Kai Nielsen ausgeführt wurde.

*Holmens Kirke (Kirche) H 8

Lage
Holmens Kanal

Buslinien
1, 2, 6, 8, 9, 10, 31, 37, 43

Öffnungszeiten
15.5.–15.9.:
Mo.–Fr.
9.00–14.00,
Sa. 9.00–12.00;
16.9.–14.5.:
Mo.–Sa.
9.00–12.00

Die Holmenskirche am gleichnamigen Kanal entstand 1619 unter König Christian IV. (⟶ Berühmte Persönlichkeiten) durch den Umbau einer von Christian II. errichteten Ankerschmiede. Mitte des 17. Jh.s schuf Leonhard Blasius die Kreuzarme des Renaissancebaus. Das prachtvolle östliche Hauptportal, das sog. 'Königsportal' aus dem 17. Jh., stammte ursprünglich vom Dom in ⟶ Roskilde.
Der König hatte die Kirche zunächst für Seeleute errichten lassen, heute ist sie auch Kirche des Königshauses. Hier wurden 1967 Königin Margrethe II. und Prinz Henrik getraut, 1996 gaben sich hier Prinzessin Alexandra und Prinz Joachim das Jawort. Die 1705–1708 angefügte lange Kapelle ist dänischen Seehelden gewidmet und besitzt zwei von der Decke hängende Schiffsmodelle. Von besonderem künstlerischen Wert sind im Kircheninnern außerdem das prachtvolle Messinggitter mit 38 Balustern, welches den Chor vom Schiff trennt, sowie der meisterhaft geschnitzte Altar und die bis zur Decke reichende Eichenkanzel – die größte Kopenhagens –, beide in der zweiten Hälfte des 17. Jh.s von Abel Schrøder d. J. angefertigt.

Holmens Kirke

* Højbro Plads (Hochbrückenplatz) H 8

Der am Ende des → Amagertorv offen angelegte Højbro Plads gehört zu den meistbesuchten Plätzen von Kopenhagen.
In seiner Mitte befindet sich ein 1901 aufgestelltes Denkmal für Bischof Absalon (→ Berühmte Persönlichkeiten), das den Stadtgründer als wehrhaften Ritter darstellt. Das Reiterstandbild schuf Ch. G. Vilhelm Bissen, den Sockel mit der Inschrift "Er war mutig, klug und vorausschauend – ein Freund der Gelehrsamkeit – in reinem Bestreben ein getreuer Sohn Dänemarks" gestaltete Martin Nyrop.
Vom Hochbrückenplatz aus überblickt man die Insel Slotsholmen mit → Christiansborg Slot, → Børsen und → Thorvaldsens Museum, ferner sieht man hinüber zur → Holmens Kirke und zum → Gammel Strand.

Stadtgründer Absalon

Lage
beim Gammel Strand

Buslinien
1, 2, 6, 8, 10, 28, 29, 41

* Karen Blixen Museet (Museum)

Im Mai 1991 wurde in Rungstedlund ein Karen Blixen (→ Berühmte Persönlichkeiten) gewidmetes Museum im Herrenhaus des elterlichen Gutes

Karen Blixen porträtierte 1923 das Mädchen und den Mann vom Stamme der Kikuyu

Karen Blixen Museet (Forts.)

Lage
Rungstedlund, Rungstedstrandvej 111

Buslinie
388

Öffnungszeiten:
1.5.–30.9.: tgl. 10.00–17.00; 1.10–30.4.: Mi.–Fr. 13.00–16.00, Sa., So. 11.00–16.00

eröffnet. Die dänische Dichterin wurde hier geboren und lebte hier auch nach ihrer Rückkehr aus Afrika bis zu ihrem Tod im Jahre 1962.
In Rungstedlund schrieb Karen Blixen ihre ersten Geschichten, bevor sie mit ihrem Mann, dem schwedischen Baron Bror von Blixen-Finecke nach Ostafrika ging, um dort dann 17 Jahre lang eine Kaffeefarm zu bewirtschaften. Auch während dieser Zeit kam die Schriftstellerin wiederholt nach Dänemark. Im Jahre 1958 vermachte sie das Anwesen der Rungstedlund Stiftung, die 1991 das Museum einrichtete.
In den Räumen des Hauses sind einige Möbel und Erinnerungsstücke aus Kenia zu sehen, so u.a. das in ihrem Werk 'Jenseits von Afrika' erwähnte Grammophon, ein Geschenk ihres Freundes Denys Finch Hatton.
Besonders interessant sind ihre Porträts von Angehörigen des Kikuyu-Stammes (⟶ Abb. S. 81). Das Bild "Die Geschichte des Königreichs Dänemark", auf dem das gleichnamige Werk des dänischen Dramatikers Ludvig Holberg (⟶ Berühmte Persönlichkeiten) mit einem dekorativ plazierten Toucan-Vogel dargestellt ist, malte sie in Afrika und schenkte es dort Denys Finch Hatton. Nach seinem Tod im Jahre 1931 erhielt Karen Blixen das Gemälde zurück.

*Kastellet (Kastell; Citadellet Frederikshavn) H/J 7

Lage
Langelinie

S-Bahn-Station
Østerport

Buslinien
1, 6, 9

Das heute das Livjäger-Museum und die Königliche Garnisons-Bibliothek beherbergende Kastell wurde 1662–1663 unter Frederik III. von dem Holländer Henrik Rüse an jener Stelle erbaut, wo 1629 unter Christian IV. (⟶ Berühmte Persönlichkeiten) die Skt.-Annæ-Schanze angelegt worden war. Die fünfeckige Festung wurde mit einem doppelten Wallgraben versehen und erhielt nach ihrem Gründer den Namen Citadellet Frederikshavn. Zwischen 1662 und 1725 wurde das Festungswerk von seinen Nachfolgern erheblich erweitert.
Der Komplex umfaßt die Hauptwache, das Gefängnis (Arrest) von 1725, in dem u.a. Johann Friedrich Graf von Struensee (⟶ Berühmte Persönlichkeiten) vor seiner Hinrichtung gefangengehalten wurde, das ebenfalls 1725 nach Plänen von E. D. Häusser errichtete zweigeschossige Haus des Kommandanten, alte Vorratshäuser sowie zwei schöne Festungsportale: das am Südende des Kastells 1663 errichtete Seeland-Tor (Sjœllandsporten), das eine Büste König Frederiks III. ziert, die der Bildhauer Fr. Dieussart schuf, und das im selben Jahr vollendete Norwegen-Tor (Norgesporten), welches 1940 von Deutschen gesprengt, später aber wiederaufgebaut wurde. Die 1704 geweihte Kirche war so konzipiert worden, daß die Gefangenen dem Gottesdienst folgen konnten, ohne die Kirche betreten zu müssen. Die Grünanlagen um das Kastell sind tgl. von 6.00 Uhr bis zum Sonnenuntergang geöffnet.

Kierkegaard Samlingen

⟶ Københavns Bymuseum & Søren Kierkegaard Samlingen

Kongelige Teater

⟶ Kongens Nytorv

Kongens Have

⟶ Rosenborg Slot

Kastellet: das Haus des Kommandanten entstand Anfang des 18. Jahrhunderts.

* Kongens Nytorv (Königlicher Neuer Markt) H 8

Der Königliche Neue Markt, der vom Rathausplatz aus am Ende der Fußgängerzone → Strøget erreicht wird, ist Kopenhagens größter Platz, in den ein Dutzend Straßen münden. Angelegt wurde der Verkehrsknotenpunkt unter König Christian V. um das Jahr 1680. Von hier aus ist es nur ein Katzensprung zu den Museumsschiffen am → Nyhavn.

Lage
am Strøget

Buslinien
1, 4H, 6, 7, 9, 10, 10H, 28, 29, 31, 41

In Richtung des Neuen Hafens steht das Schloß Charlottenborg (Kongens Nytorv 1). Es wurde 1672–1683 für den Halbbruder Christians V. und früheren Statthalter Norwegens, Ulf Frederik Gyldenløve, im barocken holländisch-palladianischen Stil errichtet. Heute ist es Sitz der Kunstakademie und wird für Wechselausstellungen genutzt.

Charlottenborg Slot

Wer sich für Bernstein interessiert, sollte im Ravhuset vorbeischauen (Kongens Nytorv 2), zu dem sowohl ein Bernsteinmuseum wie ein Laden gehören, in dem man ein Stück 'Gold der Ostsee' erstehen kann (Abb. S. 85).

Ravhuset, Bernsteinmuseum

Das anno 1777 von dem Architekten Caspar Harsdorff im Stil des Klassizismus entworfene Gebäude Nr. 3 beherbergt eine Architektenschule.

Harsdorffs Haus

An der Nordostecke des Platzes erhebt sich das Thotts Palais (Nr. 4, Abb. S. 84), 1685–1686 im Stil des holländischen Palladianismus für Admiral Niels Juel erbaut. Seit 1930 residiert hier die Französische Botschaft. Nachdem Graf Otto Thott das Gebäude 1760 erworben hatte, erhielten die Wandpfeiler der Hauptfassade korinthische Kapitelle, zudem wurde die von Figuren und einer Wappenkartusche bekrönte Balustrade angefügt.

Thotts Palais

Die Südostseite des Platzes beherrscht das 1748 gegründete Königliche Theater (Nr. 9,), Heimstatt heerer Sprachkunst, großer Opernabende und

* Kongelige Teater

Korinthische Kapitelle zieren das Thotts Palais, heute Sitz der Französischen Botschaft.

Kongelige Teater (Fortsetzung)

illustrer Ballettinszenierungen (vgl. S. 16). Das heutige Gebäude entstand 1872–1874 nach Entwürfen von Vilhelm Dahlerup und Ove Petersen im Neurenaissance-Stil. Die Inschrift der Hauptfassade 'Ei blot til lyst' ('Nicht nur zum Vergnügen') stammt noch vom 1748 von Nicolai Eigtved errichteten Vorgängerbau, die Dekorationen im Zuschauerraum, der 1500 Plätze aufweist, schuf der Maler C. Hansen. Anno 1931 wurde das Theater durch den Architekten H. Jacobsen um die sogenannte Neue Szene mit 1050 Plätzen erweitert.
Die rechtzeitige Reservierung von Eintrittskarten – vor allem für die begehrten Ballettinszenierungen – ist zu empfehlen; Vorverkaufsstellen: s. Kartenbüros, S. 192.

Denkmäler von L. Hohlberg und A. Oehlenschläger

Die beiden Figuren rechts und links vom Haupteingang stellen die Dichter Ludvig Holberg (⟶ Berühmte Persönlichkeiten) und Adam Oehlenschläger (1779–1850) dar. Oehlenschläger gilt als Dänemarks Nationaldichter, der neben zahlreichen Theaterstücken auch die dänische Nationalhymne verfaßte.

*Magasin du Nord

Das Hauptgebäude des renommierten Kaufhauses Magasin du Nord, Skandinaviens ältestes Warenhaus, steht ebenfalls am Kongens Nytorv. Es wurde 1893/1894 von A. Ch. Jensen und H. Glæsel an der Stelle der 1796 eröffneten Nobelherberge 'Hotel du grand Nord' im französischen Chateau-Stil errichtet. Heute finden Shoppingfreunde hier auf vier Etagen alles, was das Herz begehrt, vom dänischen Porzellan über mollige Pullover bis zu internationaler Designermode.

*Hotel d'Angleterre

⟶ s. S. 160

Reiterstandbild Christians V.

Die Mitte des Platzes markiert ein 1855/1856 angelegter kleiner Garten mit dem Reiterstandbild Christians V., welches der französische Bildhauer Abraham-César Lamoureux 1687 schuf. Es zeigt den König im Gewand

Im Ravhuset können Bernsteinfreunde ein Stück 'Gold der Ostsee' erstehen.

eines römischen Imperators. Zu seinen Füßen symbolisieren Minerva die Weisheit, Alexander der Große die Tapferkeit, Herkules die Kraft und Artemis die Ehre.

Kongens Nytorv, Denkmal Christians V. (Forts.)

Musikveranstaltungen und Wechselausstellungen bietet am Kongens Nytorv auch das Kulturzentrum Bolten's, in dem außerdem mehrere Cafés und Restaurants für das leibliche Wohl der Besucher sorgen (geöffnet: 10.00–5.00 Uhr).

Kulturzentrum Bolten's

Königliches Marinemuseum

⟶ Christianshavn

**Kronborg Slot (Schloß Kronborg)

Lage
Helsingør

Eisenbahn-Station
Helsingør

Handels- og Søfartsmuseet

Schloß Kronborg beherbergt heute in 27 Räumen ein Handels- und Schiffahrtsmuseum, das sehr anschaulich die dänische Seefahrtsgeschichte dokumentiert, dazu Objekte aus früheren dänischen Niederlassungen in Grönland und Westindien.
Schon 1420 erstand hier unter Erich dem Pommern an der schmalsten Stelle des Øresunds, wo sich eine sandige Landzunge gegen die Küste Schonens/Schweden vorschiebt, eine 'Krogen' (Haken) genannte Burg, um den vorbeifahrenden Schiffen den Sundzoll abzuverlangen – eine reichlich sprudelnde Geldquelle für den König.
In den Jahren 1558 und 1559 ließ Christian II. von dem sächsischen Festungsbauer Hans von Dieskow die Ringmauer durch Eckbastionen verstärken. Unter Frederik II. wurde die Anlage 1574–1585 durch die Hollän-

Illustre 'Hamletkulisse': das Renaissanceschloß Kronborg

Öffnungszeiten
Mai–Sept.:
tgl. 10.30–17.00;
Nov.–März:
Di.–So.
11.00–15.00;
April, Okt.
11.00–16.00

der Hans van Paeschen und Antonius van Opbergen zu einem prachtvollen vierflügeligen Renaissanceschloß umgebaut und erhielt den Namen 'Kronborg'. Nach einem Brand im September 1629, bei der nur die Kirche verschont blieb, ließ Christian IV. (⟶ Berühmte Persönlichkeiten) durch Hans van Steenwinckel d. J. das Schloß 1635–1640 unverändert wieder aufbauen. Als die Schweden 1659 das Schloß einnahmen, erbeuteten sie zahlreiche Kunstschätze, darunter den von Hans Knieper aus Gold- und Silberfäden gewirkten berühmten 'Tischhimmel' Frederiks II., der sich heute im Stockholmer Nationalmuseum befindet. Unter den nachfolgenden Monarchen erfuhr die Festung weitere Aus- und Umbauten, 1785–1922 diente sie als Kaserne.
Zwischen 1924 und 1935 wurde das Schloß von J. Magdahl-Nielsen umfassend restauriert und im Stil Frederiks II. und Christians IV. wieder hergerichtet.
Unterstützt wird der Erhalt der Einrichtungen seit Jahren von der Ny-Carlsberg-Stiftung (⟶ Carlsberg-Brauerei), die Gemäldebestände des 16. und 17. Jh.s ergänzen laufend Leihgaben des Kopenhagener ⟶ Statens Museum for Kunst sowie des Nationalhistorischen Museums von ⟶ Frederiksborg Slot in Hillerød.

'Hamletschloß'

In Helsingør spielt Shakespeares Hamlet-Drama, und Kronborg machte man zu Hamlets Schloß. Auch wenn das nicht der Realität entspricht – der Schloßhof bietet eine hervorragende Kulisse für die gelegentlichen Hamlet-Festspiele. Zu den berühmtesten Darstellern der Tragödie gehören u. a. Sir Lawrence Olivier, Michael Redgrave und Kenneth Branagh.

Besichtigung

Über dem Hauptportal belegt eine Inschrift, daß Frederik II. die Schloßanlage anno 1577 erbauen ließ und sie 'Kronborg' nannte. Darüber erblickt der Besucher den Erker des Königsgemachs.
Die ehemaligen Königsgemächer mit prächtigen Deckengemälden aus der Mitte des 17. Jh.s liegen im Nordflügel. Von den ursprünglichen Einrich-

Kronborg Slot (Fortsetzung)

tungsgegenständen ist kaum etwas erhalten, der größte Teil der jetzt ausgestellten Möbel wurde im 17. Jh. gefertigt.
Der Ritter- oder Tanzsaal ist mit seinen Ausmaßen von 62×11 m der größte und dazu einer der schönsten Renaissanceräume des europäischen Nordens. Seine großformatigen Gemälde wurden, ebenso wie die Bilder in der Galerie der Königin, von Christian IV. ursprünglich für ⟶ Rosenborg Slot in Auftrag gegeben. Thema der Bildwerke ist die Macht der Planeten über den Verlauf des menschlichen Lebens.
Im Westflügel zieren den mit Renaissancemöbeln ausgestatteten Kleinen Saal noch sieben von ehemals 14 kostbaren Gobelins aus dem Jahre 1582, die einst den Tanzsaal schmückten. Die anderen sieben Wandteppiche befinden sich heute im ⟶ Nationalmuseet.
Der Südflügel birgt die 1582 geweihte Schloßkapelle, die aufgrund ihres steinernen Gewölbes den Brand von 1629 überstand. Sehenswert ist ihre prächtige Renaissanceausstattung aus dem 16. Jh. mit kunstvollen Holzschnitzereien deutscher Meister. Das vergoldete Alabasterrelief der 'Kreuzigung' über dem Altar wurde 1587 geschaffen, die Verkleidung des Altarunterbaus lieferten 1982 die Textilkünstler Kirsten und John Becker. Schließlich haben Besucher auch Zutritt zu den Kasematten des Schlosses mit ihren düsteren Verliesen. Wer die Wendeltreppe (145 Stufen!) im südwestlichen 'Trompeterturm' hinaufsteigt, genießt einen herrlichen Blick über den Øresund. Ebenso erholsam wie aussichtsreich ist ein Spaziergang auf den westlichen Bastionen.

*Kunstindustrimuseet (Kunstgewerbemuseum) J 7

Lage
Bredgade 68

Die Sammlungen des Kunstindustrimuseet umfassen in annähernd 60 Räumen – drei davon im 1. Stock mit Rokoko- und Silbersammlung – europäisches Kunstgewerbe vom Mittelalter bis heute, ferner Kunstge-

Ebenso schön wie funktional: moderne dänische Wohnideen im Kunstindustrimuseet

Kunstgewerbemuseum: 'Seepferd'...

... und Delfter Kachel (um 1729)

Kunstindustri-
museet (Forts.)

S-Bahn-Station
Østerport

Buslinien
1, 6, 9

Öffnungszeiten
Di.–Fr.
10.00–16.00,
Sa., So.
12.00–16.00

werbe aus China und Japan. Das Schwergewicht liegt auf dem Thema Wohnraumausstattung. Dazu gehören Teppiche, berühmte Services und Vasen der Königlichen Porzellanmanufaktur aus dem 18. Jh., Fayencen, dänisches Silber, kostbare Chinoiserien, Arbeiten im Stil des Art nouveau, Glaserzeugnisse, Textilien, Möbel, Schmuck und wissenschaftliche Geräte sowie besonders erfolgreiche Produkte moderner dänischer Designer (s. hierzu S. 18 ff.).

Das in dem 1757 von Niels Eigtved und Lauritz de Thurah erbauten Rokokogebäude des früheren Frederik-Hospitals untergebrachte Museum wurde 1890 von der Ny-Carlsberg-Stiftung (→ Carlsberg-Brauerei) gegründet und befindet sich seit 1926 hier.

Zum Haus gehört ein für Besucher zugänglicher Garten. Hier stehen eine Reihe von Skulpturen, darunter 'Das Seepferd' (1916) von Niels Skovgaard sowie eine 'Frauenfigur' und 'Vase' (um 1750) von J. C. Petzold.

Kunstmuseum

→ Statens Museum for Kunst

*Købmagergade (Fußgängerzone) G/H 8

Verlauf
Zwischen
Kultorvet und
Højbro Plads

Die zwischen Kultorvet und → Højbro Plads verlaufende Fußgängerzone der Købmagergade war vermutlich seit dem 13. Jh. Teil der Hauptverbindung zwischen → Roskilde und dem 'Købmændenes Havn' (Kaufmannshafen). Im 15. Jh. hatten sich die Schlachter (Kødmangere) Kopenhagens hier angesiedelt, nach denen die Straße 'Kødmangergade' benannt wurde. Mitte des 16. Jh.s zogen die Schlachter dann in die Skindergade um, der

Dänische Modemarken und erotische Kunst – beides findet man in der Købmagergade.

Købmagergade (Fortsetzung)

Straßenname blieb indessen in der abgewandelten jetzigen Namensform erhalten. Heute ist die Købmagergade eine belebte Fußgängerzone mit Kneipen, Cafés und zahlreichen Geschäften, darunter auch Läden mit dänischen Modemarken wie Red/Green, Carli Gry und Lene Sand.

Königliche Porzellanmanufaktur

In der Købmagergade 5 hatte zwischen 1775 und 1882 die Königliche Porzellanmanufaktur ihren ersten Sitz, die bereits wenige Jahre nach der Gründung für ihre Services, Vasen und Porzellanfiguren international bekannt wurde (s. hierzu S. 18).

Merkurstatue

Vom Dach des 1896 in rotem Backstein erbauten Hauses Nr. 42 grüßt den Besucher eine Figur von Merkur, der – dem griechischen Hermes nachgebildete – altrömische Gott des Handels und Gewerbes.

Erotica Museum

Das älteste erotische Museum der Welt liegt in der Købmagergade 24. Chronologisch erzählen hier dekorativer Schmuck, Skulpturen und Wandreliefs, Aktfotos und Monitore die Geschichte der Erotik von der Antike bis zur Gegenwart – ein Plädoyer für unverkrampfte Sexualität (geöffnet: Okt. bis April: tgl. 11.00–20.00 Uhr, Mai–Sept.: tgl. 10.00–23.00 Uhr).

* Legetøjsmuseet (Spielzeugmuseum) F 10

Lage
Sommerstedg. 11

S-Bahn-Station
Dybbøl

Buslinien
10, 16

Die liebevoll gestaltete Privatkollektion in der Sommerstedgade ist 1997 auf Initiative von Olgas Lyst entstanden. Auf 150 m² werden hier rund 400 Puppen und 50 Puppenhäuser ausgestellt, darunter mehrere englische und dänische Puppenhäuser aus der Zeit um 1800 sowie altes Kinderspielzeug der Jahrhundertwende, das in dänischen Gefängnissen hergestellt worden ist (geöffnet: Sa. 13.00–17.00 Uhr; Führungen ansonsten auf Anfrage, Tel. 31238558).

* Lejre Forsøgscenter
(Historisch-archäologisches Versuchszentrum Lejre: "Prähistorische Wohnstätte")

Lage
Slangeallé 2,
Lejre (38 km
südwestlich von
Roskilde)

Eisenbahn-Station
Lejre;
dann Bus 233

Dänemarks prähistorische Vergangenheit wird im Versuchszentrum von Lejre wieder zum Leben erweckt. Dargestellt sind Alltagsabläufe, das soziale Zusammenleben und kulturelle Besonderheiten der Vorzeit, darunter als größte Attraktion ein rekonstruiertes Eisenzeitdorf. Besichtigt werden kann die landschaftlich sehr schön gelegene Siedlung auf einem knapp 3 km langen Rundgang. Originalgetreu hat man prähistorische Werkstätten für Schmiede, Töpfer, Ziegelerzeugung und Weber wiedererstehen lassen sowie Ställe für Haustiere – ein Muß für Kinder. Im 'Feuertal' bietet sich die Möglichkeit, mitgebrachtes Fleisch und Brot über urzeitlichen Feuerstellen zu rösten. Geöffnet ist das Versuchszentrum von Mai bis Mitte Oktober Di.–So. 10.00–17.00, Mitte Juni bis Mitte August sogar täglich.
Außerhalb des Geländes wurde zudem das Gut Ravnshøjgård erworben. Auf diesem Gehöft wird die Landwirtschaft noch wie zur Zeit vor dem Zweiten Weltkrieg betrieben.
Ganz in der Nähe gibt es Schiffsetzungen. Nach dem Glauben der Wikinger fuhr der Verstorbene auf diese Weise mit einem Schiff ins Totenreich.

Liebfrauenkirche

→ Vor Frue Kirke

** Louisiana Museum for Moderne Kunst

Lage
Humlebæk,
Gl. Strandvej 13
(35 km nördlich
von Kopenhagen)

Eisenbahn-Station
Humlebæk;
dann Bus 388

Öffnungszeiten
tgl. 10.00–17.00,
Mi. bis 22.00

Auskunft
Tel. 49 19 07 19,
www.louisiana.dk

In einem wunderschönen Park, hoch über dem Øresund mit Blick auf die schwedische Küste, liegt das Museumsparadies Louisiana. Kunst, Architektur und Landschaft verschmelzen hier zu einem harmonischen Dreiklang besonderer Art. Fast unerschöpflich scheint die Vielfalt der gezeigten Gegenwartskunst, die dabei in wohltuend lockerer Atmosphäre präsentiert wird. Zwischen alten Bäumen und Büschen liegen weißgeschlemmte Ausstellungspavillons, verstecken sich Wandelgänge und lichtdurchflutete Wintergärten, die das Geländegefälle geschickt einbeziehen. Initiator des Museums war der Industrielle Knud Jensen, der 1954 zunächst nur an eine Heimstatt skandinavischer Kunst gedacht hatte. Dank großzügiger Schenkungen, vor allem des Ny→ Carlsbergfonds, entwickelte sich das Museum aber schon bald zu einer internationalen Kollektion, die heute weltweit zu den besten Sammlungen der Moderne gehört. Den Eingang Louisianas markiert eine efeubewachsene alte Sommervilla. Ihr früherer Besitzer, ein Hofjägermeister, der Haus und Park 1855 anlegen ließ, war mit drei Frauen verheiratet, die alle Louise hießen – daher der Name des Museums. Für die ständig wachsenden Magazine schufen Jørgen Bo und Vilhelm Wohlert, später unterstützt von Claus Wohlert, zwischen 1958 und 1998 mehrere moderne Bauten, die sich anmutig in das Landschaftsbild einfügen. Für die Gestaltung der Parkanlage zeichneten Vibeke Holscher und Lea Nørgaard sowie Ole und Edith Nørgaard verantwortlich.

Permanente Sammlung

Die permanente Sammlung setzt nach dem Zweiten Weltkrieg ein, als dänische Künstler wie Robert Jacobsen und Richard Mortensen nach Paris gingen und dort mit begnadeten Bildhauern und Malern in Kontakt kamen, deren Werke nun in Louisiana zu sehen sind, darunter Vasarély, Herbin, Dewasne, Albers, Gabo, Rickey und Calder. Die wegweisende Cobra-Gruppe ist u. a. mit Gemälden von Appel, Alechinsky und Lucebert vertreten. Andere Kunstströmungen der 50er zeigen die Skulpturen von Giacometti und Richier sowie die Gemälde von Dubuffet, Bacon, Matta,

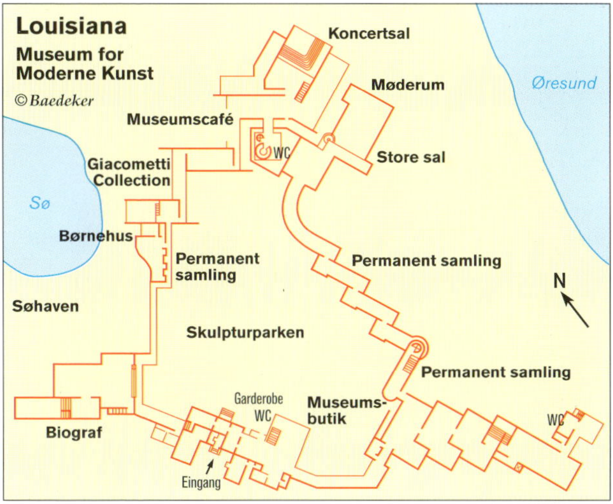

Saura, Sam Francis, Mark Rothko und Reinhardt. Jean Tinguelys spektakuläre Freiluftskulptur "Skizze des Weltuntergangs" erinnert an die wilden 1960er, während die Pop Art jener Jahre durch Roy Lichtenstein, Robert Rauschenberg, Andy Warhol, Dine und Oldenburg präsentiert wird. Besonderes Augenmerk gilt auch den raumgreifenden Arbeiten von Morris Louis, Noland und Frank Stella. Die 1970er und 1980er sind ebenso durch

Permanente Sammlung (Fortsetzung)

Kunstmuseum Louisiana: formschöne Skulpturengruppe von Henry Moore

Louisiana: Monochrome Farbtafeln von Yves Klein

Louisiana
(Fortsetzung)

Josef Beuys, Ryman und Richter vertreten wie durch Per Kirkeby und Richard Serra, nicht zu vergessen die deutschen Künstler, darunter A. R. Penck, Georg Baselitz und Anselm Kiefer. Besondere Beachtung verdient auch die Graphische Sammlung im südlichen Museumsflügel. Höhepunkte der Skulpturensammlung sind zweifellos der lichte Giacometti-Saal und die schimmernden Bronzestatuen von Henry Moore, Max Ernst und Alexander Calder im weitläufigen Parkgelände. Louisiana veranstaltet zudem jedes Jahr sechs bis acht Sonderausstellungen, die schon für sich eine Reise wert sind. Wer sich nach soviel Kunstgenuß erstmal erholen möchte, kann ganz ungezwungen auf dem Rasen Platz nehmen oder in der filigranen Cafeteria einen Kaffee mit Meerblick genießen.

Marmorbrücke (Neue Brücke, Hauptbrücke, Schloßbrücke) H 9

Lage
Frederiksholms Kanal

Buslinien
1, 2, 5, 6, 10

Die den Frederikskanal zwischen der Insel Slotsholmen und dem → Nationalmuseet überspannende Marmorbrücke gehört zu den Meisterwerken von Nicolai Eigtved. König Christian VI. hatte 1739 den Auftrag für den Bau der Brücke erteilt, die Bildhauerarbeiten konnten indessen erst 1745 vollendet werden. Verkehrstechnisch lag ihr besonderer Vorteil in der flachen Konstruktion der Brückenbögen, die eine fast waagrechte Fahrbahn ergaben. Die Mittelpfeiler tragen elegante klassizistische Porträtmedaillons mit Rokokoverzierungen, den mittleren Bogen ziert das Haupt der Medusa. Mit der Ausführung beauftragte man den auch für → Christiansborg Slot tätigen französischen Bildhauer Louis-Augustin le Clerc. In seiner Werkstatt entstanden aus sächsischem Sandstein die symbolträchtigen Porträts, die, von Schilf, Rocaillen und zwei schaumspeienden Seeungeheuern eingerahmt, eine Huldigung an das Meer darstellen. Ob es sich hierbei um die antiken Gottheiten Poseidon, Amphitrite, Okeanos und Tethys handelt, ist umstritten.

Meisterwerk von Nicolai Eigtved: die Marmorbrücke über den Frederikskanal

Marmorbrücke (Fortsetzung)

Offiziell hieß die Brücke eigentlich Neue Brücke, Haupt- oder Schloßbrücke, es setzte sich indessen bald der inoffizielle Name 'Marmorbrücke' durch, den sie aufgrund ihrer marmorgepflasterten Gehsteige erhielt. Anfang der siebziger Jahre begann unter der Leitung von Erik Erlandsen eine umfangreiche Restaurierung der Brücke, die bis 1993 dauerte.

*Marmorkirken (Marmorkirche; Frederikskirken) H 8

Lage
Frederiksgade 4

Buslinien
1, 6, 9

Der offiziell unter dem Namen 'Frederikskirken', von den Kopenhagenern aber immer nur 'Marmorkirche' genannte Sakralbau wurde 1740 als Zentralkirche für das neue Stadtviertel Frederiksstad vom illustren dänischen Hofbaumeister Nicolai Eigtved entworfen, der allerdings während der Bauarbeiten 1754 verstarb. König Frederik V. nahm im Oktober 1749 die Grundsteinlegung vor, die Arbeiten wurden jedoch 1770 aufgr
hohen Kosten von Graf von Struensee (⟶ Berühmte Persönlic
eingestellt. Die Fertigstellung mit dänischem Kalkstein statt de
norwegischen Marmors gelang dann erst im Jahre 1894, nach
Großindustrielle C. F. Tietgen die Ruine mit der Auflage erworben h
Kirche zu vollenden.
Eigtveds ursprünglicher Bauplan wurde nun von dem Architekten Ferdinand Meldahl abgeändert, der eine 46 m hohe Kirchenkuppel im Stil des römischen Barock schuf. Die Kuppel weist einen Durchmesser von 33 m auf und gehört damit zu den größten in Europa. Im Inneren der Rotunde (⟶ Abb. S. 94) befinden sich 12 hochragende Marmorpfeiler und farbige Fresken in den Farben Blau, Gold und Grün. Besondere Beachtung verdient das Elfenbeinkruzifix im Chor, ein deutsches Eichenrelief der Kreuzabnahme in der Frontkapelle, ein marmornes Taufbecken von Joakom Skovgård, Grundtvigs siebenarmiger Goldleuchter und ein von Niels Skovgård gefertigtes Relief, das an C. F. Tietgen und seine Frau erinnert.

Grundtvig-Denkmal …

… vor der Marmorkirche

Marmorkirken: im Inneren der Rotunde

Marmorkirken (Fortsetzung)

Die Kirche ist von Statuen berühmter Dänen aus dem kirchlichen Leben umrahmt, darunter Søren Kierkegaard (⟶ Berühmte Persönlichkeiten), der hl. Ansgar, Dänemarks Schutzpatron, der Reformator Martin Luther und der Pfarrer Nicolai Frederik Severin Grundtvig (⟶ Berühmte Persönlichkeiten). Die Figuren stammen u. a. von H. V. Bissen, J. F. Willumsen und K. Nellemose. Auf dem Dachvorsprung thronen ebenfalls 12 Skulpturen berühmter Vertreter der Religions- und Kirchengeschichte.

Die Kleine Meerjungfrau

⟶ Den lille Havfrue

Mindelunden (Gedenkstätte dänischer Widerstandskämpfer) G 3

Die Gedenkstätte Mindelunden ist allen Dänen gewidmet, die im Kampf für die Freiheit ihres Landes während der deutschen Besatzung 1940 bis 1945 umgekommen sind. Auf diesem Gelände fand man nach dem Zweiten Weltkrieg die Leichen von 199 hingerichteten Widerstandskämpfern.
Eine von Axel Poulsen entworfene Gedächtniswand trägt ihre Namen und ein Gedicht des Dänen Kaj Munk, der selbst ein Opfer des Faschismus wurde. In dem kleinen Wäldchen hinter dem Denkmal erinnern 31 Gräber an jene, die in deutschen Konzentrationslagern umgebracht wurden. In der nach Osten zu liegenden Pergola errichtete man 151 Gedenktafeln für verschollene Opfer der nationalsozialistischen Gewaltherrschaft.
Nach Abzug der Deutschen fanden am 20. August 1945 die ersten Beisetzungen statt, die Einweihung von Mindelunden erfolgte am 5. Mai 1950. Die spätere künstlerische Ausgestaltung des Gedächtnishains wurde von Kaj Gottlob übernommen, mit dem Entwurf der Parkanlagen beauftragte man Axel Andersen, Stadtgärtner von Gentofte.

Lage
Tuborgvej, Ryparken

S-Bahn-Station
Hellerup

Buslinien
21, 23

Öffnungszeiten

Dezember, Januar: 10.00–16.00 Uhr; November, Februar: 10.00–17.00 Uhr; März, Oktober: 10.00–18.00 Uhr; April, September: 10.00–19.00 Uhr; Mai, August: 10.00–20.00 Uhr; Juni, Juli: 10.00–21.00 Uhr.

*Musikhistorisk Museum og Carl Claudius' Samling H 8
(Musikhistorisches Museum)

Das ursprünglich dem Kunstgewerbemuseum (⟶ Kunstindustrimuseet) angeschlossene Musikhistorische Museum wurde 1898 gegründet. Seit 1966 befindet es sich in dem von Jørgen Bo und Vilhelm Wohlert 1963 bis 1966 restaurierten Gebäude, das in zwei Stockwerken eine umfangreiche Sammlung von rund 2000 historischen Musikinstrumenten verschiedenster Art beherbergt, darunter ein Harmonium von König Christian VIII., eine Violine von Niels W. Gades und ein Klavier aus dem Besitz Carl Nielsens. Im Jahre 1941 erfuhr das Museum eine umfangreiche Erweiterung an Instrumenten durch den Nachlaß des Generalkonsuls Carl August Claudius. Dem Museum angegliedert ist eine Bibliothek mit umfassender Musikliteratur.
An Samstagen und Dienstagen veranstaltet das Museum zu verschiedenen Terminen (laut Ankündigung) Konzerte auf historischen Instrumenten.

Lage
Åbenrå 30

S-Bahn-Station
Nørreport

Buslinien
5, 14, 16, 31, 42, 43, 173 E, 184, 185

Öffnungszeiten
Mai–Sept.: Fr. bis Mi. 13.00–15.50; Okt.–April: Mo., Mi., Sa., So. 13.00–15.50

Nationalhistoriske Museum

⟶ Frederiksborg Slot

**Nationalmuseet (Nationalmuseum) G/H 9

Lage
Frederiksholms Kanal 12; Eingang: Ny Vestergade 10

Buslinien
1, 2, 5, 6, 8, 10, 28, 29, 30, 32, 33, 550S, 650S

Tel. 33134414, www.natmus.dk

Am Frederiksholms Kanal gegenüber der Insel Slotsholmen liegt Dänemarks wichtigstes Museum für Kulturgeschichte, dessen umfangreiche Sammlungen das Leben Dänemarks von der Steinzeit bis in die Neuzeit nachvollziehen. Mehr als beachtlich sind auch die Völkerkundliche Abteilung und die Antikensammlung sowie die Königliche Münzen- und Medaillensammlung. Kern des riesigen, 1807 eröffneten Museums ist das historische Kronprinzenpalais, das zwischen 1743 und 1744 von Nicolai Eigtved im Rokokostil erbaut wurde, wobei sich der Hofbaumeister an Pariser Vorbildern orientierte. Später kamen die Flügel an der Stormgade, der Ny Vestergade und der Vester Voldgade hinzu sowie mehrere außerhalb der Anlage eingerichtete Abteilungen. Der letzte Neubau, in dessen Zuge die Sammlungen vollständig neu gestaltet und didaktisch hervorragend aufbereitet wurden (Erklärungen in Dänisch und Englisch), entstand zwischen 1989 und 1992.

Öffnungszeiten

Dänische Vorgeschichte, Mittelalter und Renaissance bis 1660, Dänemark von 1660 bis 2000, klassische Antiquitäten, königliche Münzen und Medaillen, ethnographische Sammlung mit Ausstellungen zu außereuropäischen Kulturen und Kindermuseum: Di–So. 10.00–17.00 Uhr.

Sammlungen

Die kulturhistorische Sammlung gliedert sich in drei Bereiche. Die Abteilung der Vor- und Frühgeschichte zeigt Exponate aus der Steinzeit, Bronze- und Eisenzeit sowie Funde der Wikinger. Dazu gehören die berühmten bronzezeitlichen Helme mit Hörnern und der prachtvolle Sonnenwagen von Trundholm (etwa 1200 v. Chr.), die Nachbildung eines Kultfahrzeuges mit einer in Gold aufgesetzten Sonnenscheibe. Wem der Wikingerschmuck gefällt, kann übrigens im ansprechenden Museumsladen auch Kopien der ausgestellten Stücke erwerben.

Bürgerliche Wohnkultur: Ålborger Stube aus dem 17. Jahrhundert

Geheimnis der Frühzeit: Runeninschriften der Wikinger

Sammlungen (Fortsetzung)

Die zweite Abteilung stellt Dänemark im Mittelalter und in der Renaissance vor. Zu sehen sind mittelalterliche Altäre wie der Goldaltar von Lisbjerg, romanisches und gotisches Kircheninventar, Kirchensilber der Renaissance, Handwerksgerät und Möbel sowie sieben Gobelins, die um 1582 für die Ausschmückung des Rittersaales auf ⟶ Kronborg Slot entworfen wurden. Zur Epoche der Neuzeit gehören eine Ålborger Bürgerstube aus der Mitte des 17. Jh.s, Rokokozimmer sowie Räume, die direkt für das Prinzenpalais geschaffen wurden. Die neue Ausstellung "Dänische Geschichte 1660–2000" schlägt den Bogen zur Jahrtausendwende. Die Antikensammlung präsentiert Exponate des klassischen Altertums aus Griechenland, Italien und dem Nahen Osten, während sich die Königliche Münz- und Medaillensammlung neben griechischen und römischen Münzen vor allem auf Arbeiten aus Dänemark und Skandinavien konzentriert. In der ethnographischen Sammlung, der ältesten der Welt, ist die Eskimosammlung hervorzuheben, die sich mit den Lebensformen der Inuit Grönlands, Kanadas und Alaskas beschäftigt. Weitere Bereiche sind Asien, Afrika und Ozeanien sowie die Kulturen der Indianer gewidmet.

Kindermuseum

Spaß für Kinder verspricht diese Sonderabteilung des Nationalmuseums, in der die kleinen Besucher alles anfassen und ausprobieren dürfen. Hier können die Junioren sich nach Herzenslust verkleiden, eine dänische Schulklasse der Jahrhundertwende oder in den Fünfziger Jahren erleben, eine mittelalterliche Burg erklimmen, Wikingerschiffe erkunden oder den Tuaregs in die Sahara folgen.

Klunkehejm (Viktorianisches Haus)

Schließlich sollte man sich das 1851–1852 erbaute Viktorianische Haus ansehen mit der hochherrschaftlichen Wohnungseinrichtung des wohlhabenden dänischen Geschäftsmanns Rudolph Christensen aus der Zeit um 1890 (Führungen: 16. Juni – 15. Sept.: Do.–So. 12.00–15.00 Uhr zu jeder vollen Stunde; 16. Sept. bis 15. Juni: Sa., So. 12.00–15.00 Uhr zu jeder vollen Stunde).

Nikolaj Plads (Nikolaiplatz) H 8

Lage
Östlich des Højbro Plads

Buslinien
1, 2, 6, 8, 10, 28, 29, 41

Seinen Namen erhielt der Nikolaiplatz nach seiner mächtigen Nikolaikirche (Nikolaj Kirke), die im 13. Jh. erbaut wurde, bei der großen Feuersbrunst von 1795 aber bis auf den Turm völlig ausbrannte. In der Folgezeit stellten auf dem verwaisten Kirchhof die Schlachter vom ⟶ Højbro Plads ihre 'Maven' (Magen) genannten Buden auf. Der Marktbetrieb endete erst 1917 mit der Einweihung der jetzigen, rekonstruierten Nikolaikirche. Die 1910 fertiggestellte Spitze des Kirchturms wurde durch eine Stiftung des Brauereibesitzers Carl Jacobsen (⟶ Carlsberg-Brauerei) finanziert.

Nikolaj Kirke

Heute finden in der Nikolaikirche keine Gottesdienste mehr statt, sondern Konzerte und Kunstausstellungen. Zum Gebäude gehört auch ein kleines Restaurant.
In den Sommermonaten ist der Nikolaiplatz Bühne für Theater- und Musikveranstaltungen, darunter nicht zu vergessen das Kopenhagener Jazzfestival, das hier in dem Lokal 'De tre Musketérer' (Nr. 25) eine seiner besten Jazzkneipen hat.

**Ny Carlsberg Glyptotek (Glyptothek) G 9

Lage
Dantes Plads 7

S-Bahn-Station
Hauptbahnhof

Buslinien
1, 2, 5, 6, 8, 10, 28, 29, 30, 32, 33, 550S, 650S

Öffnungszeiten
Di.–So. 10.00–16.00 (Mi. und So. Eintritt frei), www. glyptoteket.dk

Eine der größten und bedeutendsten Sammlungen antiker Skulpturen nördlich der Alpen sowie eine der besten Sammlungen französischer Meister des 19. Jh.s von David bis Paul Gauguin bietet die berühmte Ny-Carlsberg-Glyptothek. Initiator des Museums waren der Brauer Carl Jacobsen und seine Frau Ottilia (⟶ Carlsberg-Brauerei), die 1888 beschlossen, ihre umfangreiche Skulpturensammlung mit antiken Funden und Arbeiten von Thorvaldsen-Schülern sowie zeitgenössischen Künstlern der Öffentlichkeit zu vermachen. Ganz im Sinne des Gründers führte der Ny Carlsbergfond das Museum fort und ergänzte den Fundus ebenso um antike Stücke wie moderne Arbeiten des 19. und 20. Jh.s, nicht zu vergessen der jüngste Anbau für die französische Gemäldesammlung. Nach Zeichnungen von Vilhelm Dahlerup wurde bis 1897 der älteste Trakt errichtet, 1906 lieferte Hack Kampmann die Pläne für einen Erweiterungsbau. Für den 1996 eröffneten Glasflügel, in dem die französischen Impressionisten ausgestellt sind, zeichnete der dänische Stararchitekt Henning Larsen verantwortlich.

Wintergarten

Herzstück des Museums ist ein wunderschöner Wintergarten mit mediterranem Klima nebst wohltuenden Klanginstallationen. Hier kann der Besucher ausruhen und die angenehme Atmosphäre erahnen, in der einst ein erheblicher Teil der gezeigten Werke entstanden ist. Die Mitte des Raumes ziert eine anmutige Brunnengruppe des Dänen Kai Nielsen: die "Wassermutter", umringt von ihren Kindern.

Ägypten
1–4

Die Ägyptische Sammlung, deren Exponate auf 3000 v. Chr.–100 n. Chr. datiert sind, befaßt sich vor allem mit der Grabkunst. Besondere Erwähnung verdient der kunstvolle Kopf einer ägyptischen Prinzessin (ca. 1360 v. Chr.) und das 'Nilpferd' (um 3000 v. Chr.) in Saal 3.

Vorderer Orient
Saal 5

Antike Kunst des Vorderen Orients vom 3.–1. Jt. v. Chr. zeigt der Saal 5. Ältestes Ausstellungsstück ist hier die sitzende Figur eines Sumerers aus der Zeit um 2500 v. Chr.; zudem findet der Besucher assyrische, persische, phönikische und kyprische Skulpturen.

Griechenland
Saal 6–10

Die Sammlung griechischer Kunst der archaischen, klassischen und hellenistischen Zeit (7.–1. Jh. v. Chr.), die größtenteils mit Unterstützung der deutschen Altertumsforscher W. Helbig und P. Arndt zusammengetragen wurde, gilt als eine der vorzüglichsten diesseits der Alpen. Höhepunkte sind der 'Rayet-Kopf' (6. Jh. v. Chr.) in Saal 6 und die römischen Kopien griechischer Porträts der hellenistischen Ära in Saal 10.

Die römischen Porträts stammen aus der Zeit der Spätrepublik bis zum Kaiserreich.

Ägyptische Grabzeichnung (um 480 v. Chr.)

Paul Gauguins "Mädchen aus Tahiti" (1891)

Römisches Reich
Saal 11–18

Die römischen Porträts, darunter Büsten von Pompejus, Augustus, Caligula und Livia (Saal 12), stammen aus der Periode von der Spätrepublik bis zur Teilung des Kaiserreiches (1. Jh. v. Chr.–5. Jh. n. Chr.). Idealisierte Köpfe, göttliche Herrscherporträts oder fast unbarmherzig realistische Bildnisse, fast alle wurden sie von griechischen Bildhauern in führenden römischen Werkstätten ausgeführt. Im Festsaal (Saal 18), der für Konzerte und Vorträge genutzt wird, sind neben stattlichen Porträtstatuen auch Sarkophage aus der römischen Kaiserzeit zu bewundern (s. S. 168).

Etrurien
Saal 19–21

Der größte Teil der etruskischen Sammlung kam bereits zu Zeiten von Carl Jakobsen in die Glyptothek. Die Aschenurnen, Vasen, Stein- und Terrakottafiguren des 8.–2. Jh.s v. Chr. lassen griechische Vorbilder erkennen. Besonderes Augenmerk gilt einem Grabstein (Cippus) aus Chiusi mit kunstvollem Reliefschmuck, der ein Begräbnisritual darstellt (6. Jh. v. Chr.).

Süditalien, Sizilien
Saal 22, 23

Daß die griechischen Kolonien in Süditalien und Sizilien eine wichtige Vermittlerrolle für den Kunstexport nach Etrurien spielten, zeigen die hier ausgestellten Funde.

Palmyra
Saal 24, 25

Die Grabporträts aus der Blütezeit der Oasenstadt Palmyra (1.–3. Jh. n. Chr.) gelten als die umfangreichste Sammlung außerhalb Syriens.

Zypern
Saal 25a

Die Vasen, Stein- und Tonfiguren aus Zypern wurden hauptsächlich zwischen dem 7. und 4. Jh. v. Chr. gefertigt.

Dänische Malerei
Saal 26–28

Das 'Goldene Zeitalter' Dänemarks zwischen 1800 und 1850 ist mit Gemälden von C. W. Eckersberg ("Doppelporträt von Preben Bille-Brahe und Johanne Caroline Wilhelmine f. Falbe", 1817), Jens Juel ("Mutter und Sohn", 1800), Købke, Constantin Hansen, Lundbye und Skovgaard vertreten, ergänzt durch einige Skulpturen des Thorvaldsen-Schülers H.W. Bissen.

Dänische Skulptur
Saal 29, 30, 48, 49, 52, 53

Die Glyptothek ist das Hauptmuseum für dänische Skulptur nach Bertel Thorvaldsen (⟶ Berühmte Persönlichkeiten), dessen klassizistische Linie von seinen Schülern H. W. Bissen und J. A. Jerichau fortgesetzt wurde (Saal 28, 29, 43–45, 48). Stärker naturalistisch zeigt sich die nächste Künstlergeneration mit Såbye, Stein und V. Bissen, während Kai Nielsen (Saal 30) und Gerhard Henning (Saal 47, 47A) den Aufbruch ins 20. Jahrhundert markieren.

Französische Skulptur
Saal 33–38, 43, 44

Ein Teil der französischen Skulpturen wie Degas Bronzefiguren ist im Neubau ausgestellt (s. dort). Die übrigen Werke stehen im Dahlerup-Gebäude: eine in ihrer Vollständigkeit nur in Frankreich selbst wiederzufindende Sammlung mit dem Werk des Bildhauers Auguste Rodin (Saal 33, 34), gefolgt von einer erstklassigen Sammlung der sog. Salonskulpturen, vertreten durch Carpeaux, Dubois und Barrias.

Ikonen
Saal 38A

Eine Sammlung griechischer und russischer Ikonen des 17.–19. Jh.s sind in Saal 38A zu bewundern.

Offenes Magazin
Saal 54

Im offenen Magazin findet man Gemälde und Skulpturen sowohl dänischer wie ausländischer Meister des 19. und 20. Jahrhunderts.

Neubau, Französische Malerei
Saal 56–66

Eine lichte Glasarkade führt vom Wintergarten in das neue Gebäude für die französische Malerei des 19. Jahrhunderts. Das Erdgeschoß (Saal 56–60) ist den Vorläufern der Impressionisten gewidmet wie Géri-

Bronzeballerina von Degas

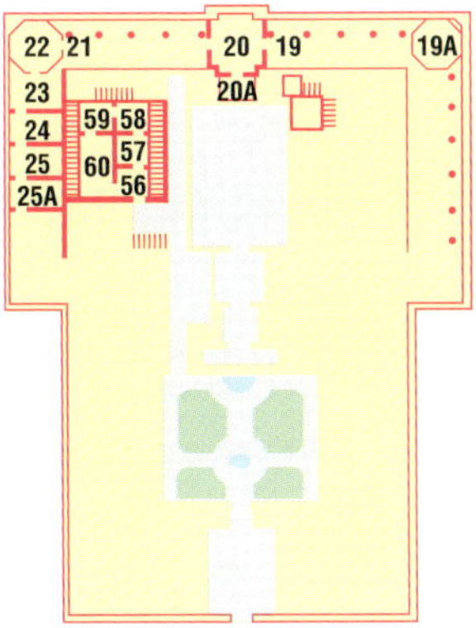

©Baedeker

Ny-Carlsberg-Glyptothek

Schwerpunkte des Museums sind Skulpturen der vergangenen 3500 Jahre, französische Malerei des 19.Jh.s und Gegenwartskunst.

Saal 19-21: Etruskische Sammlung
Die meisten Gegenstände stammen aus dem Bereich der Grabkunst, u.a. Urnen, Sarkophage, Vasen und Bronzen.

Saal 22 und 23: Süditalien, Sizilien

Saal 24 und 25: Kunst aus Palmyra/Syr.

Saal 25 A: Zypriotische Sammlung

Saal 56-60: Französische Malerei
Vorläufer der Impressionisten, u.a. Courbet, Corot und Manet.

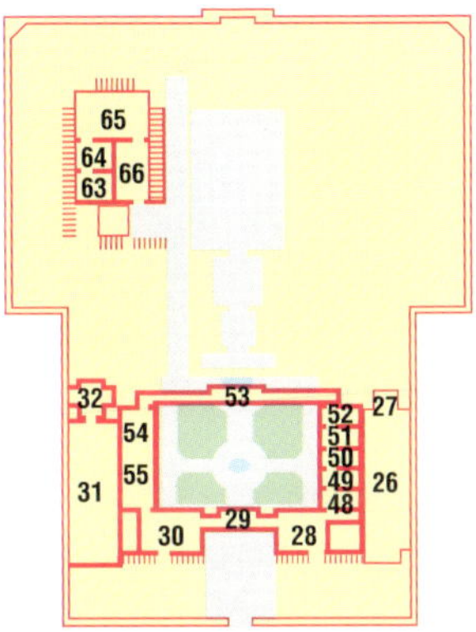

Saal 26-28: Dänische Malerei
Insbesondere Werke des 19. Jh.s, des 'Goldenen Zeitalters' (1800 bis 1850): Eckersberg, Lundbye, Købke u.a.

Saal 29 und 30, 48 und 49, 52 und 53: Dänische Skulptur
Die Glyptothek ist das Hauptmuseum für dänische Skulptur nach Thorvaldson; vertreten sind Såbye, Stein, V. Bissen, Kai Nielsen und Gerhard Henning.

Saal 54: 'Das offene Magazin'
Gemälde und Skulpturen dänischer und ausländischer Künstler des 19. und 20. Jahrhunderts.

Saal 63-66: Französische Malerei
Die Postimpressionisten; 35 Werke von Paul Gauguin, ferner Arbeiten von Van Gogh, Toulouse-Lautrec, Signac und Bonnard.

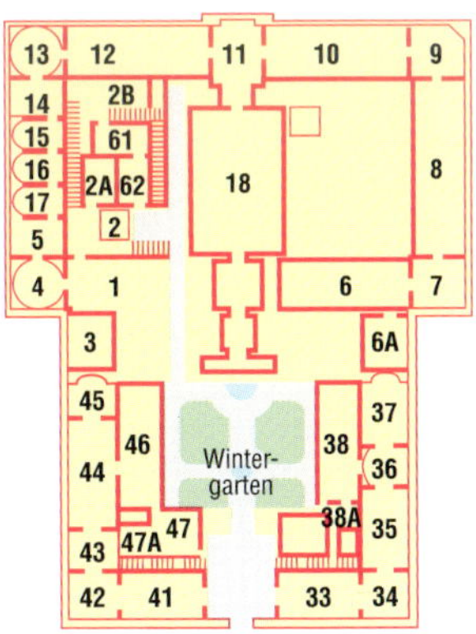

Saal 1-4: Ägyptische Kunst
Grabkunst: Götter, Tiere, Menschen.

Saal 5: Altorientalische Kunst
Assyrische, persische Skulptur u.a.

Saal 6-10: Griechische Kunst
Vasen, Bronzen, Skulpturen.

Saal 11-18: Porträts
Griechisch-römische Porträtkunst.

Saal 33-38, 43-45 und 47: Französische und dänische Skulptur
Ein Teil der französischen Skulptur ist im alten Gebäude ausgestellt, u.a. die Rodin-Sammlung.

Saal 38 A: Ikonen

Saal 61 und 62: Französische Malerei
Impressionisten; Monet, Degas u.a.

Ny Carlsber[illegible] Glyptotek, Französisch[illegible] Malerei, Saal 56–66 (Fortsetzung[illegible]

[illegible] und Delacroix, vor allem aber den 'Barbizon-Malern' Camille Corot [illegible]k auf Grand Trianon", 1866), Gustave Courbet ("Drei englische Mäd[illegible]", 1865) und Edouard Manet ("Erschießung Kaiser Maximillians I. von [illegible]ko", 1867), die sich vom französischen Klassizismus losgesagt hat[illegible]n ersten Stock (Saal 61, 62) sind alle führenden Impressionisten ver[illegible]: Monet, Sisley, Pissarro, Renoir und Degas. Dank einer großzügigen [illegible]kung des Gründersohns Helge Jacobsen aus dem Jahre 1927 besitzt das Museum eine erstklassige Sammlung von Paul Gauguin, die im Obergeschoß (Saal 63–66) zu sehen ist. Unter den 35 Arbeiten des Künstlers sind das Bild "Mädchen aus Tahiti" (1891) und 12 Keramikarbeiten Gauguins, letztere eine Schenkung des Ny Carlsbergfond zur Neueröffnung 1996. Zu den ausgestellten Postimpressionisten zählen auch Van Gogh ("Landschaft bei St. Rémy", 1889), Cézanne, Toulouse-Lautrec, Signac, Bonnard, Vuillard und Maillol. Zudem sind hier alle Bronzen von Degas ausgestellt, darunter die bezaubernde Figur der kleinen Tänzerin im echten Tüllkostüm (Abb. S. 100).

Wer's 'hyggelig' mag: ein gemütlicher Sommernachmittag am Nyhavn mit Blick auf betagte Dreimaster und museale Feuerschiffe.

**Nyhavn (Neuer Hafen) H/J 8

Lage
beim Kongens Nytorv

Buslinien
1, 6, 7, 9. 10, 28, 29, 31, 41

König Christian V. erteilte anno 1671 den Auftrag, als Verbindung zwischen Kopenhagens Hafen und dem ⟶ Kongens Nytorv einen Stichkanal anzulegen: den 1673 eingeweihten Nyhavn. Seine gleichnamige Hafenpromenade ist heute auf der Nordseite Fußgängerzone und einer der belebtesten Plätze der Stadt. An warmen Sommertagen ist die Atmosphäre besonders 'hyggelig', wie die Dänen sagen, also überaus gemütlich, mit dem ureigenen Charme, den alte Häfen nun mal ausüben.

Nyhavn, wo Dänemarks großer Märchenerzähler Christian Andersen (s. Baedeker Special, S. 23) einst die Häuser Nr. 18, 20 und 67 bewohnte, galt früher als eine Art Gegenstück zur Hamburger Reeperbahn. Die ehemals

Nyhavn (Fortsetzung)

'sündige' Seite – mit ungeraden Hausnummern – ist jedoch längst bürgerlich geworden, und in den hell gestrichenen alten Giebelhäusern am Kai überwiegen heute schicke Restaurants mit leckeren Spezialitäten. Sie bieten dem Besucher ebenso das traditionelle 'Kolde Bord' wie vorzügliche Fischgerichte und ausländische Köstlichkeiten. Am Nyhavn treffen sich die Kopenhagener an den Sommerabenden auch gerne 'nur auf ein Glas Bier', mit dem man sich ganz ungezwungen am Kaiufer niederlassen kann, um den romantischen Anblick der alten Segelschiffe zu genießen, die sich im Wasser widerspiegeln.
Ältestes Gebäude am Nyhavn ist das Haus Nr. 9. Es stammt aus dem Jahre 1681 und vermittelt eine Vorstellung von der Bebauung vor dem Großbrand von 1728. Zu den Kuriositäten unter den kleinen Geschäften, die sich hier ebenfalls angesiedelt haben, gehört im Keller des Hauses Nr. 17 das Tätowierstudio von Ole, dem 'König der Tätowierer'. Am Ende des Hafenbeckens erinnert ein großer Anker an die im Zweiten Weltkrieg umgekommenen dänischen Seeleute.

Museumshafen

Nyhavn ist Liegeplatz für die Museumsschiffe des ⟶ Nationalmuseet und anderer liebevoll restaurierter Schiffe. So liegt auch die anno 1885 vom Stapel gelaufene Fyrskib XVII hier vor Anker, die einst als Feuerschiff 'Gedser-Riff' ihren Dienst tat.

Hafen- und Kanalrundfahrten

Vom Nyhavn aus kann man an einer Hafen- und Kanalrundfahrt zur Kleinen Meerjungfrau (⟶ Den lille Havfrue) und nach ⟶ Christianshavn teilnehmen (⟶ Praktische Informationen, Schiffsausflüge).

Orlogsmuseet

⟶ Christianshavn

Reformert Kirke (Reformierte Kirche) G/H 8

Lage
Gothersgade 111

Buslinien
7, 17, 43

Nachdem die deutschen, französischen und holländischen Calvinisten im Jahre 1685 das Recht auf freie Religionsausübung erhalten hatten, wurde 1688 mit dem Bau der deutsch-französischen Reformierten Kirche begonnen, die bereits ein Jahr später fertiggestellt werden konnte. Architekt des rechteckigen, aus rotem holländischem Backstein errichteten Barockbaus war der Steinmetz Henrik Brockham. Durch die Brände von 1728 und 1731 erlitt die Kirche schwere Schäden, wurde aber hernach in gleicher Form restauriert.
Im Kircheninnern verdienen die wunderschön geschnitzte Kanzel von Friedrich Ehbisch, die Emporen und der Kirchenstuhl für den herrschenden Monarchen besondere Beachtung. Typisch für reformierte Sakralbauten sind die Anordnung von Altar und Kanzel an derselben Seite und das Fehlen figürlicher Ausschmückungen.

Regensen (Collegium Regium; Studentenkolleguim) G/H 8

Lage
Store Kannikestræde 2

Buslinien
5, 7, 14, 16, 17, 24, 43, 84

Um mittellosen Studenten zu helfen, stiftete Frederik II. anno 1569 eine Gesellschaft, die 100 Stipendiaten Freiplätze bot. Das Studentenkollegium Regensen wurde indessen erst unter Christian IV. (⟶ Berühmte Persönlichkeiten) zwischen 1623 und 1628 aus rotem Backstein errichtet. An den königlichen Erbauer erinnert eine Tafel an der Front zur ⟶ Købmagergade. Offiziell erhielt das Wohnheim, das in 48 Zimmern knapp 100 Studierende aufnehmen konnte, 1628 den Namen Collegium Regium, aber schon ein Jahr später hatte sich die Bezeichnung Regensen durchgesetzt.

Regensen (Fortsetzung)

Den Groß … 28 überstand nur der Flügel an der Store Kannikestræde … urden 1731 neu errichtet. Weitere An- und Umbauten folgte … und Anfang des 20. Jahrhunderts.

Im Hof de … s Studentenwohnheim eingerichteten Kollegiums steht ein … ziger Jahren gepflanzte Linde. Sie ersetzte die berühmte … enprobst A. C. Hviid am 12. Mai 1785 gepflanzte Linde, deren 'Geburtstag' noch immer alljährlich gefeiert wird.

**Rosenborg Slot (Schloß Rosenborg) H 7

Lage
Øster Voldgade 4 A

S-Bahn-Station
Nørreport

Buslinien
5, 7, 10, 14, 16, 17, 24, 43, 84

Wie ein Bilderbuchschloß aus Andersens Märchenwelt erscheint das verspielte Renaissanceschloß Rosenborg inmitten seiner herrlichen Parkanlage, die von Besuchern auch gern zum Sonnenbad genutzt wird. Die königlichen Sammlungen des Lustschlößchens sind seit 1833 für die Öffentlichkeit zugänglich. Erbaut wurde das Schloß unter Christian IV. (→ Berühmte Persönlichkeiten), der 1606–1607 zunächst den südlichen Teil anlegen ließ, 1613–1617 aber bereits eine erhebliche Vergrößerung mit dem quadratischen Turm im Westen durch Bertel Lange in Auftrag gab. Anno 1633 wurde, vermutlich von Hans van Steenwinckel d.J., der acht-

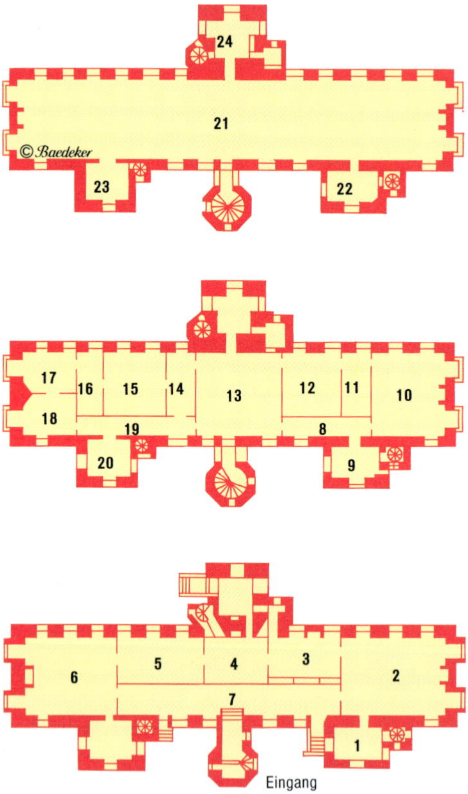

Schloß Rosenborg

ZWEITER STOCK

21 Langer Saal
22 Glaskabinett
23 Porzellankabinett
24 Regalienkammer (derzeit geschlossen)

ERSTER STOCK

8 Korridor Frederiks IV.
9 Lackkabinett von Prinzessin Sophie Hedvig
10 Gemach Frederiks IV.
11 Kabinett Frederiks IV.
12 Gemach Christians VI.
13 Vorzimmer „Die Rose", Spiegelkabinett
14 Kabinett Frederiks V.
15 Gemach Christians VII.
16 Gemach Frederiks VI.
17 Gemach Christians VIII.
18 Gemach Frederiks VII.
19 Korridor von Christian VII. und Frederik VI.
20 Bronzezimmer

ERDGESCHOSS

1 Schreibzimmer Christians IV.
2 Winterstube Christians IV.
3 Schlafzimmer Christians IV.
4 Dunkles Zimmer
5 Marmorzimmer Frederiks III.
6 Königsgemach Christians V.
7 Steinpassage

Bilderbuchschloß inmitten herrlicher Parkanlagen: Rosenborg Slot

Baugeschichte (Fortsetzung)

kantige Treppenturm vor der Ostfassade angefügt. Das im Stil der niederländischen Renaissance errichtete Lustschloß diente bis Mitte des 18. Jh.s als Frühjahrs- und Herbstresidenz dänischer Könige.

Öffnungszeiten

Mai – Sept. tgl. 10.00 – 16.00 Uhr; Okt. tgl. 11.00 – 15.00 Uhr; Nov., Dez. tgl. 11.00 – 14.00 Uhr; Jan. – April Di. – So. 11.00 – 14.00 Uhr.

Besichtigung

Rosenborg Slot zeigt heute in 24 Räumen eine Fülle von Kunstobjekten, die mit dem Königshaus verbunden sind. Dazu gehört die anmutige Original-Möblierung, die dem Schloß fast anheimelnden Charakter verleiht. Kunstvolle Paneele und Deckengemälde schmücken die Schreibstube Christians IV., in der Seine Majestät an einem 1580 in Augsburg gefertigten, vergoldeten Kabinettschrank seine umfangreiche Korrespondenz zu erledigen pflegte. Die Winterstube Christians IV. besticht durch ihre kostbare Täfelung mit niederländischen Gemälden aus Antwerpen. Das Marmorgemach Frederiks III., ursprünglich Schlafzimmer für die Gattin von Christian IV., wurde in pompösem Barockstil ausgekleidet, das Königsgemach (⟶ Abb. S. 106) zieren niederländische Gobelins von M. Wauters und die Paradeporträts von König Christian V. und Königin Charlotte Amalie – beide ausgeführt von J. D'Agar. Für Sophie Amalie, die Gemahlin Frederiks III., wurde 1663 – 1665 das Lackkabinett mit kostbaren Chinoiserien, Türkisen und Perlmutt dekoriert, rund dreißig Jahre später erhielt der Saal Frederiks IV. seine Gobelins aus Audenarde. Aus der Zeit Frederiks V. stammen Gemälde und Mobiliar im Vorgemach 'Die Rose', während das Spiegelkabinett um 1700 für Frederik IV. nach dem Vorbild von Versailles eingerichtet wurde. Besonderes Augenmerk gilt ferner dem 1743 – 1756 von L. Spengler ausgeführten 24-armigen Kronleuchter aus Bernstein und dem 1803 von der Königlichen Porzellanmanufaktur für 100 Personen gelieferten Service Flora Danica, dessen Blumendekoration nach einer Vorlage von G. C. Oeders entstand (s. hierzu S. 18). Das Glaskabinett ließ Frederik IV. nach seiner Europareise 1714 mit venezianischen Glasarbei-

Paradeporträts und kostbare Stilmöbel zieren das noble Königsgemach.

Besichtigung (Fortsetzung)

ten ausstaffieren. Die meisten Silbermöbel befinden sich im Rittersaal, der als letzter Raum anno 1624 vollendet wurde. Seit 1999 hängen hier wieder die berühmten Rosenborg-Tapeten, die längere Zeit den Rittersaal von → Christiansborg Slot geschmückt haben. Die Anfang des 18. Jh.s unter Frederik IV. angebrachte Stuckdecke zeigt das Reichswappen, flankiert von Elefanten- und Dannebrogorden.

****Schatzkammer**

Öffnungszeiten: Jan.–April, 22. Okt.–14. Dez.: Di.–So. 11.00–15.00; Mai, Sept. bis 21. Okt.: tgl. 11.00–15.00; Juni–Aug. tgl. 10.00–16.00

In den Kellergewölben wird seit 1975 die gut gesicherte Schatzkammer zur Schau gestellt. Hier befinden sich seit Ende des 17. Jh.s die Reichsinsignien und die von Poul Kurtz in Kopenhagen gefertigte Goldkrone der absolutistischen Herrscher mit Diamanten, Saphiren und Rubinen. Sie zierte 170 Jahre lang die dänischen Königshäupter und wird bis heute jedem aufgebahrten Monarchen auf den Sarkophag gelegt. Ferner ist die 1595/1596 vom Goldschmied Dirk Fyring in Odense ausgeführte Krone Christians IV. zu bewundern sowie verschiedene Kronjuwelen, ein emailledekoriertes silbernes Trinkhorn (1465) und die Ordenszeichen des 1348 von Edward III. auf Schloß Windsor gegründeten Hosenbandordens mit dem berühmten Motto 'Honi soit qui mal y pense' ('Ein Schelm, wer Arges dabei denkt'). Weiterhin sind zu sehen ein mit Gold, Juwelen und Perlen besticktes Sat-

Schatzkammer Schloß Rosenborg

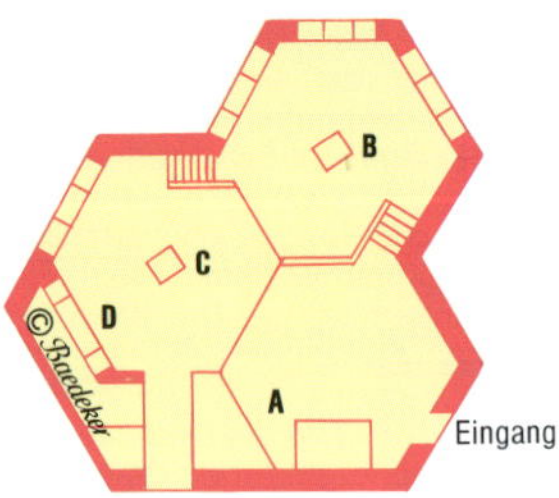

A Sattelzeug Christians IV.

B Königskrone Christians IV.

C Königskrone von Christian V. bis zu Christian VII.

D Kronjuwelen und Reichsinsignien

Rosenborg Slot, Schatzkammer (Fortsetzung)

telzeug Christians IV. und die 1648 zur Krönung Frederiks III. ausgeführten Reichsinsignien. Das Zepter steht als Symbol für Autorität und Rechtsmacht, der mit dem Kreuz versehene Apfel als Sinnbild der Erdkugel, deren Kirche den gesalbten Herrscher zum Oberhaupt hat.

***Kongens Have**

Der schöne Schloßpark, Kongens Have oder auch Rosenborg Have genannt, wurde 1606 unter Christian IV. angelegt und ist damit der älteste Park Kopenhagens. Mehrere Statuen zieren die Parkanlage, darunter eine von Hans Christian Andersen (⟶ Berühmte Persönlichkeiten).

Livgårdens historiske Samling

Im Park befindet sich auch die Kaserne der königlichen Leibgarde, und von hier rückt die neue Wache kurz vor 11.30 Uhr zur Wachablösung bei ⟶ Amalienborg Slot aus. In der 200 Jahre alten Kaserne (Gothersgade 100) dokumentieren Uniformen, Waffen und Gemälde die Geschichte der Leibgarde von 1658 bis heute (geöffnet: Mai–Sept.: Di., So. 11.00–15.00 Uhr, Okt.–April: So. 11.00–15.00 Uhr).

Roskilde

Lage
30 km westlich von Kopenhagen

Bahnstation
Roskilde

Der Sage nach wurde Roskilde von König Ro gegründet, historisch belegt sind die Anfänge der Stadt jedoch in der Wikingerzeit – die 1000-Jahr-Feier wurde 1998 festlich begangen. Roskilde liegt am gleichnamigen Fjord, der hier tief in die Insel Seeland einschneidet. Um 1020 wurde die Stadt Sitz der seeländischen Bischöfe und entwickelte sich rasch zu einem Zentrum der königlichen Macht. Mitunter war sie sogar Residenzstadt der dänischen Königsfamilie. Heute ist Roskilde Seelands größte Provinzstadt und Sitz einer Universität. Junge Musiktalente von heute und morgen präsentiert alljährlich im Sommer das berühmte Rockfestival der Stadt.

**Roskilde Domkirke (Dom)

Lage
Stadtzentrum

Öffnungszeiten
April–Sept.:
Mo.–Sa.
9.00–16.45,
So. 12.30–16.45;
Okt.–März:
Di.–Sa.
10.00–15.45,
So. 12.30–15.45

Der St.-Lukas-Dom von Roskilde gehört zu den Nationaldenkmälern Dänemarks und steht auf der UNESCO-Liste des Weltkulturerbes. Leicht erhöht blickt die mächtige Backsteinkathedrale über den Fjord. In seinen Grundzügen stammt der Sakralbau aus der Zeit Bischof Absalons (⟶ Berühmte Persönlichkeiten). Anno 1170 wurde mit dem Bau im romanischen Stil begonnen, und zwar an jener Stelle, wo schon unter Harald Blauzahn um das Jahr 1020 eine Holzkirche gestanden hatte. Ab 1170 folgte eine Erweiterung im Stil der nordfranzösischen Gotik. In den später ergänzten Kapellen und Vorhallen zeigen sich die jeweils vorherrschenden Architekturrichtungen der dänischen Baukunst. Die beiden Westtürme wurden im 14. Jh. angefügt, ihre schlanken, mit Kupfer verkleideten Helme stammen aus den Jahren 1635 und 1636. Das Königsportal zwischen den beiden Westtürmen wird nur bei fürstlichen Begräbnissen geöffnet, Besucher betreten die 85 m lange und im Innern 24 m hohe dreischiffige Basilika durch den Nebeneingang an der Südseite.

Seit Anfang des 15. Jh.s dient der Dom als letzte Ruhestätte der dänischen Monarchen. So sind die Alabaster- und Marmorgrabmäler von 38 dänischen Königinnen und Königen – von Margarete I. († 1412) bis zu Frederik IX. († 1972) – ein Hauptanziehungspunkt der Kirche. Der Sarg Frederiks IX., der auch zuerst in einer der Grabkapellen stand, erhielt 1985 eine eigene Grabstätte außerhalb des Doms – ein Oktogon aus Handstrichziegeln. Im Inneren des Doms verdient das wunderschön geschnitzte Chorgestühl aus der Mitte des 15. Jh.s besondere Beachtung. Über den Stühlen erzählen Holzreliefs aus dem Alten (Südseite) und Neuen Testament (Nordseite). Interessant ist die Andeutung der Himmelfahrt: Christus hat am Boden Fußabdrücke hinterlassen – seine Füße sind am oberen Bildrand zu sehen. Der vergoldete Flügelaltar aus dem 16. Jh., der Leben und Leiden Christi zum Thema hat, ist eine Arbeit aus Antwerpen, die ursprünglich für die Schloßkirche von ⟶ Frederiksborg Slot vorgesehen war.

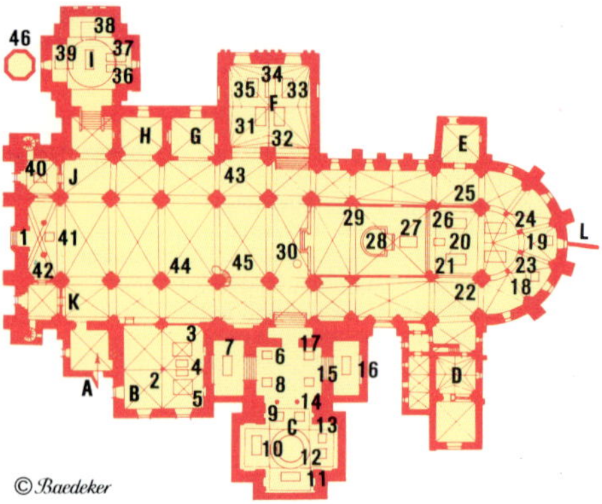

Dom von Roskilde

- A Eingang
- B Kapelle Christians I. (Dreikönigskapelle)
- C Kapelle Frederiks V.
- D Kapitelhaus
- E Oluf-Mortensen-Vorhalle
- F Kapelle Christians IV.
- G St.-Andreas-Kapelle
- H St.-Birgitte-Kapelle
- I Kapelle Christians IX.
- J Nördliche Turmkapelle
- K Südliche Turmkapelle
- L Absalonsbogen

1 Hauptportal
2 Königssäule
3 Grabmal für Christian III. und Königin Dorothea
4 Gräber für Christian I. und Königin Dorothea
5 Grabmal für Frederik II. und Königin Sophie
6 Sarg für Caroline Amalie
7 Sarkophag für Sophie Magdalene
8 Sarg für Christian VIII.
9 Sarg für Marie Sophie Frederikke
10 Sarkophag für Königin Louise
11 Sarkophag für Frederik V.
12 Sarg für Juliane Marie
13 Sarg für Christian VII.
14 Sarg für Frederik VI.
15 Sarg für Louise Charlotte
16 Sarkophag für Christian VI.
17 Sarg für Frederik VII.
18 Helhestens Sten
19 Grabstein für Bischof Peder Jensen Lodehat
20 Grabmal für Herzog Christopher
21 Sarkophag für Frederik IV.
22 Pfeiler mit Gebeinen von Svend Estridsen
23 Sarkophag für Christian V.
24 Sarkophag für Charlotte Amalie
25 Pfeiler mit Gebeinen von Estrid (Schwester Knuds d. Gr.)
26 Sarkophag für Königin Louise
27 Sarkophag für Königin Margrethe
28 Hochaltar
29 Chorgestühl von 1420
30 Taufstein
31 Sarkophag für Frederik III.
32 Sarkophag für Sophie Amalie
33 Sarg für Anne Cathrine
34 Sarg für Christian IV.
35 Sarg für Prinz Christian
36 Sarkophag für Königin Alexandrine
37 Sarkophag für Christian X.
38 Doppelsarkophag für Christian IX. und Königin Louise
39 Doppelsarkophag für Frederik VIII. und Königin Louise
40 Sarkophag für Anne Sophie Reventlow
41 Kirsten Kimer, Per Døver und St. Jørgen
42 Rüstung von Vincentz Hahn
43 Königsempore
44 Orgel (1554–1654)
45 Kanzel (17. Jh.)
46 Grab für Frederik IX.

Roskilde, Domkirche (Fortsetzung)

Barockorgel

An der Nordwand sieht man die Königsempore und den reichverzierten 'Stuhl Christians IV.' aus der Renaissance. Gegenüber befindet sich die berühmte Barockorgel aus dem 16. Jh., die 1988–1991 umfassend restauriert wurde. Ein Ohrenschmaus der Sommermonate: die Orgelkonzerte internationaler Solisten jeden Donnerstag um 20.00 Uhr. Beachtung verdienen im Mittelschiff auch das bronzene Taufbecken (1602) und die 1609 aufgestellte Sandsteinkanzel mit Alabaster- und Marmordekor. Im Rittersaal über der Kapelle der Heiligen Drei Könige erfährt der Besucher Einzelheiten zur Kirchengeschichte.

Grabstätten der Könige

Die Königsgräber bieten einen einzigartigen Vergleich der Grabmalkunst vom frühen 15. bis ins 20. Jahrhundert. Als wertvollstes Stück gilt die Liegefigur Königin Margarethes I. hinter dem Hochaltar, eine gotische Alabasterarbeit des Lübecker Künstlers Johannes Junge von 1414. Die Grabkapelle Christians IV. schmückt ein mächtiges Spitzbogengewölbe, Wandmalereien von Wilhelm Marstrand und eine Bronzestatue des Königs von Bertel Thorvaldsen. Ebenfalls an der Nordseite befinden sich die Kapellen von Christian IX., der hl. Brigitte und des hl. Andreas. An der Südseite liegt die rein klassizistische Kapelle für Frederik V. mit Kuppel und hochsitzenden Fenstern, die dem Bau ein starkes Licht verleihen. Außerdem findet man auf dieser Seite die Dreikönigskapelle, deren Rippengewölbe von einer Granitsäule getragen wird. Auf der Säule ist die Größe verschiedener Könige abzulesen – als Größter hat sich Christian I. mit etwa 2,10 m eingetragen, sein Skelett mißt allerdings nur knapp 1,90 m.

Die Domkirche von Roskilde gehört zu den Nationaldenkmälern Dänemarks.

**Vikingeskibsmuseet

Neben dem Wikingerschiffsmuseum von Oslo vermittelt die Schiffshalle von Roskilde den besten Überblick über den Schiffbau der Wikinger. Das Museum ist seit 1969 im Aufbau, 1991 wurde die permanente Schiffsausstellung über die Wikingerzeit fertiggestellt, Mitte 1997 kamen ein neuer Museumshafen und eine Insel hinzu. Bei der Vertiefung des Hafenbeckens stieß man auf Wrackteile von sieben mittelalterlichen Fahrzeugen, die in den kommenden Jahren untersucht und konserviert werden soll.
In der Halle befinden sich fünf 1962 gehobene und anschließend restaurierte Wikingerschiffe aus der Zeit zwischen 1000 und 1050, die mit Steinen beschwert im Roskildefjord als Sperre einer Fahrrinne versenkt worden waren, um den Verkehr auf dem Fjord zu kontrollieren und Roskilde vor feindlichen Angriffen von der Seeseite zu schützen. Jedes der fünf Schiffe erzählt auf andere Weise von ausgedehnten Handelsreisen und wilden Beutezügen und dem Leben der Fischer. Im einzelnen handelt es sich um ein 16,5 m langes Handelsschiff mit einer Nutzlast von 20 t, ein 28 m langes Kriegsschiff, das in zwei Teilen geborgen wurde, ein 13,3 m langes Handelsschiff , das 5 t fassen konnte, ein 18 m langes Kriegsschiff und ein Fischerboot von 12 m Länge. Außerdem beschäftigt sich die Ausstellung mit der historischen Entwicklung zur Wikingerzeit und informiert in einem Film über die Bergung und Konservierung der Schiffe sowie den Bau der Repliken 'Helge Ask' und 'Roar Ege'. Kopien von Wikingerschmuck kann man im Museumskiosk erwerben.
Auf der Bootswerft entstand mit Werkzeug und Methoden wie zu Zeiten der Wikinger eine Replik des kleinen Schiffes 'Skuldelev 1', das im Sommer 2000 vom Stapel lief. In den Werkstätten gegenüber kann man selbst die Kunst der Seilerei und Segelmacherei erproben und den Durst löschen. Wie die 1997 gehobenen Wrackteile auf Teer- und Farbspuren untersucht, beschrieben und datiert werden, können Besucher in der archäologischen Werkstatt beobachten.

Lage
Vindeboder 12

Bahnstation
Roskilde

Buslinie
in Roskilde 123

Öffnungszeiten
Mai–Sept.: tgl. 9.00–17.00;
Okt.–April: tgl. 10.00–16.00

Tel. 46300200, www. mac-roskilde.dk

Roskilde, Vikingeskibshallen (Fortsetzung)

Im neuen Hafen liegen alte nordische Schiffe vor Anker, darunter ein schmuckes Rahsegelboot. In den Sommermonaten werden täglich einstündige Segeltörns angeboten – ein unvergeßliches Erlebnis für Besucher (Auskunft: Tel. 46300200, Fax 46322115).

*Rundetårn (Runder Turm) H 8

Lage
Købmagergade

Buslinien
5, 7, 14, 16, 17, 24, 43, 84

Auch der aussichtsreiche Runde Turm – von der S-Bahn-Station Nørreport über die ⟶ Købmagergade erreichbar – gehört zu den Bauten, die der kunstsinnige Monarch Christian IV. (⟶ Berühmte Persönlichkeiten) in Auftrag gab. Der König ließ den Turm 1642 als Observatorium errichten. Mit einer Höhe von 35 m gehört er zu den markantesten Bauwerken im Stadtbild (geöffnet: Juni–Aug.: Mo.–Sa. 10.00–20.00, So. 12.00–20.00 Uhr; sonst Mo.–Sa. 10.00–17.00, So. 10.00–16.00 Uhr, Okt.–März zusätzlich Di., Mi. 19.00–22.00 Uhr).

Tumbesichtigung

Der Turmaufstieg erfolgt nicht über eine Treppe, sondern über einen 209 m langen Wendelgang, der den Transport der schweren astronomischen Geräte erleichtern sollte, die heute in einer Sondersammlung zu sehen sind. Man erzählt, daß Zar Peter der Große bei seinem Besuch in Kopenhagen anno 1716 den Runden Turm hinaufgeritten sei, von seiner Frau in einer vierspännigen Kutsche begleitet – bei den Ausmaßen allerdings kaum vorstellbar. Im Jahre 1902 fuhr das erste Auto hinauf, und heute finden alljährlich Einradrennen im Turm statt.
Oben angekommen, erblickt man eine 1928 installierte 'Planetmaschine', die, vor dem Hintergrund des nördlichen Sternenhimmels, die Sonne und sechs sie umkreisende Planeten zeigt. Die oberste, 1643 von Kunstschmied Caspar Fincke mit einem eleganten Eisengitter versehene Plattform bietet einen herrlichen Rundblick über die Kopenhagener Altstadt.

Trinitatis Kirke

Der Turm ist Teil der 1637 nach Entwürfen von Hans van Steenwinckel d. J. begonnenen Trinitatiskirche (Dreifaltigkeitskirche), die am 1. Juni 1656 vom Bischof von Seeland, in Anwesenheit Frederiks III. geweiht wurde. Der Sakralbau sollte sowohl als Universitätskirche wie auch als Universitätsbibliothek (Dachboden) und mit dem Runden Turm als Observatorium dienen. Die kostbare Handschriftensammlung der Bibliothek fiel dem Brand von 1728 zum Opfer, 1862 wurde das Observatorium auf den Østervold und die Bibliothek in die Fiolstræde verlegt. Im Inneren der Trinitatiskirche sollte man sich den von Friedrich Ehbisch anno 1731 im Stil des Barock geschaffenen Altar und die ebenfalls von Ehbisch gelieferte kunstvolle Holzkanzel ansehen. Gegenüber der Kanzel fällt der Blick auf die drei Ziffernblätter einer prächtig vergoldeten Rokokouhr aus dem Jahre 1757. Ein 1689 aufgestellter Marmorepitaph an der Nordwand des Chores erinnert an den dänischen Feldmarschall Hans Schack († 1676).

**Rådhus und Rådhuspladsen (Rathaus und Rathausplatz) G 9

Lage
im Südwesten des Zentrums

Buslinien
1, 2, 6, 8, 14, 16, 19, 28, 29, 30, 32, 33, 34, 35, 41, 63, 64, 68

Das von den S-Bahn-Stationen Vesterport und Hauptbahnhof gut erreichbare Rathaus (Abb. S. 112) ist Sitz der Stadtverwaltung. Es ist das fünfte, das die dänische Hauptstadt erhielt. Nach dreizehnjähriger Bauzeit konnte das Gebäude im September 1905 seiner Bestimmung übergeben werden. Als Architekt zeichnete Professor Martin Nyrop (1849–1921) verantwortlich, selbst ein Mitglied der damaligen Stadtverwaltung.
Der gewaltige Komplex bedeckt eine Grundfläche von 7000 m^2 und umschließt dabei in rechteckiger Form einen glasüberdachten Innenhof – die mehrstöckige Rathaushalle – und einen offenen, bepflanzten Hof. Drei Gebäudeflügel sind den Diensträumen der Verwaltung vorbehalten (geöffnet: Mo.–Fr. 10.00–15.00 Uhr; Führungen: Mo.–Fr. 15.00, Sa. 10.00 Uhr).

Rådhus (Fortsetzung)

Flankiert von sechs steinernen Wächtern flattert heute auf dem Dachfirst des Vorderhauses die dänische Flagge. Über einem kleinen Balkon thront die vergoldete Statue des Stadtgründers Bischof Absalon (⟶ Berühmte Persönlichkeiten), ein Werk von C.G.V. Bissen.
Die Führungen beginnen in der weitläufigen, überglasten Rathaushalle, die eine Fläche von 44×24 m und eine Höhe von 9 m aufweist. Ihre oberen Stockwerke sind mit Balkonen und Galerien versehen. Die Halle dient u. a. als Wahllokal bei den Wahlen zur Stadtverordnetenversammlung bzw. zum Folketing, aber auch als Festsaal für Wechselausstellungen und Konzerte. Vier Büsten erinnern hier an berühmte Dänen und Ehrenbürger der Stadt: die erste zeigt den Architekten, die anderen den Bildhauer Bertel Thorvaldsen, den Physiker Niels Bohr und den Dichter Hans Christian Andersen (s. zu allen dreien: ⟶ Berühmte Persönlichkeiten). Am Eichenholzgeländer der Bürgertreppe sind 17 Baluster zu sehen, die einem alten dänischen Kinderreim entsprechend den Architekten und die Handwerker beim Betreten des Rathauses zeigen. Der Sitzungssaal des Magistrats, ein großer Festsaal mit den Wappen dänischer Städte, der Sitzungssaal der Stadtverordneten und eine Bibliothek vervollständigen den städtischen 'Regierungssitz'.

Panorama rundum bietet der Runde Turm

Musiker der Bronzezeit: die Lurenbläser

Jens Olsens Verdensur

Von der Vorhalle aus erreicht man die 1997 restaurierte Weltuhr von Jens Olsen (1872–1945). Fast 27 Jahre baute der geniale Mechaniker an seinem Meisterwerk, das 1955 in Betrieb gesetzt wurde: ein astronomisches Wunderwerk mit Angabe der Weltzeiten und des Sternenlaufs, Sonnenauf- und Untergang sowie der Daten des Gregorianischen und des Julianischen Kalenders (geöffnet: Mo.–Fr. 10.00–16.00, Sa. 10.00–13.00 Uhr; Führungen: Mo.–Fr. 13.00, 15.00, Sa. 10.00 Uhr).

Rathausturm

Mit knapp 106 m Höhe ist der Rathausturm Dänemarks höchster Turm. Für den Aufstieg über 300 Stufen wird man mit dem weitesten Rundblick über Kopenhagen belohnt. Das Glockenspiel im Turm dient übrigens auch als

Städtischer Regierungssitz mit Dänemarks höchstem Turm: das Kopenhagener Rathaus

Rådhus (Fortsetzung)

Zeitzeichen im dänischen Rundfunk (Führungen: Okt.–Mai: Mo.–Sa. 12.00 Uhr; Juni–Sept.: Mo.–Fr. 10.00, 12.00, 14.00, Sa. 12.00 Uhr).

Drachenspringbrunnen

Auf dem monumentalen Rathausplatz zeigt der prächtige Drachenspringbrunnen den Kampf eines Stieres mit einem Drachen. Gefertigt wurde die kunstvolle Bronzeplastik 1923 von Joachim Skovgaard.

Terminal der Verkehrsbetriebe

Wenig Zustimmung hat derweil das 1995 errichtete Terminal der Verkehrsbetriebe gefunden. Die Mehrzahl der Kopenhagener würde das schwarze Bauwerk gern wieder vom Rathausplatz entfernen lassen.

Bronzebecken

Das 1908 von Martin Nyrop entworfene Bronzebecken trägt die Inschrift "Schöne Stadt, du unsre Mutter; freundlich blickst du auf den Sund. Deinen Kindern – großen, kleinen – lieblich lächelt uns dein Mund."

Lurenbläser

Zwischen Rathaus und Palace Hotel erblickt man die beiden bronzenen Lurenbläser des Bildhauers Siegfried Wagner, die 1914 hier aufgestellt wurden (Abb. S. 111). Ihre S-förmig gebogenen Bronzehörner sind 1,70 m bzw. 1,80 m lang. Die Luren waren während der Bronzezeit in Nordeuropa heilige Musikinstrumente. Mehr als 30 ihrer Art wurden in Dänemark gefunden, 18 davon sind heute im → Nationalmuseet zu bewundern.

Andersen-Denkmal

Am Rathausplatz befindet sich auch ein Denkmal des Dichters Hans Christian Andersen (→ Baedeker Special, S. 23).

Saint Alban's Church (Kirche) J 7

Lage
Esplanaden

Die zwischen → Frihedsmuseet und → Gefion Springvandet gelegene anglikanische Saint Alban's Church wurde 1885–1887 nach einem Entwurf des englischen Baumeisters A. W. Blomfield im Stil der englischen Gotik errichtet. Hier finden bis heute englischsprachige Gottesdienste statt. – Im angrenzenden Churchillparken erinnert ein Denkmal an den britischen Staatsmann Sir Winston Churchill (1874–1965).

St Alban's Church (Fortsetzung)

Buslinien
1, 6, 9

Sankt Ansgar Kirke (Kirche) J 7

Die römisch-katholische St.-Ansgar-Kirche neben dem ⟶ Kunstindustrimuseet wurde 1841–1842 im neoromanischen Stil errichtet. Da den Katholiken erst durch die Verfassung von 1849 die Erlaubnis erteilt wurde, zur Messe die Glocken zu läuten, besaß die Kirche ursprünglich keinen Turm. Der jetzige Glockenturm wurde 1943 angefügt. Heute erzählt hier ein Museum über die Geschichte der katholischen Kirche in Dänemark seit 1654 (geöffnet: Di.–So. 12.00–16.00 Uhr).

Lage
Bredgade 64

S-Bahn-Station
Østerport

Buslinien
1, 6, 9

Sankt Jørgens Sø · Peblinge Sø · Sortedams Sø (Seen) F 9–H 6

Drei Seen (Søerne) umschließen halbkreisförmig das Zentrum von Kopenhagen. Die Verbindung zwischen ihren baumbestandenen Uferstraßen stellen vier Brücken her. Im Sommer kann man auf den Seen segeln oder Ruderboot fahren, im Winter sieht man hier Schlittschuhfahrer übers Eis gleiten. Westlich des Seengürtels erstrecken sich – von Süden nach Norden betrachtet – die Stadtteile Vesterbro, Nørrebro und Østerbro.
Südlichster See ist der St. Jørgens Sø, an dessen Südufer das ⟶ Tycho Brahe Planetarium liegt. Vor der Brücke Gyldenløvesgade, die den benachbarten Peblinge Sø abgrenzt, ragen die Türmchen des Restaurants Søpavillonen (Nr. 24) in den Himmel – ein beliebtes Ausflugsziel. Auch am

Lage
Nordwestlich der Innenstadt

Im Stil der englischen Gotik errichtet: die Saint Alban's Church

Sankt Jørgens Sø (Fortsetzung)

nördlichsten See, dem Sørtedams Sø, kann man sich nach einem Spaziergang bei Kaffee und Kuchen ausruhen: im gemütlichen 'Den franske Café'.

Sankt Nikolaj Kirke

→ Nikolaj Plads

Sankt Petri Kirke (Kirche) G 8

Lage
Nørregade/St. Peders Stræde

Buslinien
5

Besichtigung
So. nach dem Gottesdienst

Der anno 1450 geweihte Sakralbau ist die Kirche der deutschen Gemeinde. König Frederik II. übertrug das Gotteshaus bereits 1585 den in Kopenhagen ansässigen Deutschen. Von 1681 bis 1683 nahm Hans van Steenwinckel d. J. einen Umbau vor, bei dem auch der Chor mit einem Barockgiebel versehen wurde. Dem großen Stadtbrand von 1728 fiel der größte Teil des Inventars zum Opfer, drei Jahre später wurde die Kirche von J. C. Krieger wiederaufgebaut. Ihren 78 m hohen, spitzen Kirchturm fügte Boye Junge 1757 hinzu. Während der Beschießung durch die Engländer anno 1807 erlitt die Kirche schwere Schäden, wurde aber später vollständig wieder aufgebaut und 1997/1998 restauriert.
Im Inneren befinden sich sehenswerte Grabkapellen, die u.a. auch Arbeiten des neoklassizistischen Künstlers Johannes Wiedevelt zeigen.

Skala

→ Axeltorv

Stadtmuseum

→ Københavns Bymuseum & Søren Kierkegaard Samlingen

**Statens Museum for Kunst (Staatliches Kunstmuseum · Nationalgalerie) H 7

Lage
Sølvgade 48–50

S-Bahn-Stationen
Nørreport, Østerport

Buslinien
10, 14, 40, 42, 43, 72E, 150S, 184

Öffnungszeiten
Di.–So. 10.00–17.00, Mi. bis 20.00; Mi. Eintritt frei; www.smk.dk

Dänemarks größtes Kunstmuseum zeigt dänische und europäische Meister vom 13. Jh. bis zu Gegenwart. Hier findet man illustre Namen aus dem Goldenen Zeitalter Dänemarks wie Eckersberg und Købke, die Skagen- und Fünen-Maler und zeitgenössische Künstler wie Harald Giersing, Kai Nielsen oder Gerhard Henning. Weitere Schwerpunkte bilden die niederländische Malerei des 17. Jh.s und eine beachtliche Matisse-Sammlung. Hervorgegangen ist der Museumsfundus aus der königlichen Gemälde- und Skulpturensammlung in Christiansborg Slot, die nach dem Brand von 1894 neue Räume benötigte. Die alten europäischen und dänischen Meister findet man im 1889–1896 von Vilhelm Dahlerup und E. V. Møller erbauten Gebäudeteil, der die italienische Renaissance erkennen läßt. Nach Um- und Ausbau zwischen 1996 und 1998 ist das Museum mit knapp 30 000 m^2 fast doppelt so groß geworden. Der von Anna Maria Indrio entworfene neue Flügel bietet großzügige Räumlichkeiten für zeitgenössische Werke, ein Kindermuseum und eine neue Kunstbuchhandlung.

Alte europäische Meister

In der Gemäldesammlung sind europäische Meister des 13.–18. Jh.s zu sehen. Italien ist in erster Linie durch die Venezianer Tizian, Tintoretto, Guardi und Tiepolo vertreten, ergänzt durch Arbeiten von Mantegna, Filippino Lippi, Parmigianino und Barocci. Die niederländische Kollektion reicht von der frühen flämischen Kunst zu Beginn des 15. Jh.s. bis zur Blütezeit der holländischen Schule des 17. Jahrhunderts. Gezeigt werden hier Gemälde von Rubens, Bruegel d. Ä., Hans Memling, Frans Hals, Rembrandt, van de Velde, van Goyen, Ruisdael, Jan Steen, Pieter Lastman und Jacob Jordaens. Die deutsche Sammlung besticht vor allem durch ihre Gemälde von Lucas Cranach d. Ä. – die umfangreichste Werksammlung außerhalb Deutschlands. Unter den französischen Gemälden sind v. a. die Werke von Poussin, Lorrain und Fragonard aus dem 18. Jh. zu nennen.

Alte europäische Meister

Zu den herausragenden dänischen Künstlern des 18. Jh.s zählen Nicolai A. Abildgaard und Jens Juel, das Goldene Zeitalter des frühen 19. Jh.s ist durch den prominenten Dänen C. W. Eckersberg und seine Schüler Christen Købke und Constantin Hansen repräsentiert. Unter den Landschaftsmalern aus der zweiten Hälfte des 19. Jh.s sind vor allem J.T. Lundbye, P.C. Skovgaard und Vilhelm Hammershøi zu nennen. Vertreten sind ferner die Fünen-Maler Peter Hansen, Frits Syberg und Johannes Larsen sowie die Skagen-Maler Michael und Anna Ancher und P.S. Krøyer.

Alte dänische Meister

Als Wegbereiter der modernen dänischen Kunst gelten die Maler Harald Giersing, Edvard Weie und Karl Isakson. Unter den Bildhauern in der ersten Hälfte des 20. Jh.s verdienen vor allem Kai Nielsen, Gerhard Henning und Astrid Noack Beachtung. Zeitgenössische Strömungen zeigen unter anderem die Arbeiten von Egill Jacobsen, Richard Mortensen und Robert Jacobsen. Dank großzügiger Schenkungen besitzt das Museum auch eine beachtliche Sammlung französischer Maler des 20. Jh.s, darunter Werke von Braque, Rouault und Picasso sowie allein 25 Gemälde von Henri Matisse. Die neun Gemälde von Emil Nolde vermachte der Künstler selbst dem Museum.

Moderne Kunst

Das 1835 aus der Königlichen Bibliothek ausgegliederte Kupferstichkabinett der Nationalgalerie umfaßt rund 300000 europäische Zeichnungen und graphische Arbeiten von der Mitte des 16. Jh.s bis heute, darunter

Kupferstichkabinett

Statens Museum for Kunst – Dänische Meister vom Goldenen Zeitalter bis zur Moderne ▶

Statens Museum for Kunst (Forts.), Kindermuseum

ebenso Radierungen und Stiche von A. Dürer wie Arbeiten von Piranesi, Degas, Toulouse-Lautrec, Picasso und Giacometti. Neu ist seit 1998 ein Kindermuseum mit Kino und Workshops, die den Jüngsten zwischen 6 und 12 Jahren die Möglichkeit zu eigenen Experimenten mit unterschiedlichen Materialien und Techniken geben.

Storm P.-Museet (Storm P.-Museum) E 9

Lage
Frederiksberg Runddel

S-Bahn-Station
Frederiksberg

Buslinien
18, 27, 28, 41

Das Museum zeigt Arbeiten des humoristischen Zeichners Robert Storm Petersen (1882–1949). Benannt wurde die Sammlung nach der Signatur seiner Werke, die Storm P. lautete. Der erste Raum präsentiert die von Symbolismus und Jugendstil beeinflußte frühe Schaffensperiode, Raum 2 birgt Arbeiten zum Thema 'Zirkus', darunter der 'Grüne Clown' (1940). Der dritte Raum ist Storm P.s moderner Malerei gewidmet, die Zeichnungen in Raum 4 stammen u. a. aus zwei 1916 und 1922 begonnenen Serien für die Kopenhagener Zeitung Berlingske Tidende; Raum 5 ist Bibliothek. Hier sind auch Bühnenbilder des Künstlers ausgestellt (geöffnet: Mai–Sept.: Di.–So. 10.00–16.00 Uhr; Okt.–April: Mi., Sa., So. 10.00–16.00 Uhr).

Nach ausgiebigem Einkaufsbummel durch die Strøget kann man am Amagertorv eine Pause einlegen und vom Café Europa aus den Flanierenden zusehen.

**Strøget (Fußgängerzone) G/H 8

Vom Rådhuspladsen bis zum Kongens Nytorv

Der Name 'Strøget', was soviel wie 'Streifen' oder 'Strich' bedeutet, steht heute über den Schildern von fünf Straßenzügen, die zusammen die berühmteste Einkaufsmeile Dänemarks und längste Fußgängerzone Europas bilden.

Strøget (Fortsetzung)

Buslinien
Rådhuspladsen:
1, 2, 6, 8, 14, 16, 19, 28, 29, 30, 32, 33, 34, 35, 41, 50, 63, 64, 68, 75E
Kongens Nytorv:
1, 4H, 6, 7, 9, 10, 10H, 28, 29, 31, 41

Der besagte Spitzname für die 1,8 km lange Verkehrsader zwischen ⟶ Rådhuspladsen und ⟶ Kongens Nytorv wurde erst in den achtziger Jahren offiziell anerkannt. Heute ist die Strøget Kopenhagens meistbesuchte und im Angebot wohl umfassendste Einkaufsstraße. Erwartungsgemäß findet man hier auch zahlreiche Restaurants, Bierstuben und Cafés, wo man sich nach einem ausgiebigen Einkaufsbummel erstmal erholen kann – mit Blick auf den ewigen Strom der Flanierenden.
Die fünf Teilstraßen der Strøget wurden anno 1962 zum Fußgängerbereich erklärt und waren damit Europas erste autofreie Einkaufsmeile. Vom Rathausplatz aus gesehen, heißen die historischen Straßenzüge: Frederiksberggade, Nygade, Vimmelskaftet, ⟶ Amagertorv und Østergade. Attraktive Treffpunkte in der ersten Hälfte sind die beiden Plätze Gammeltorv und Nytorv, mit Grünanlagen und Brunnen – am Gammeltorv als ältester der ⟶ Caritas-Brunnen. Etwa die Hälfte der Flaniermeile markiert der stets belebte weite Platz ⟶ Amagertorv, wo man sich in den beiden Cafés 'Norden' und 'Europa' auf einen Kaffee verabreden kann, nachdem man die unwiderstehlichen Auslagen bei Royal Copenhagen und Illums bewundert und wohl mindestens ein Mitbringsel erworben hat. Denn zur Strøget gehören ebenso elegante Modeboutiquen und Juweliere wie bunte Souvenirläden und Delikatessengeschäfte, die großen Kaufhäuser Illum und Magasin du Nord und die besagten Verkaufsräume der Kopenhagener Porzellanfabriken, der Holmegaard Glaswerke und von Georg Jensens Silberschmiede (s. S. 18ff.). Die feinsten Shoppingadressen befinden sich übrigens vornehmlich im letzten Teil, der Østergade, die in den ⟶ Kongens Nytorv mündet. Strøget ist und bleibt ein Inbegriff Kopenhagens, das sich hier nicht nur repräsentativ, sondern auch ganz ungezwungen zeigt.

Søren Kierkegaard Samlingen

⟶ Københavns Bymuseum & Søren Kierkegaard Samlingen

**Thorvaldsens Museum (Thorvaldsenmuseum) H 8

Lage
Porthusgade 2

Buslinien
1, 2, 5, 6, 10, 28, 29, 550S, 650S

Öffnungszeiten
Di.–So.
10.00–17.00

Der bekannteste dänische Bildhauer, Bertel Thorvaldsen (⟶ Berühmte Persönlichkeiten), begründete 1837 selbst das ihm gewidmete Museum. Eröffnet werden konnte es allerdings erst nach seinem Tode im September 1848 (Grabplatte von Thorvaldsen im Innenhof). Das Baugrundstück war eine Spende von Frederik VI., die reichhaltige Sammlung aus eigenen und gesammelten Werken stiftete Thorvaldsen dem Museum. Zum Architekten des vierflügeligen Museums bestimmte man Gottlieb Bindesbøll, der den Bau im Stil des Historismus errichtete und außen wie innen mit intensiven Farbgebungen gestaltete. Nach seinem Entwurf wurde die Außenmauer mit einem bunten Bilderfries versehen, der auf der Kanalseite die triumphale Heimkehr Thorvaldsens aus Rom im Jahre 1838 darstellt; die beiden anderen Seiten zeigen das Entladen der Fregatte 'Rota' und den Transport von Thorvaldsens Skulpturen in das Museum. Über dem Haupteingang

Amor und die drei Grazien

Thorvaldsens Museum (Fortsetzung)

thront eine nach Plänen des Künstlers von seinem Schüler H. V. Bissen ausgeführte Quadriga, gelenkt von der Siegesgöttin Victoria. Die Bronzegruppe war ein Geschenk König Christians VIII. Die nach antiken Vorbildern entworfene Dekoration der Decken im Inneren übertrug Bindesbøll mehreren Künstlern, darunter G. C. Hilker, Christian Købke und Jørgen Sonne, die Fußböden erhielten kunstvolle Mosaike und Terrazzoauslagen.

Sammlung

Das Museum enthält eine umfassende Sammlung antiker Plastiken und erzählt über Thorvaldsens Leben, wie z. B. eine Demonstration seiner Arbeitsmethode. Außerdem werden Thorvaldsens eigene Sammlungen von Gemälden und klassischen Antiquitäten vorgestellt.

Thotts Palais

⟶ Kongens Nytorv

**Tivoli G 9

Lage
Vesterbrogade 3

S-Bahn-Station
Hauptbahnhof

Tel. 33151001,
www.tivoli.dk

Zweifelsohne die legendärste Sehenswürdigkeit der dänischen Metropole ist das Tivoli. Der Vergnügungspark liegt mitten im Herzen der Stadt, nur einen Steinwurf von ⟶ Rådhuspladsen und Hauptbahnhof entfernt. Rummelplatz und Kulturzentrum in einem, das war und ist das Tivoli seit seiner ersten Saison. Wenn er wie jedes Jahr Ende April nach der Winterpause endlich wieder seine Tore öffnet, ist es ein Festtag für Kinder aller Altersstufen. Das Ringelspiel mit den Tieren, die wilden Schwäne und der fliegende Koffer aus Andersens Märchenwelt sind noch da, die Oldtimerautos

Vergnügen für das Volk

Der Gründer des Tivoli hieß Georg Carstensen (1812–1857), ein Weltenbummler, Abenteurer und Lebemann mit Sinn für das Schöne. Schon in jungen Jahren hatte sich der in Algier geborene Diplomatensohn als Zeitungsverleger ein kleines Vermögen erwirtschaftet. Um seine Abonnenten bei Laune zu halten, gab Carstensen rauschende Feste im Kongens Have, dem Garten des Königs. Und da diese begeisterten Anklang fanden, bat er Seine Majestät schließlich um die Erlaubnis für einen ständigen Tummelplatz. Mit dem Argument “Wenn sich das Volk amüsiert, dann politisiert es nicht” soll König Christian VIII. anno 1843 zum Bau der Anlage überredet worden sein. Ob Legende oder nicht, Carstensen erhielt für 472 Reichstaler und drei Mark Jahresmiete das 8 ha große Grundstück auf dem Kopenhagener Glacis, dessen Seen die Überreste der einstigen Wallgräben sind, die die Altstadt umgaben. Schon zur Eröffnung im August 1843 zählte das Tivoli über 16000 Besucher. Und in Kürze entwickelte sich der Vergnügungspark, in dem sich – für die damalige Zeit eher ungewöhnlich – alle Gesellschaftsklassen vermischen konnten, zu einer Weltattraktion, die seither von über 300 Millionen Menschen besucht wurde. Carstensen war indes Künstler, kein Geschäftsmann. Und schon bald zerstritt sich der Tivoli-Gründer mit seinem Aufsichtsrat, der seine immer wilderen Pläne nicht billigen wollte. Enttäuscht ob solcher Kleingeisterei, ging Carstensen nach Westindien und New York. Der spätere Versuch, mit einem zweiten Lustgarten namens Alhambra die eigene Schöpfung zu übertrumpfen, scheiterte. Verbittert und bankrott starb Carstensen 1857 in Kopenhagen, nur 45 Jahre alt. Das Tivoli aber lebt, blieb Garten des Volkes und Märchenzauber für Kinderträume bis zum heutigen Tag.

Heimstatt von Pierrot, Harlekin und Kolumbine: Carstensens Pantomimentheater

ziehen wieder ihre Runden mit von Fahrerstolz erfüllten Knirpsen am Steuer. Im Tivoli treffen sich Geschäftsleute mittags zur Frokost, dem dänischen Lunch, genießen Musikliebhaber und Ballettfreunde das vielseitige Programm von Konzertsaal und Freilichtbühne. Und auf den Bänken sitzen 'Abonninen', laut dänischem Konversationslexikon 'Rentnerinnen mit verbilligten Tivoli-Dauerkarten', und 'schlecken Sonnenschein', wie man in Dänemark das Sonnenbaden nennt. Tivoli ist Dänemark, wenn auch wenig Dänisches im Stilgemisch aus Pomp und Kitsch zu finden ist. Die Gebäude sind orientalisch inspiriert, das Pantomimentheater ist der Commedia dell'Arte nachempfunden, die faustgroßen Tulpen kommen aus Holland. Und doch wird aus der ganzen kulturellen Vielfalt eine bezaubernde Einheit – sehr verlockend, daraus eine Lehre zu ziehen. Schön macht das Tivoli auch, was es nicht ist. Hier gibt es kein Plastik, kein Neonlicht, kein Playback. Baumaterial sind Holz und Stein, das gedämpfte Licht der Laternen in den Bäumen kommt aus über 110 000 Glühbirnen und gespielt wird live. Überhaupt sollte der erste Besuch beginnen, wenn der Abend kommt und die alten Gebäude zwischen ihren prachtvollen Blumenarrangements und den spiegelnden Wasserflächen der Gartenteiche in allen Farben illuminieren und das Tivoli in einen Lichtertraum verwandeln. Seinen Namen verdankt der Park übrigens der italienischen Stadt in der Nähe von Rom, bekannt für ihre wunderschönen Wasserspiele.

Buslinien
Rådhuspladsen: 1, 2, 6, 8, 10, 11, 12, 13, 14, 16, 28, 29, 30, 34, 40, 67, 69, 150E

Öffnungszeiten
April – Sept.: So. – Do. 11.00 – 24.00, Fr., Sa. 11.00 – 1.00; Mitte Nov. bis 23.12.: So. – Do. 11.00 – 21.00, Fr. 11.00 – 21.00, Sa. 10.00 – 22.00

L. Tussauds Wachsfigurenkabinett

Im Eingangsgebäude am H. C. Andersens Boulevard befinden sich ⟶ L. Tussaud's Wax-Museum und das Tivoli-Museum, in dem auf höchst amüsante Art die gut 150jährige Geschichte des Vergnügungsparks illustriert wird (geöffnet: in der Tivoli-Saison tgl. 10.00 – 22.00 Uhr, Nebensaison Di. – So. 10.00 – 17.00 Uhr).

Tivoli-Museum

Carstensen-Denkmal

Kommt man durch den Haupteingang an der Vesterbrogade, so erblickt man nach wenigen Schritten auf der rechten Seite eine Bronzefigur von Georg Carstensen, der mit Stock und Zylinder den Besucher freundlich

Tivoli

VERGNÜGUNGSSTÄTTEN

1 Fliegender Teppich
2 Karavanen
3 Kinderriesenrad
4 Drachenkarussell
5 Goldener Turm
6 Paris-Dakar
7 Drachenboote
8 Tempelturm
9 Achterbahn Pandaen
10 Schlangen
11 Oldtimer-Autos
12 Fliegender Koffer
13 Straßenbahn Linie 8
14 Fahrschule
15 Autoskooter
16 Tür Nr. 13
17 Spielhalle Regenbogen
18 Kleiner Flieger
19 Odin-Expressbahn
20 Kreisel
21 Galeere
22 Bottichbahn
23 Ballonschaukel
24 Walhalla
25 Rutschbahn
26 Fegefeuer

Carstensen-Denkmal (Fortsetzung)

begrüßt. Den Geist des genialen Tivoli-Gründers spürt man bis heute in der phantasievollen Architektur, die die orientalisch geprägte Kindheit und fernöstliche Vorliebe von Carstensen widerspiegelt.

Attraktionen

Obwohl es im Tivoli nicht um das Schneller, Weiter, Gefährlicher oder Höher geht, werden herrliche Abenteuer und bestes Amüsement geboten. Dazu gehören 26 verschiedene Attraktionen wie Achterbahn, Karussell, Berg- und Talbahn, Spiegel- und Gruselkabinett, Riesenrad, ein fliegender Teppich, Elektro-, Ruder- und Tretboote sowie das Puppentheater Valmuen. Zu den jüngsten Attraktionen zählen ein neuer Spielplatz für die Kleinsten und der 'Freitagsrock' mit Auftritten dänischer Musiker auf der Freilichtbühne Plænen (22.00 Uhr).
Für das leibliche Wohl sorgen 28 Restaurants in allen Preislagen, deren Speisekarte vom knallroten Pølser-Würstchen mit Bier über die gutbürgerliche Küche und chinesische Köstlichkeiten bis zur exklusiven Haute Cuisine reicht.

Chinesischer Turm im Lichtermeer des Tivoli ▶

Tivoli (Fortsetzung)

*Pantomimentheater

Da im absolutistischen Dänemark das politische Sprechtheater untersagt war, gab Carstensen der Pantomime eine eigene Heimstatt. Im chinesisch anmutenden Pantomimentheater wird – einzigartig auf der Welt – jeden Abend die originale italienische Commedia-dell'Arte-Vorstellung gegeben, in welcher der naive weißgeschminkte Clown Pierrot zusammen mit Kolumbine und Harlekin auftritt. Fünfzehn Stücke gehören zum Repertoire der Bühne (⟶ Abb. S. 119).

Konzertsaal

Im Konzertsaal gastieren regelmäßig international bekannte Künstler mit dem Symphonieorchester des Tivoli. Zu hören sind ebenso Blasmusik wie Jazz-Sessions und festliche Kammerkonzerte, auch Ballettgastspiele werden hier arrangiert.

Freilichtbühne Plænen

Internationale Stars gestalten die Unterhaltung auf der großen Freilichtbühne des Theaters 'Plænen', das 50000 Zuschauern Platz bietet.
Vorstellungen: 16.30 Uhr (Ende April–Mitte Juli und Mitte Aug.–Mitte Sept. jeden Sa.), 19.00 Uhr (tgl. außer Fr.), 21.30 Uhr (Ende April–Mitte Juni und Mitte Aug.–Mitte Sept. jeden So.), 22.00 Uhr (jeden Sa.), 22.30 Uhr (Ende Juni–Mitte Aug. jeden Mo.–Do. und So.).
Ferner präsentieren auf mehreren kleineren Bühnen im Park weniger bekannte Künstler und Amateurgruppen ihre Musikdarbietungen.

**Feuerwerk

Ein absoluter Höhepunkt im Tivoli-Programm ist das gigantische Feuerwerk – laut Ankündigung: wenn nicht der Welt, dann zumindest Europas bestes –, das mittwochs, samstags sowie an Feiertagen um 23.45 Uhr stattfindet.

*Tivoligarde

Wahrzeichen des Gartens ist die 1844 gegründete Tivoligarde. Sie besteht aus 110 Jungen im Alter zwischen 9 und 16 Jahren, die wie die königliche Leibgarde uniformiert sind mit einem eigenen Musikkorps, Fahnenwache, Marineartillerie und einer goldenen Kutsche, in der ein kleiner Prinz mit seiner kleinen Prinzessin sitzt. Samstag, Sonntag und an Feiertagen marschiert die Tivoligarde um 17.30 und 19.30 Uhr durch den Park – außer vom 7.–25. Juli, wenn die Garde Urlaub macht.

Trinitatis Kirke

⟶ Rundetårn

Tuborg-Brauerei H 3

Lage
Hellerup, Strandvejen 50

Buslinie
1

"Wer die Welt kennt, kennt Tuborg" – die Werbung um die grüne Flasche ist hinlänglich bekannt. Gegründet wurde die international berühmte Tuborg-Brauerei (Tuborgs Bryggerier A/S) anno 1873. Seit 1970 ist das Unternehmen mit der ⟶ Carlsberg-Brauerei vereinigt. Produziert werden allein hier jährlich über 17 Millionen Liter Bier, die für den Export in über 130 Länder bestimmt sind.
Brauereiführungen werden leider nicht mehr angeboten. Wer sich indes für die über 400jährige Geschichte von Hopfen und Malz interessiert, sollte eine Besichtigung der ⟶ Carlsberg-Brauerei mit dem angeschlossenen Museum einplanen.
Auf dem 34 ha großen Firmengelände steht eine 26 m hohe Bierflasche, die für die nordische Industrieausstellung von 1888 im Tivoli gebaut wurde und damals innen einen Aufzug enthielt – ihr Fassungsvermögen beträgt 1,5 Millionen Flaschen Bier (Abb. S. 7).
In der ehemaligen Abfüllhalle der Tuborg-Brauerei wurde im Jahre 1991 das ⟶ Experimentarium eröffnet, ein Museum für Naturwissenschaft und neue Technologien.

*L. Tussaud's Wax-Museum (Wachsfigurenkabinett) G 9

Idee und Kunst des Wachsfigurenkabinetts in der heutigen Form kamen im 17. Jh. auf und wanderten von Paris nach London und Amsterdam. Ein Urenkel der legendären Elsässerin Madame Marie Tussaud mit Namen Louis Joseph Tussaud (1875–1940), der bereits in London und Liverpool eigene Museen eingerichtet hatte, brachte die Kunst der Wachsporträts nach Kopenhagen. Das Gebäude des 1894 eröffneten Museums wurde mehrfach renoviert und erweitert, zuletzt 1988, als man die nach wie vor im Ausbau befindlichen Galerien durch weitere Abteilungen ergänzte, die man nun für einen stolzen Eintrittspreis abwandern darf.

Das Wachsfigurenmuseum enthält Nachbildungen von über 250 Persönlichkeiten aus Politik, Kunst, Wissenschaft, Märchenland und Showbiz, manchmal täuschend echt, manchmal nur mit etwas Mühe zu erkennen. Zu den Größen der Geschichte gehören als ältester König der 'Gorm den Gamle', der Wikinger Knut der Große und sein Nachkomme Knud der Heilige, die durch ihre Liaison mit dem Grafen von Struensee (⟶ Berühmte Persönlichkeiten) bekannt gewordene englische Prinzessin Caroline Mathilde und andere Mitglieder der nordischen Königshäuser wie der populäre König Christian VI. (⟶ Berühmte Persönlichkeiten).
Illustre Vertreter der jüngeren Geschichte sind u. a. Sir Winston Churchill, Mao Tse-Tung, Kaiser Hirohito, Indira Gandhi, Ex-Premierministerin Margaret Thatcher, Yassir Arafat sowie die amerikanischen Präsidenten Reagan, Bush und Bill Clinton. Helmut Kohl dürfte mit seiner Wachsfigur sehr zufrieden sein, zeigt sie ihn doch in gewichtiger Pose als großen Staatsmann am Schreibtisch und dazu, sehr vorteilhaft, erheblich schlanker als in Wirklichkeit.
Zu sehen sind ferner der dänische Philosoph Søren Kierkegaard (⟶ Berühmte Persönlichkeiten), die Künstler Pablo Picasso, Vincent van Gogh

Lage
H. C. Andersen Boulevard 22

S-Bahn-Station
Hauptbahnhof

Buslinien
1, 2, 6, 8, 14, 16, 19, 28, 29, 30, 32, 33, 34, 35, 41, 63, 64, 68

Öffnungszeiten
Mitte April–Aug.: tgl. 10.00–22.00;
Sept.–Mitte April: tgl. 10.00–18.00

Christian II. und Christian IV.

'Die Göttliche' Garbo

Wachsfigurenkabinett: Niels Bohr im Gespräch mit Albert Einstein

L. Tussaud's Wax-Museum (Fortsetzung)

und Salvadore Dalí, die Komponisten Mozart, Beethoven und Edvard Grieg, die Schriftsteller Ernest Hemingway, Henrik Ibsen und Karen Blixen (⟶ Berühmte Persönlichkeiten), Dänemarks Märchenerzähler Nr. 1 Hans Christian Andersen (⟶ Berühmte Persönlichkeiten), umgeben von seiner vielgelesenen Märchenwelt (Abb. S. 7), die Physiker Albert Einstein und Niels Bohr (⟶ Berühmte Persönlichkeiten) und die als Flugpioniere bekannt gewordenen Gebrüder Wright.
Zu den Theatergrößen und Hollywoodstars gehören das Komikerpaar Laurel & Hardy, Charlie Chaplin, Marilyn Monroe, Jean Harlow, die 'Göttliche' Greta Garbo, Elizabeth Taylor, Peter Sellers, Liv Ullmann, John Wayne sowie das Traumpaar Ingrid Bergmann und Humphrey Bogart, natürlich in Ricks Café in "Casablanca". Die Musikszene ist u.a. durch Elvis Presley, die Beatles und Charles Aznavour vertreten.

Gruselkabinett

Folter und Hinrichtung sind die Themen im Untergeschoß, also wirklich kein Muß für jeden Besucher. In der gruseligen 'Schreckenskammer' kann man u.a. Madame Tussaud bei der Arbeit zusehen, d.h. beim Abnehmen der Totenmasken von guillotinierten Köpfen während der französischen Revolution. Ausgestellt sind auch das 'Phantom der Oper', Alfred Hitchcocks 'Psycho'-Keller, Frankenstein und Graf Dracula sowie Königin Marie Antoinette auf dem Weg zu ihrer Hinrichtung.

*Tycho Brahe Planetarium — F 9

Lage
Gl. Kongevej 10

Buslinien
1, 14

Das Ende 1989 eröffnete Planetarium verdankt seinen Namen dem großen dänischen Astronom Tycho Brahe (⟶ Berühmte Persönlichkeiten). Über 400 000 Besucher kommen alljährlich in das bis dato größte Planetarium Westeuropas, dessen zylinderförmiger Bau nach Entwürfen des dänischen Architekten Knud Munk entstand.

Tycho Brahe Planetarium (Fortsetzung)

In den permanenten und wechselnden Ausstellungen des Planetariums, die mit Erklärungen in dänischer und englischer Sprache versehen sind, erhält man Gelegenheit, die faszinierende Vielfalt des Universums kennenzulernen. Mit Hilfe eines computergesteuerten Zeiss-Projektors wird auf dem Dach des Planetariums, das als überdimensionale Leinwand fungiert, ein Nachthimmel mit rund 9000 Planeten, Galaxien, Kometen und Sternen projiziert, den der Besucher, entspannt zurückgelehnt in seinem 'Flugsessel', betrachten kann.

Zum Angebot gehören außer den Vorführungen auch Astronomie-Kurse, ein Informationszentrum und das am Ufer des St. Jørgens Sø gelegene Restaurant 'Cassiopeia', benannt nach dem Sternbild des nördlichen Himmels, in dem Tycho Brahe 1572 einen neuen Stern, die Nova Cassiopeia, entdeckte.

Öffnungszeiten
Fr. – Mo.
10.30 – 21.00,
Di. – Do.
9.45 – 21.00

Insel Hven

Auf der im Øresund nordöstlich von Kopenhagen gelegenen kleinen Insel Hven, die heute zu Schweden gehört, haben Archäologen die Überreste der alten Observatorien Stjerneborg und Uraniborg freigelegt, wo Tycho Brahe seine astronomischen Forschungen betrieb. Eine Restaurierung der Ruinen, die heute besichtigt werden können, ist in der Diskussion. Einen interessanten Überblick über das Leben und Wirken des Astronomen vermittelt das Lokalmuseum auf Hven. Erreichbar ist die Insel im Winter nur mit Fähren von Landskrona (Schweden), im Sommer fahren täglich Tragflügelboote von Kopenhagen.

Tøjhusmuseet (Zeughausmuseum) — H 9

Lage
Tøjhusgade 3

Das 1928 eingerichtete militärhistorische Museum befindet sich in dem 1598 – 1604 nach italienischen Vorbildern wie dem Arsenal in Venedig erbauten Königlichen Zeughaus.

Im Zeughausmuseum sind Uniformen und Waffen aus fünf Jahrhunderten ausgestellt.

Tøjhusmuseet (Fortsetzung)

Buslinien
1, 2, 5, 6, 8, 10, 31, 37, 43

Das Militärmuseum besteht im Erdgeschoß aus einer Kanonenhalle, in der auch Flugzeuge zu besichtigen sind. Im ersten Stock befinden sich ein Waffensaal sowie eine Uniformensammlung. Die ausgestellten Exponate sind unter folgenden Themen geordnet: Handfeuerwaffen, Rüstungen (u.a. die des Herzogs Adolf von Gottorf, 1560) und Schwerter seit 1400, Kanonen, Fahnen, Wappen und Uniformen (geöffnet: Di.–So. 12.00 bis 16.00 Uhr).
Das Erdgeschoß des Zeughauses bildet die längste Gewölbehalle Europas: 163 m lang, 24 m breit, Höhe 27 m, wobei das Kreuzgewölbe von 16 Mittelpfeilern getragen wird.

Universitet (Universität) G 8

Lage
Frue Plads

Buslinie
5

Die alten Gebäude der 1479 von Christian I. gestifteten Universität liegen gegenüber der ⟶ Vor Frue Kirke im Zentrum des alten Lateinerviertels, das mit seinen verwinkelten Gassen an das Pariser Quartier Latin erinnert. Bis heute prägen die Studenten das Straßenbild des Universitätsviertels, wenngleich die meisten Abteilungen der Hochschule auf die Insel ⟶ Amager verlegt worden sind.
Der Universitätskomplex wurde im Laufe seiner Geschichte mehrfach durch Brände zerstört. Das heutige Hauptgebäude, in dem Peter Malling klassische Architekturrichtungen mit neugotischen Stilformen harmonisch vereinigte, stammt aus den Jahren 1831–1836, wie eine lateinische Inschrift 'Fredericus sextus instauravit anno MDCCCXXXVI' ('Frederik VI. weihte 1836 ein') an der Fassade belegt. Erbaut wurde es auf den Ruinen eines im Mittelalter hier entstandenen Bischofspalastes. Auf Veranlassung des Theologen Matthias Hagen Hohlenberg wurde über dem Haupteingang der Universität ein großer Adler mit der Inschrift 'Coelestem adspicit lucem' ('Er erblickt das himmlische Licht') angebracht.
Auf dem angrenzenden Frue Platz erinnern eine Reihe von Büsten an bedeutende Absolventen der Hochschule, darunter auch eine Büste von dem Physiker und Nobelpreisträger Niels Bohr (⟶ Berühmte Persönlichkeiten). Beachtung verdienen im Inneren der alte Festsaal der Universität mit historischen Gemälden, die mit Fresken ausgemalte Vorhalle und der Gobelinsaal mit belgischen Gobelins des 17. Jahrhunderts.

Nobelpreisträger Niels Bohr

Universitätsbibliothek

Nur wenige Schritte entfernt in der Fiolstræde (Nr. 1) befindet sich die Universitätsbibliothek (geöffnet: Mo.–Fr. 9.00–18.00, Sa. 9.00–16.00 Uhr) die man 1862 von der Trinitatiskirche des ⟶ Rundetårn hierher ausgelagert hatte. Errichtet wurde das rote Backsteingebäude von J. D. Herholdt zwischen 1857 und 1861, die Dekorationen des Lesesaals führte Georg Hilker aus.

*Vor Frelsers Kirke (Erlöserkirche) J 9

Lage
St. Annægade

Die im Stadtteil ⟶ Christianshavn gelegene, aus Sand- und Backsteinen errichtete Erlöserkirche entstand zwischen 1682 und 1696 unter der Lei-

Barocker Spiralturm der Erlöserkirche

Vor Frue Kirke: Thorvaldsens Christusfigur

tung des königlichen Architekten Lambert van Haven. Der obere Turmteil mit der äußeren Wendeltreppe wurde indes erst später, anno 1752, von Lauritz de Thurah angefügt, der sich zu dieser Form durch die Barockkirche Sant' Ivo alla Sapienza in Rom inspirieren ließ. Die Turmspitze krönt ein Globus mit einer 3 m hohen vergoldeten Christusfigur, die der Kupferschmied Jacob Høvinghoff schuf. Die Turmbesteigung erfolgt über 400 Stufen, von denen ein Drittel außen am Turm zurückgelegt werden muß. Daß sich der Turmvollender wegen einer falsch angelegten Spirale vom Turm gestürzt hat, ist übrigens nur eine gern zitierte Legende.
Das Innere der Kirche, die 1997 restauriert wurde, ist nicht weniger sehenswert als der Turmaufstieg spektakulär. Den im Stil des italienischen Barock nach einem Entwurf von Nicodemus Tessin d. J. ausgeführten Hochaltar zieren kunstvolle Figuren und verspielte Putten. Weitere Höhepunkte bilden die Chorwand mit ihren geschnitzten Engeln, ein schöner Taufstein aus weißem Marmor und vor allem die 1698 von Christian Nerger begonnene Orgel mit ihrem holzgeschnitzten Prospekt. Zwei stattliche Stuckelefanten tragen die Kirchenempore mit der zweigeschossigen, klangvollen Orgel.

Vor Frelsers Kirke (Fortsetzung)

Buslinien
2, 8, 9, 31, 37, 72E, 73E, 79E

Öffnungszeiten
März–Mai, Sept., Okt.: Mo.–Sa. 9.00–15.30, So. 12.00–15.30; Juni–Aug.: Mo.–Sa. 9.00–16.30, So. 12.00–16.30

Vor Frue Kirke (Liebfrauenkirche) G 8

Kopenhagens 'Dom' wurde zwischen 1811 und 1829 in neoklassizistischem Stil erbaut. Die heutige Kirche ist die sechste an gleicher Stelle. Nachdem die fünfte Kirche bei der Beschießung der Stadt im Jahre 1807 abgebrannt war, bekam C. F. Hansen den Auftrag, die Kirche neu zu errichten, die dann 1811–1829 ihr neoklassizistisches Aussehen mit einer klaren Formgebung erhielt. Das Giebeldreieck der tempelartigen Front zur Nørregade ziert eine 'Johannesgruppe' des Bildhauers Thorvaldsen (⟶ Berühmte Persönlichkeiten).

Lage
Nørregade 8

Buslinie
5

Vor Frue Kirke (Fortsetzung)

Im Kircheninnern, das von einem gewaltigen weißgekalkten Tonnengewölbe überspannt wird, sind weitere Arbeiten von Thorvaldsen (→ Thorvaldsens Museum) zu sehen. Besonderes Augenmerk gilt der Christusfigur hinter dem Altar, den zwölf Apostelfiguren an den Wänden sowie dem von einem knienden Engel gehaltenen Taufbecken. Der charakteristische, im Grundriß quadratische Turm ist flach gedeckt und trägt ein leuchtendes Kreuz (geöffnet: Juni–Sept.: Mo.–Sa. 9.00–17.00, So. 12.00–16.00 Uhr; Okt.–Mai: So. 12.00–13.00, 15.00–16.00 Uhr.)
Der an die Universität (→ Universitet) angrenzende Kirchplatz ist im Sommer häufig Standort von Theater- und Musikaufführungen unter freiem Himmel.

Widerstandsmuseum

→ Frihedsmuseet

Zeughausmuseum

→ Tøjhusmuseet

**Zoologisk Have (Zoologischer Garten) D 9

Lage
Roskildevej 32

Buslinien
6, 18, 28, 39, 100S, 550S, 832

Der 1859 von dem Ornithologen Niels Kjærbølling ins Leben gerufene Zoo von Kopenhagen ist einer der ältesten und mit mehr als 2500 Tieren einer der größten zoologischen Gärten Europas. Die meisten Tiere des heutigen Bestandes kamen in Kopenhagen oder anderen zoologischen Gärten zur Welt. Die Gehege der Tiere sind weitgehend so angelegt worden, daß sie möglichst der natürlichen Umgebung in freier Wildbahn entsprechen. Schilder und Tafeln liefern dem Besucher Informationen über Herkunft und Besonderheiten der einzelnen Arten.
Der Tiergarten ist in den letzten Jahren erheblich modernisiert und erweitert worden – neueste Errungenschaft: das große Tropenhaus. Wer sich einen Gesamtüberblick verschaffen will, kann am Eingang den 44 m hohen Aussichtsturm besteigen oder während der Sommermonate mit der Miniatureisenbahn einmal den Zoo durchqueren. Ein Muß für Kinder ist der Streichelzoo, mit Zicklein zum Knuddeln nebst einem Kaninchendorf.

Tierbestand

Gegenüber dem Eingang tummeln sich am Vogelsee mit der Gibboninsel verschiedene Störche, Pelikane und Gänse, während die Grünanlage neben dem Löwengehege den rosaroten Flamingos vorbehalten ist. Der hohe Norden ist mit Robben, Eisbären sowie Moschusochsen und Rentieren vertreten, der ferne Osten u.a. mit Pandabären, Marabus und Wasserschweinen. Im Giraffenhaus kamen in den letzten zehn Jahren rund ein Dutzend neue Kälber zur Welt. Hobbyornithologen können in den Volieren Papageien, asiatische Kleinvögel, Fasane und scharlachrote Ibisse aus Südamerika bewundern, während Freunde der Wildkatzen sich beim Freigehege der Tiger und den Käfigen der Schneeleoparden und schwarzen Panther wiederfinden. Beachtung verdienen auch die Gehege der Schabrakentapire, Hirscheber, Gaur-Ochsen, Antilopen, Okapis und Zebras, nicht zu vergessen die Naßhörner und Flußpferde, Nilkrokodile und Kamele, Kängeruhs und Präriehunde, und das für seine Zuchterfolge bekannte Elefantenhaus. Zum Nachtzoo gehören Fledermäuse, südamerikanische Gürteltiere und afrikanische Galagos, während in der Welt der Primaten Insekten und andere Gliedertiere zu sehen sind. Die Schimpansen und Gorillas bewohnen ein eigenes Affenhaus, das mit seiner urwaldartigen Bepflanzung und tropischem Klima wahre Dschungelatmosphäre ver-

Zoologisk Have
Zoologischer Garten

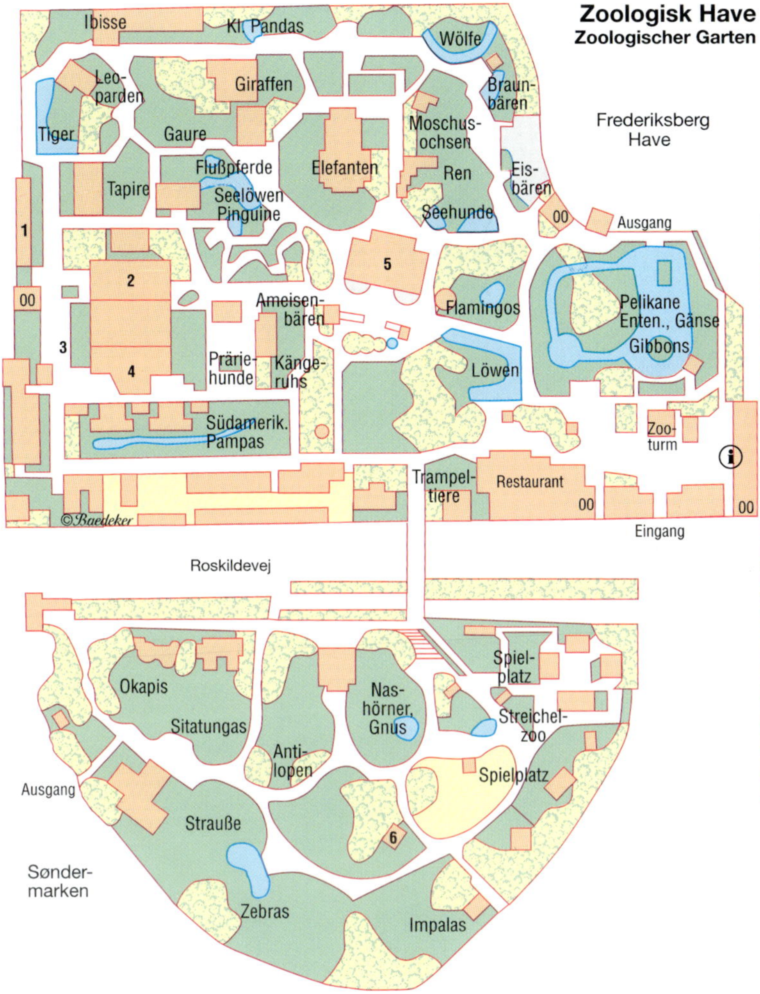

1 Kongopfaue, Karakals
2 Affenhaus
3 Papageien
4 Tropenzoo
5 Welt der Primaten
6 Papageien, Meerkatzen

Öffnungszeiten: April – Mai: 9.00 –17.00; Juni – August: 9.00 –18.00; September – Oktober: 9.00 – 17.00; November – März: 9.00 – 16.00

Fütterungszeiten: Eisbären tgl. 10.30, Seehunde tgl. 10.45 und 14.45, Seelöwen und Pinguine tgl. 11.00 und 15.00, Wölfe tgl. außer Mo. 11.30, Löwen tgl. 13.00, Welt der Primaten tgl. 13.30, Tiger und Leoparden tgl. außer Mo. 14.00, Schimpansen und Gorillas tgl. 15.30, Flußpferde tgl. 15.30 (Änderungen möglich)

Zoologischer Garten: Eisbären ...

... und rosarote Flamingos

Der König der Tiere wartet in Ruhe auf die Fütterung.

Zoologisk Have (Fortsetzung)

mittelt. Zur Søndermarkenabteilung gehört ein 4500 m^2 großes Gehege für afrikanische Savannentiere, außerdem befindet sich hier der beliebte Streichelzoo nebst Spielplatz mit Kaninchendorf. Jüngste Attraktion ist das neue Tropenhaus mit exotischer Flora und Fauna. Die Modernisierung des zoologischen Gartens brachte auch anregende Aktivitäten für seine Bewohner. So graben beispielsweise die Ameisenbären selbst in künstlichen Ameisenhaufen nach ihrer bevorzugten Nahrung. Und in den Kletterbäumen des Affenhauses hängen Holzklötze, deren Aushöhlungen mit Leckereien gefüllt sind, die sich die Affen geschickt herausangeln können – sehr zum Spaß für kleine und große Besucher.

**Zoologisk Museum (Zoologisches Museum) F 6

Lage
Universitetsparken 15

Buslinien
18, 42, 43, 184, 185, 173E

Öffnungszeiten
Di.–So.
11.00–17.00

Tel. 35321001, www.zoologisk museum.dk

Das Zoologische Museum gehört zu den meistbesuchten Museen Kopenhagens. Das hat seinen Grund in der ungemein eindrucksvollen Darstellung der Tiere in ihrer natürlichen Umwelt, die für Besucher jeden Alters ein höchst interessantes Erlebnis ist.

Eine erste zoologische Sammlung in Kopenhagen schuf Ole Worm (1588–1654) bereits vor über 300 Jahren. Sein Museum wurde von Frederik III. in die 'Königliche Kunstkammer' übernommen, die rund 200 Jahre existierte und in Teilen bis heute im Zoologischen Museum aufbewahrt wird. Um 1770 gründete die Universität eine eigene zoologische Sammlung, die allerdings erst in der zweiten Hälfte des 19. Jh.s nach Zusammenlegung mit dem 'Königlichen Naturwissenschaftlichen Museum' der Öffentlichkeit zugänglich gemacht wurde. Dieses Museum mußte 1967 schließen, und seine Bestände gingen an das neue Ausstellungsgebäude im Universitätspark über.

Das Zoologische Museum gliedert sich in zwei große Teile: 'Die Tierwelt Dänemarks' beginnt bei der Einwanderung der verschiedenen Tierarten am Ende der letzten Eiszeit vor rund 15000 Jahren und reicht über die einzelnen dänischen Naturräume mit ihrer typischen Flora und Fauna bis hin zu den Tierarten in städtischen Regionen. Die Abteilung 'Von Pol zu Pol' schildert die Tierwelt der verschiedenen Landschaftsräume der Erde. Sie zeigt die Lebensbedingungen von Tieren nahe dem Nord- und Südpol sowie in den endlosen Weiten der Tundra, dokumentiert das Leben an der Küste, auf Inseln, in den großen Waldgebieten der nördlichen Halbkugel, in den Gebirgszonen, den Wüsten, der Grassteppe und den tropischen Regenwäldern. Sie informiert auch über Besonderheiten von Süßwasserarten und die unterschiedlichen Lebensformen in den Weltmeeren. Höhepunkt ist ein 14 m langes Grönlandwalskelett mit 3-4 m langen Barten, das 1981 kg wiegt. Wer Interesse hat, erhält auch eine Übersetzungliste der dänischen Tiernamen.

Praktische Informationen von A bis Z

Praktische Informationen von A bis Z

Anreise

Anreise mit dem Auto

Seit 1998 können Autofahrer von Flensburg bis nach Kopenhagen durchfahren und den Großen Belt zwischen Fünen und Seeland auf einer neuen Brücke mit vierspuriger Autobahn (Mautgebühr) überqueren (s. S. 14). Die Autofähre von Puttgarden/Fehmarn nach Rødbyhavn/Lolland braucht eine Stunde – von Rødbyhavn nach Kopenhagen sind es noch ca. 150 km Autobahn (E 45). Von Rostock nach Gedser/Falster dauert die Überfahrt zwei Stunden. In der Hochsaison ist eine rechtzeitige Reservierung der Fähre zu empfehlen; Buchungen übernimmt jedes Reisebüro. In Kopenhagen ist der Weg ins Zentrum gut ausgeschildert, wobei die Strecke auf den Rathausplatz zuführt.

Autohilfe → dort

Verkehrsvorschriften → dort

Anreise mit dem Bus

Busfahrten nach Kopenhagen werden von vielen norddeutschen Städten im Rahmen von Pauschalarrangements angeboten. Die meisten Busse werden dabei im Zug der Vogelfluglinie in Puttgarden auf die Fährschiffe gefahren, wobei die Insassen Gelegenheit haben, während der rund einstündigen Überfahrt an Bord zu essen und zollfrei einzukaufen.

Anreise mit der Bahn

Durch die neue Brücken-Tunnel-Verbindung über den Großen Belt können Personen- und Güterzüge seit 1997 eine Stunde schneller als mit der Fähre zwischen Fünen und Seeland verkehren (s. S. 14). Bei der Anreise über die Vogelfluglinie wird der Zug zwischen Puttgarden/Fehmarn und Rødbyhavn/Lolland mit dem Fährschiff über den Fehmarnbelt befördert; Dauer: knapp eine Stunde. Zukunftsplanungen sehen auch für den Fehmarnbelt eine feste Straßen- und Eisenbahnverbindung vor.

Anreise mit der Fähre

Die kürzeste Fährfahrt von Deutschland nach Kopenhagen geht von Puttgarden über den Fehmarnbelt nach Rødbyhavn/Lolland (Dauer ca. eine Stunde); von dort Weiterfahrt über die E 45 nach Kopenhagen. Von Rostock nach Gedser/Falster brauchen die Fähren rund zwei Stunden, die Schnellfähren 70 Minuten; von Gedser Weiterfahrt über die E 55 nach Kopenhagen.

Anreise mit dem Flugzeug

Linienflüge werden täglich u. a. von Berlin, Bremen, Dresden, Düsseldorf, Frankfurt am Main, Hamburg, Hannover, München, Nürnberg, Stuttgart, Wien und Zürich angeboten. Die Flugzeit beträgt von Hamburg nach Kopenhagen rund 40 Minuten, von Wien und Zürich aus knapp 2 Stunden.

◀ *Schon H. Ch. Andersen logierte gern am Nyhavn, bis heute der bevorzugte Treffpunkt von Einheimischen wie Reiselustigen aus aller Welt.*

Antiquitäten

Farvergade, Kompagnistræde, Læderstræde

Kaum irgendwo in Europa läßt es sich besser nach Antiquitäten stöbern als in Kopenhagen. Dabei reicht das Angebot vom bunten Trödelladen bis zum renommierten Kunstgewerbegeschäft. Zum Glück hat sich die Mehrzahl der Läden auf einige Straßen konzentriert, so daß man systematisch schauen und vergleichen kann. Parallel zur Fußgängerzone Strøget (⟶ Sehenswürdigkeiten von A bis Z) finden sich Antiquitätengeschäfte insbesondere in den alten Häusern der von West nach Ost aufeinanderfolgenden Straßen: Farvergade, Kompagnistræde, Læderstræde und Hyskenstræde.

Royal Copenhagen Antiques, Rosenthal Studio-Haus

In Royal Copenhagen Antiques (Amagertorv 6) können Besucher, umgeben von elegantem Mobiliar der Jahrhundertwende, feinstes dänisches Silber und alten Schmuck aus den Ateliers von Georg Jensen und A. Michelsen erwerben sowie Holmegaard Glas und Services der Königlichen Porzellanmanufaktur. Im benachbarten Georg-Jensen-Museum sind Kostbarkeiten aus der berühmten Silberschmiede zu bewundern. Restauriertes Jensen-Silber zum halben Preis bietet u. a. Peter Krog in der Bredgade, der auch edlen Schmuck und Flora-Danica-Services vertreibt. Empfehlenswert ist ferner ein Blick in das English Silver House in der Pilestræde (Nr. 4), während Arbeiten des dänischen Künstlers Bjørn Wiinblads (⟶ Berühmte Persönlichkeiten) im Rosenthal Studio-Haus an der Frederiksberggade 21 ausgestellt sind.

Antiquitätenfreunde sollten samstags über den Flohmarkt am Gammel Strand bummeln.

Nyhavn, Flohmärkte

Als Fundgrube für Antiquitätenfreunde gilt ferner der charmante Nyhavn (⟶ Sehenswürdigkeiten, Nyhavn), wo sich eine Reihe von Antiquitätengeschäften angesiedelt hat. In den Sommermonaten lohnen samstags auch die Flohmärkte am Gammel Strand und auf dem Israels Plads.

Ravnsborggade

Im Stadtbezirk Nørrebro haben sich rund 20 Antiquitätengeschäfte an der Ravnsborggade angesiedelt, wo auch kleine Geldbeutel fündig werden.

Antiquitäten (Fortsetzung)

Eine Antiquität für sich: Bücher. Das Universitätsviertel mit Studiestræde und Fiolstræde ist reich an Antiquariaten (⟶ Einkäufe und Souvenirs), die in beachtlichem Umfang auch deutsche Bücher früher Ausgaben führen.

Antiquitätenausstellung

Alljährlich im September präsentieren Antiquitätenhändler aus dem ganzen Land erlesene Stücke auf der großen Antiquitätenausstellung in der alten Börse (⟶ Sehenswürdigkeiten, Børsen).

Auktionshäuser

⟶ dort

Apotheken

Wie bei allen Reisen tut man gut daran, sich regelmäßig benötigte Medizin in ausreichender Menge mitzunehmen. Wenn aber doch etwas benötigt werden sollte, stehen in Kopenhagen genügend Apotheken zur Verfügung (geöffnet: Mo.–Fr. 9.00–17.30, Sa. 9.00–13.00 Uhr).
Bei Vorlage des EU-Formulars 111 ist nur ein geringer Kostenanteil zu bezahlen (⟶ Ärztliche Hilfe).

Tag und Nacht geöffnet

Stadtzentrum:
Steno-Apotek, Vesterbrogade 6 C
(gegenüber dem Hauptbahnhof)
Tel. 33148266

Auf der Insel Amager:
Sønderbro-Apotek, Amagerbrogade 158 (Nähe Flughafen)
Tel. 31580140

Vororte:
Glostrup-Apotek, Hovedvejen 101 (westliche Ausfallstraße nach Roskilde), Tel. 43960020
Kongens Lyngby-Apotek, Lyngby Hovedgaden 27, Tel. 45870096

Ärztliche Hilfe

Notruf

Tel. 112

Ärztlicher Bereitschaftsdienst (Lægevagt)

In Notfällen wendet man sich an den Ärztlichen Bereitschaftsdienst:
Innenstadt: Mo.–Fr. 9.00–16.00 Uhr, Tel. 33936300;
außerhalb der Sprechzeiten: Tel. 38886041.
Das Arzthonorar muß bar bezahlt werden (s. Krankenversicherung).

Zahnärztlicher Bereitschaftsdienst (Tandlægevagt)

Oslo Plads 14
(am Bahnhof bei der S-Bahn-Station Østerport).
Tel. 31380251
Die zahnärztliche Hilfe muß bar bezahlt werden (s. Krankenversicherung).

Krankenhäuser, Unfallstationen (Hospitalet)

Bei akuter Erkrankung bzw. Verschlimmerung eines chronischen Leidens können sich Urlauber kostenlos im Krankenhaus behandeln lassen. Folgende Krankenhäuser haben Unfallstationen für den akuten Notfall, die rund um die Uhr besetzt sind:

Zentrum: Rigshospitalet, Blegdamsvej 9
Süden (Amager): Sundby Hospital, Italiensvej 1
Westen: Frederiksberg Hospital, Nordre Fasanvej 57
Norden: Bispebjerg Hospital, Bispebjerg Bakke 23
Umgebung: Københavns Amts Sygehus (KAS), Nordre Ringvej, Glostrup; KAS, Niels Kildegårdsvej, Gentofte; Herlev Sygehus, Herlev Ringvej 75

Ärztliche Hilfe (Fortsetzung), Krankenversicherung

Nach Verordnung der EU haben Versicherte deutscher Krankenkassen im Falle einer Erkrankung in Dänemark Anspruch auf eine Behandlung. Voraussetzung ist, daß man sich vor Reiseantritt eine Anspruchsbescheinigung (Vordruck E 111) besorgt, die man unterschrieben sowohl bei der Behandlung als auch beim Kauf von Medikamenten vorlegen muß.
Das Arzthonorar ist bar zu bezahlen. Der Betrag wird aber vom Krankenversicherungs- oder Gemeindebüro in Kopenhagen zurückerstattet. Auskunft, wo es sich befindet, erteilt das Dänische Fremdenverkehrsamt (⟶ Auskunft). Die Rückerstattung sollte besser noch vor der Abreise beantragt werden, andernfalls muß man sich nach der Rückkehr mit der heimischen Krankenkasse in Verbindung setzen.
In Apotheken bezahlt man gegen Vorlage des Formulars E 111 nur den Anteil am Medikament, den die Versicherung nicht deckt.
Österreichische Reisende verfahren analog (Formular SE 100–07). Reisende aus der Schweiz müssen ihre Krankheitskosten selbst bezahlen; Privatversicherte legen zur Kostenerstattung ihrer Krankenversicherung die Arzt- und Apothekenrechnungen vor.

Auktionshäuser (Auswahl)

Arne Brun Rasmussen
Bredgade 33, Tel. 33136911

Lauritz Christensen
Søtorvet 1–3, Tel. 33155512

Herholdt Jensen
Rundforbivej 188, Nærum, Tel. 45505288

Kunsthallen Kunstauktion
Gothersgade 9, Tel. 33325200

Københavns Auktioner
Æbeløgade 4, 2100 Ø, Tel. 31299000

Sagførernes Auktioner
Nørre Farimagsgade 43–47, Tel. 33114530

Ausflüge

Allgemeines

In der Umgebung von Kopenhagen findet man eine Vielzahl sehr lohnender Ausflugsziele, deren Besuch sich bei einem längeren Aufenthalt in der dänischen Hauptstadt anbietet. Sie sind gut mit öffentlichen Verkehrsmitteln oder mit Reiseveranstaltern zu erreichen.

Sonderfahrten der DSB

Die Dänischen Staatsbahnen (DSB) bieten kostengünstige Sonderfahrten nach Louisiana und zum Øresund an (Auskunft: Tel. 33141701):

Louisiana – Zentrum moderner Kunst (⟶ Sehenswürdigkeiten, Louisiana)
Alle halbe Stunde mit dem Zug ab Kopenhagen (Hin- und Rückfahrt mit Museumsbesuch).

Øresund-Tour
Mit dem Tragflügelboot über den Øresund von Kopenhagen nach Malmö und weiter mit der Bahn durch die wunderschöne südschwedische Landschaft bis nach Helsingborg, zurück mit der Fähre über den Sund und wieder per Bahn an der Küste entlang nach Kopenhagen – die Tour ist auch in entgegengesetzter Richtung möglich.

Organisierte Ausflüge

Hamlet-Touren, Schlösserrundfahrten nach Nordseeland und Fahrten nach Roskilde und Schweden werden von örtlichen Reisebüros und dem Fremdenverkehrsamt angeboten; ⟶ Stadtbesichtigung und organisierte Ausflüge.

Charlottenlund

Ordrupgårdsamlingen:
⟶ Museen

Dronningmølle

Rudolf Tegners Museum:
⟶ Museen

Dyrehavn

⟶ Sehenswürdigkeiten von A bis Z

Esrum Sø

Lage: 47 km nördlich von Kopenhagen.
Am Esrumsee steht ein gleichnamiges Kloster, das im 14. Jh. von Benediktinermönchen erbaut wurde. Erhalten geblieben ist aus dieser Zeit ein Gebäudetrakt in romanischem Stil.

Farum-Bastrup Naturpark

Lage: 15 km nordwestlich von Kopenhagen.
Zwischen den Seen Farum Sø und Bure Sø liegt die reizvolle Wald- und Seenlandschaft des Naturparks Farum-Bastrup. Entstanden sind die Hügel und Seen der Region vor über 10000 Jahren beim Rückzug der Eismassen am Ende der letzten Eiszeit. Hier finden Naturliebhaber zahlreiche Wanderpfade.
Als Ausgangspunkt kann man das kleine Städtchen Farum am gleichnamigen See wählen. Von Farum führen schöne Wanderwege durch den Wald zum Bastrup Sø, wo auf einem 40 m hohen Hügel die Ruine des frühmittelalterlichen Bastrup Turmes steht. Begleitet von den Wäldern Krogelund Slov und Ganløse Eged kann man von dort die Wanderung zum Buresee fortsetzen.

Fredensborg Slot

⟶ Sehenswürdigkeiten von A bis Z

Frederiksborg Slot

⟶ Sehenswürdigkeiten von A bis Z

Frederikssund

Lage: 41 km nordöstlich von Kopenhagen.
An der schmalsten Stelle des Roskilde Fjords entwickelte sich während des Mittelalters aus einer Fährstelle die Stadt Frederikssund. Berühmt wurde der Ort durch seine alljährlichen 'Wikinger-Festspiele'. Der gelbe Museumsbau am Jenriksvej (Nr. 4) ist dem dänischen Maler und Bildhauer J. F. Willumsen (1863–1958) gewidmet. Ausgestellt sind Gemälde, Zeichnungen, Grafik, Keramik und Skulpturen des Künstlers (geöffnet: tgl. 10.00–16.00 Uhr).

Frederiksværk

Lage: 57 km nordöstlich von Kopenhagen.
Seine Entstehung verdankt Frederiksværk, das am nördlichen Ende des Roskilde Fjords angelegt wurde, dem Bau des Kanals zwischen dem Arrsø – mit 41 km² Dänemarks größter See – und dem Roskilde Fjord, der im Jahre 1719 fertiggestellt wurde. Die eigentliche Stadtgründung erfolgte indessen erst Mitte des 18. Jh.s mit der Eröffnung einer Kanonengießerei und eines Pulverwerks, dessen alte Schwarzpulvermühlen jetzt als Museum eingerichtet sind. Der große Industriebau des ehemaligen Giethuset (Gießhaus) wurde zwischen 1988 und 1990 zu einem Kulturzentrum umgebaut. Am Kanal in der Ortsmitte sind eine Reihe sehenswerter alter Häuser erhalten.
Einen Besuch lohnt ferner das 1991 eingeweihte Museum GeoArt (Frederiksvej 160) mit einer beachtlichen Sammlung von Gesteinen und Mineralien (geöffnet: Di., Mi.–So. 10.00–17.00, Do. 10.00–20.00 Uhr). In den Monaten Juli und August werden hier auch Kurse im Schleifen von Steinen und Bernstein angeboten.

Frilandsmuseet

⟶ Sehenswürdigkeiten von A bis Z

Bilderbuchschloß aus der Renaissance: Frederiksborg Slot bei Hillerød

Furesøen, Lyngby Sø, Bagsværd Sø, Mølleå

Lage: 15 km nördlich vom Stadtzentrum Kopenhagens.
Zu den Erholungsgebieten von Kopenhagen gehören die drei durch einen Kanal verbundenen Seen Furesøen, Lyngby Sø und Bagsværd Sø. Die von Wäldern umgebenen Seen bieten die Möglichkeit zum Baden, Segeln, Surfen, Rudern oder Angeln, und ihre Uferwege laden zu ausgedehnten Spaziergängen ein. Gespeist werden der Fure- und der Lyngbysee durch den Wasserlauf der Mølleå (Mühlenau). An ihren Ufern hatten sich im Mittelalter mehrere Wassermühlen angesiedelt, die das Korn der Gegend mahlten. Später nutzten Kupfer- und Papierhersteller die Wasserkraft der Mølleå. Erhalten sind heute nur noch zwei der alten Mühlen.

Gilleleje

Lage: 59 km nördlich von Kopenhagen.
An der nördlichsten Spitze Seelands liegt Gilleleje mit einem lebhaften Fischereihafen und kinderfreundlich flachen Badestränden. Anziehungspunkte sind das Gilleleje Museum im Rostgårdvej 2 mit heimischen Bootsmodellen (geöffnet: Juni–Sept.: Di.–So. 14.00–17.00 Uhr) und die landschaftlich reizvolle Umgebung, darunter der Gilbjerg Hoved, wo ein Vogelschutzgebiet ausgewiesen worden ist. Östlich des Ortes stehen zwei Leuchttürme; der östlichere von beiden wurde 1772 als erster seiner Art mit Kohle befeuert.

Hellerup

Telefonmuseet: ⟶ Museen

Helsingør

Lage: 45 km nördlich von Kopenhagen.
Helsingør ist Standort des 'Hamlet-Schlosses' Kronborg Slot (⟶ Sehenswürdigkeiten von A bis Z). Beachtung verdienen außerdem die vielen alten Fachwerkbauten entlang der Stengade (Fußgängerzone), darunter typische Häuser aus dem 18. Jh., die nach sorgsamer Restaurierung heute unter Denkmalschutz stehen. Die 1200 begonnene und 1559 vollendete Kirche Sankt Olai ist die größte Kleinstadtkirche des Landes mit einem schönen Altargemälde, kunstvollem Chorgitter und bemerkenswerter

Helsingør (Fortsetzung)

Taufkapelle. Knapp 200 m weiter nördlich an der Sct. Annæ Gade befindet sich die spätmittelalterliche Marienkirche mit einer prachtvollen Orgel. Die Kirche bildet den Südflügel des um 1430 erbauten Karmeliterklosters, die am besten erhaltene Klosteranlage Dänemarks. Hier liegt Dyveke († 1517), die Geliebte König Christians II., begraben. Das Karmeliterhaus beherbergt heute das Stadtmuseum (Bymuseum; geöffnet: tgl. 12.00–16.00 Uhr)). Lohnend ist auch der Besuch der Kunstausstellungen in Marienlyst Slot (Marienlyst Allé 32, geöffnet: tgl. 12.00–17.00 Uhr) und der naturwissenschaftlichen Sammlungen des Danmarks Teknisk und Transport Museum, zu dessen Exponaten ein Automobil von 1886 und ein Flugzeug aus dem Jahre 1906 gehören (Nordre Strandvej 23 und Ole Rømers Vej; geöffnet: Mo.–Fr. 10.00–16.00 Uhr, Sa., So. 10.00–17.00 Uhr). Von der alten Handels- und Hafenstadt kann man mit der Fähre über den hier nur 4,5 km breiten Øresund zur schwedischen Stadt Helsingborg fahren.

Hillerød

Lage: 35 km nördlich von Kopenhagen.
Die meisten Besucher kommen nach Hillerød, um Fredriksborg Slot (→ Sehenswürdigkeiten von A bis Z) zu besichtigen. Die Stadt besitzt aber mit Helsingørgade und Slotsgade auch eine attraktive Fußgängerzone, die zu einem schönen Einkaufsbummel einlädt.

Holmegaard Glaswerke

→ Museen

Holte

Søllerød Museum (Vedbæk Finds): → Museen

Hornbæk

Lage: 50 km nördlich von Kopenhagen.
Hornbæk ist die älteste Fischersiedlung an der Nordküste Seelands. Zum Seebad, dessen weiß, rot und gelb getünchte Häuschen einen sehr malerischen Anblick bieten, gehören ein großer Jachthafen und ein weiter, feinkörniger Sandstrand. Die blaue Innenausstattung der 1737 geweihten Dorfkirche symbolisiert die Bedeutung des Meeres für die Hornbæker. Die maritime Ausschmückung ergänzen eine Reihe von Schiffsmodellen, die an der Decke der Seemannskirche hängen. Das Altarbild schuf der dänische Maler C. W. Eckersberg.
Als Windschutz gegen schwere Stürme wurde Anfang des 19. Jh.s mit der Aufforstung des benachbarten Naturparks 'Hornbæk Plantage' begonnen, der heute ein beliebtes Naherholungsziel darstellt.

Hornsherred, Jægerspis, Selsø

Lage: 50 km westlich von Kopenhagen.
Daß die Halbinsel zwischen dem Isefjord und dem Roskilde Fjord schon vor Tausenden von Jahren bewohnt war, belegen mehrere Hünengräber auf Hornsherred. Anno 1987 fanden Archäologen hier die Stelle, wo im dritten vorchristlichen Jahrtausend Dänemarks bis dato ältestes Haus gestanden hat.
Im Norden der Halbinsel empfiehlt sich eine Besichtigung des königlichen Jagdschlosses 'Jægerspis', das im 16. Jh. entstand und im 18. Jh. eine Umgestaltung erfuhr. Bewohnt wurde es zuletzt von Frederik VII. und seiner dritten Frau, der unehelichen Tochter eines Dienstmädchens, die man anläßlich der Hochzeit zur Gräfin Danner erhob. Nach dem Tode des Königs ließ die Gräfin hier eine Stiftung für in Not geratene, unvermögende Mädchen einrichten. Besondere Beachtung verdienen im Schloßpark die 54 Ehrensäulen für illustre norwegische und dänische Adlige.
Östlich von Skibby liegt Schloß Selsø, das im 16 Jh. erbaut und im 18. Jh. umgestaltet wurde. Bemerkenswert sind die mit Versailler Spiegelglas (1733) ausgeschmückten Räume sowie mehrere Gemälde von H. Krock.

Hundested

Knud Rasmussens Hus: → Museen

Hørsholm

Dänisches Jagd- und Forstmuseum: → Museen

Karen Blixen Museet

→ Sehenswürdigkeiten von A bis Z

Kronborg Slot
→ Sehenswürdigkeiten von A bis Z

Køge
Lage: 32 km südlich von Kopenhagen.
Bekannt ist das Städtchen Køge für seine malerischen alten Fachwerkhäuser aus dem 16. und 17. Jahrhundert. Kunst- und kulturgeschichtlich Interessantes bietet das Køge Museum mit alten Möbeln und Trachten (Nørregade 4; geöffnet: tgl. 10.00–17.00 Uhr) sowie die Køge Skitsesamling mit Skizzen und Zeichnungen aus dem 19. Jh. (Nørregade 29; geöffnet: Di.–So. 11.00–17.00 Uhr). Erholung nach dem Kunstgenuß verspricht ein Spaziergang im 7 km langen Køge Bugt Strandpark.

Lejre Forøgscenter
→ Sehenswürdigkeiten von A bis Z

Louisiana
→ Sehenswürdigkeiten von A bis Z

Lyngby
Sophienholm: → Museen;
Frilandsmuseet: → Sehenswürdigkeiten von A bis Z

Nærum
Sommers Veteranbil Museum: → Museen

Roskilde
→ Sehenswürdigkeiten von A bis Z
Palæsamlingerne, Roskilde Museum: → Museen.

Auskunft

In Deutschland

Dänisches Fremdenverkehrsamt

Zentralbüro für Deutschland,
Österreich und die Schweiz:
Dänisches Fremdenverkehrsamt
Glockengießerwall 2
Postfach 10 13 29, D-20008 Hamburg
Tel. (0 40) 32 02 10, Fax (0 40) 32 02 11 11
E-Mail: daninfo@dt.dk

In Kopenhagen

Touristeninformation

Wonderful Copenhagen Tourist Information
Bernstorffsgade 1, DK-1610 København V
Tel. 70 22 24 42, Fax 33 22 12 88
www.visitcopenhagen.dk
E-Mail: touristinfo@woco.dk

Meet the Danes

Nyhavn 65, DK-1051 København K
Tel. 33 46 46 46, Fax 33 46 46 47
E-Mail: info@meetthedanes.dk
Wer privaten Kontakt sucht, kann über diese Initiative z. B. ein Privatzimmer, ein Abendessen im Kreise einer dänischen Familie oder eine persönlich geführte Radtour buchen.

Use-It Turistinformation

Rådhusstræde 13, DK-1466 København K
Tel. 33 73 06 20, Fax 33 73 06 49
E-Mail: useit@useit.dk
Preisgünstige Übernachtungen, Restaurants und Events für junge Leute

Messen, Kongresse

Wonderful Copenhagen Convention & Visitors Bureau
Gammel Kongevej 1,
Tel. 33 25 74 00, Fax 33 25 74 10
E-Mail: hth@woco.dk

Autohilfe

Automobilclub

Forenede Danske Motorejere (FDM)
Firskovvej 32, DK-2800 Lyngby
Tel. 45930800
Geöffnet: Mo.–Fr. 9.00–17.00 Uhr, Sa. 10.00–12.00 Uhr.
Der dänische Automobilclub berät in technischen, juristischen und touristischen Fragen, leistet aber keine Pannenhilfe.

Pannenhilfe

Pannenhilfe leisten:
FALCK-Dienst, Tel. 70102030
DAHU-Verband, Tel. 31312144.
Beide Notrufdienste sind rund um die Uhr erreichbar. Die Hilfeleistungen sind kostenpflichtig.

Notdienste

→ dort

Babysitter

HH-Babysitting, Tel. 38748151 und 40328729
Tgl. 6.30–22.00 Uhr

Studenternes Babysitters, Smållegade 52 A, Tel. und Fax 31229696
Mo.–Do. 6.30–9.00 und 15.00–18.00, Fr. 15.00–18.00 Uhr.

Badestrände

Auch wenn vermutlich kaum jemand zum Badeurlaub nach Kopenhagen fährt: Baden in der Ostsee kann man an vielen Stränden in der nahen Umgebung der Hauptstadt, so insbesondere im Umkreis von Dragør auf der Insel Amager, zudem im Charlottenlund Strandpark, 6 km nördlich vom Stadtzentrum, und 4 km weiter im Bellevue Strandpark, dann an einem halben Dutzend Stränden, die sich in Richtung Køge südwestlich von Kopenhagen an der Køge-Bucht entlangziehen, wobei v. a. der Køge Bugt Strandpark gute Badeplätze aufweist. Schließlich bieten der Norden und Westen von Seeland eine Vielzahl hervorragender Strände, darunter die breiten Sandstrände bei Hornbæk, Dronningmølle und Gilleleje – rund 55 km nördlich von Kopenhagen – und die Sejrøbucht bei Holbæk – knapp 60 km westlich der Hauptstadt. Die wohl schönsten Abschnitte befinden sich in Nordseeland bei Tisvildeleje und Liseleje, die rund 60 km von Kopenhagen entfernt sind, und bei Nykøbing und Rørvig, die man nach etwa 100 km erreicht. Empfehlenswerte Strände im Süden Seelands besitzen Rødvig (75 km), Fakse Ladeplads und Karrebæksminde (95 km).

Bahnreisen

Hauptbahnhof

Kopenhagens Hauptbahnhof, Hovedbanegården, liegt westlich des Tivoli im Zentrum der Stadt. Von hier aus fahren stündlich Züge nach allen größeren Städten Dänemarks. Regionalzüge verkehren zweimal stündlich in Richtung Helsingør, vier- bis sechsmal stündlich nach Roskilde. Zwischen 6.00 und 21.00 Uhr fahren regelmäßig Intercity u. a. Eilzüge (Lyntog) nach Fünen und Jütland sowie zum schwedischen Malmö. Platzreservierungen sind bei allen Zugverbindungen über den Großen Belt (Store Bælt) und den Øresund zu empfehlen.
Auskunft: Tel. 33141701

TeleCom Centre
Geschäftsreisende finden im TeleCom Centre des Hauptbahnhofs Telefone, Telex und Faxgeräte; auch Büro- und Konferenzräume sowie PCs und Bürohilfen können hier gemietet werden.
Tel. 33142000, Telefax 33939855
(geöffnet: Mo.–Fr. 8.00–22.00, Sa., So. 9.00–21.00 Uhr).

Bahnreisen, Hauptbahnhof (Fortsetzung)

Behindertenhilfe

Beim dänischen Fremdenverkehrsamt (⟶ Auskunft) ist die Broschüre 'Reisen in Dänemark für Körperbehinderte' kostenlos erhältlich.
Übersichten über Zugangsmöglichkeiten usw. für Behinderte bietet ferner
Bolig-, Motor- og Hjælpemiddeludvalget
Landskronagade 66,
DK-2100 København Ø
Tel. 31182666

Bibliotheken

*Det Kongelige Bibliotek

Die Königliche Bibliothek, Christians Brygge 8 (Eingang vom Hof des Schlosses Christiansborg), hat 1997–1999 für ihre umfangreichen Bestände einen modernen Erweiterungsbau an der Christians Brygge erhalten. Der Bau ist nicht nur Nationalbibliothek, sondern erfüllt auch die Funktion eines dänischen Buchmuseums. Besondere Beachtung verdient der alte Lesesaal.
Geöffnet: Lese- und Katalogsaal Mo.–Fr. 9.00–19.00, Sa. 10.00 bis 19.00 Uhr; Ausstellungen Mo.–Fr. 10.00–16.00 Uhr.

Hovedbibliotek

Die Hauptbibliothek an der Krystalgade 15 verfügt über einen umfangreichen Bestand an fremdsprachigen Büchern, Zeitungen und Zeitschriften.
Geöffnet: Mo–Fr. 10.00–19.00 Uhr, Sa. 10.00–14.00 Uhr.

Universitätsbibliothek

Fiolstræde 1; Filiale Amager: Njalsgade 80
Geöffnet: Mo–Fr. 9.00–18.00, Sa. 9.00–16.00 Uhr.

Cafés

Hinweis

Nach einem Stadtbummel empfiehlt es sich, in einem der vielen Kopenhagener Cafés die süßen Köstlichkeiten der dänischen Konditoreikunst zu probieren. Zum Teil werden auch das variantenreiche Smørrebrød und herzhafte Sandwiches serviert.

Cafés und Konditoreien (Auswahl)

*Café Europa, Amagertorv 1, Tel. 33142889 (seit 1989 Szene-Treffpunkt im Herzen der Stadt; leckere Sandwiches)
Café Internet, Zinnsgade 1, Tel. 31381074 (wer auch im Urlaub nicht auf den PC verzichten kann, ist hier genau richtig)
Café Krasnapolsky, Vestergade 10, Tel. 33328800 (cooles Design)
*Café Norden, Østergade 61, Tel. 33117791 (stets vollbesetzt, mit Blick auf den quirrligen Amagertorv; unwiderstehliche Kuchen)

Cafés (Fortsetzung)

*Café Victor, Ny Østergade 8, Tel. 33133613 (exklusives Café und Restaurant mit klassisch-noblem Ambiente)

*La Glace, Skoubogade 3–5 (Kopenhagens älteste Konditorei mit traumhaften Eissorten und köstlichem 'Sportkuchen' – seit 1891 eine Spezialität des Hauses)

*Kransekagehuset, Ny Østergade 9, Tel. 33131902 (sehr schick, mit Garten zur Pistolstræde; wunderbare hausgemachte Marmeladen)

Kul Kaféen, Teglgårdsstræde 5, Tel. 33321777 (hier gibt es Ökokaffee)

Marstrand Konditori-Café, Købmagergade 15, Tel. 33140791 (anno 1740 gegründetes Unternehmen mit traumhaften Apfelküchlein)

Reinhard van Hauen, Østergade 22, Tel. 33131703 (traditionsreiche Backkunst mit unwiderstehlichem Wienerbrød)

*Royal Copenhagen, Amagertorv 6 (vorzüglicher Kaffee und Kuchen stilvoll serviert auf altem Porzellan)

Sabines Caféteria, Teglgårdsstræde 4, Tel. 33140944 (Holz und Metall bestimmen die gemütliche Einrichtung, beliebter Treffpunkt des jungen Publikums aus dem Studentenviertel)

Sct. Peder's Bageri, Sct. Pedersstræde 29, Tel. 33111129 (1652 gegründetes Haus mit ausgefallenem Backwerk bis hin zum Batman-Kuchen)

Camping

Der dänische Campingrat (Campingrådet) kontrolliert die Campingplätze jährlich neu, gemäß ihrem Standard werden sie mit ein, zwei oder drei Sternen gekennzeichnet. Die Drei-Sterne-Plätze werden rund um die Uhr beaufsichtigt. Ein ausführliches Campingplatzverzeichnis kann über den Campingrådet (Hesseløgade 16, DK-2100 København Ø, Tel. 39278844) bezogen werden; zudem ist eine Broschüre mit den wichtigsten Campingplätzen bei den Fremdenverkehrsämtern (⟶ Auskunft) erhältlich.
Außerhalb der Campingplätze darf man in Dänemark weder im Wohnmobil noch im Zelt übernachten.

Campingplätze in und um Kopenhagen (Auswahl)

Absalon
Kordalsvej 132, DK-2610 Rødovre,
Tel. 31410600, Fax 36410293; 2 Sterne.
Geöffnet: Ganzjährig; 1 000 Stellplätze.

Bellahøj
Hvidkildevej, DK-2400 København NV,
Tel. 38101150, Fax 38101332; 2 Sterne.
Geöffnet: Juni–August; 670 Stellplätze, Busse: 2, 8, 63, 68 vom Rathausplatz.

Nivå
Campingvej 14, 2990 Nivå,
Tel. 49145226
Geöffnet: April–September.
130 Stellplätze; rund 25 km nördlich von Kopenhagen.

Nærum
Ravnebakken, 2850 Nærum,
Tel. 45801957, Fax 42801178; 2 Sterne.
Geöffnet: Mitte März–Ende September.
375 Stellplätze; ab Zentrum 15 km über E 55/E 47 nach Norden.

Strandmøllen
Strandmøllevej, 2942 Skodsborg,
Tel. 45505510; 2 Sterne.
Geöffnet: Mai–Mitte September.
120 Stellplätze; ab Zentrum 14 km über Strandvejen.

Copenhagen Card

⟶ Verkehrsmittel · Öffentlicher Nahverkehr

Diplomatische Vertretungen

Vertretungen von Dänemark

Deutschland

Königliche Dänische Botschaft
Rauchstr. 1, D-10787 Berlin
Tel. (030) 50502000

Österreich

Königliche Dänische Botschaft
Führichgasse 6, A-1010 Wien
Tel. (01) 51279040

Schweiz

Ambassade Royale de Danemark
Chancellerie, Thunstr. 95, CH-3000 Bern 16
Tel. (031) 445011

Botschaften in Kopenhagen

Deutsche Botschaft

Stockholmsgade 57
Tel. 35261622

Österreichische Botschaft

Sølundsvej 1
Tel. 39294141

Schweizerische Botschaft

Amaliegade 14
Tel. 33141796

Einkäufe und Souvenirs

Einkaufsparadies

Dänisches Design, diese ausgeprägte Liebe zur Formschönheit mit Funktionalität – hier geraten Kopenhagen-Besucher ins Schwärmen. Nicht nur Möbel, sondern auch die vielfältigsten Gebrauchsgegenstände und Erzeugnisse des Kunstgewerbes erhalten durch klare, materialgerechte Linienführung und Formgebung ein modernes und doch zeitloses Gepräge (s. Dänisches Design, S. 18ff.). Das Einkaufen gehört daher zu den reizvollsten Vergnügungen eines Aufenthalts in Kopenhagen, auch wenn die Preise als Folge der hohen Mehrwertsteuer (dän. MOMS; 25%) nicht immer günstig sind.
Einen hervorragenden Überblick und eine beachtliche Auswahl bieten die großen Kaufhäuser Illum und Magasin du Nord sowie das Einrichtungshaus Illums Bolighus. In den Geschäften rund um die Fußgängerzonen Strøget und Købmagergade findet man ebenfalls ein reiches Angebot mit vielen Spezialgeschäften. Besonderer Beliebtheit erfreuen sich die Services der Königlichen Porzellanmanufaktur und von Bing&Grøndahl, Silberarbeiten von Georg Jensen und Mundgeblasenes der Holmegaard Glaswerke, die man bei Royal Copenhagen am Amagertorv 6 in einem entsprechend noblen Ambiente bewundern kann. Nicht zu vergessen die große Auswahl an ⟶ Antiquitäten, Spielzeug und bezaubernden Kindersachen, handgefertigte Tabakspfeifen und mollige Pullover. Unter den Lebensmitteln sind besonders Räucherlachs und Leberpastete, Frühstücksspeck und Käse sowie die süßen Kransekager und Wienerbrød zu nennen. Spirituosenspezialitäten wie der Aquavit sind relativ teuer.

Einkäufe und Souvenirs

Tax free Shopping — Bei größeren Einkäufen ist zu überlegen, ob der Versand unter Abzug von Mehrwertsteuer (die freilich nach den MWST-Sätzen des Heimatlandes wieder aufgeschlagen wird) günstiger ist. Die in Frage kommenden Geschäfte, die durch den Aufkleber 'Tax free for tourists' gekennzeichnet sind, können beraten.

Antiquariate — Branner Bibliofile Antikvariat, Bredgade 10
Busck Antikvariat, Fiolstræde 24
Frederiksberg Antikvariat, Gammel Kongevej 120
Harcks Einar Antikvariat, Fiolstræde 34

Antiquitäten — ⟶ dort

Bernstein — Ravhuset (Bernstein-Spezialist mit drei Filialen):
Kongens Nytorv 2 (Bernsteinmuseum mit Museumsboutique);
Frederiksberggade 34 (Verkaufsraum am Anfang der Strøget);
Langeliniekaj (Verkaufsraum an der Langelinie)

Blumen — *Tage Andersen, Ny Adelgade 12 (museales Floristengeschäft mit zauberhaften Blumenarrangements nebst exotischer Eisenschmiedekunst, die Tage Andersen berühmt gemacht haben)

Bonbons — *Sømod's Bolcher, Nørregade 24 und 36 (1891 eröffnete Bonbonfabrik; Naschkatzen können bei der Herstellung der Süßigkeiten zusehen, um anschließend eine Riesentüte eigens ausgewählter Bonbons mit nach Hause zu nehmen)

Daunendecken — Ofelia, Strøg-Arkaden, Vimmelskaftet 39 (kuschelige Daunendecken in allen Variationen)

Delikatessen — J. Chr. Andersen's Eftefølger, Købmagergade 32 (dänischer Käse, Feinschmeckersalate und frisches Obst)
*Fiskehuset, Højbro Plads 19 (Hummer, Lachs und Kaviar – ein Schlemmerland für Fischfreunde und Sushifans)
*Ole Jensen APS, CZAR, Købmagergade 32 (Käse, Käse und nochmals Käse)

Eskimokunst — Inuit, Kompagnistræde 14A (Galerie mit Eskimokunst)

Glas — C. E. Fritzsche, Kompagnistræde 12 (die 1788 gegründete älteste Glashandlung Dänemarks ist der Königliche Hoflieferant C. E. Fritzsche. Die Firma ist bis heute in Familienbesitz)
Hinz/Kjær Design, Østergade 24C (junge Glashütte aus Gilleleje/Nordseeland mit schönen Vasen und Trinkgläsern)
*Holmegaard Glas, Østergade 15 (Mundgeblasenes aus der berühmten Glashütte bei Næstved, s. hierzu S. 19)

Handarbeiten — Håndarbejdets Fremme, Vimmelskaftet 38 (ein Paradies für Freunde der Handarbeit)

HiFi-Geräte — *Bang & Olufsen, Østergade 3–5 (edel und schlicht: die umfangreiche Verkaufsausstellung des mehrfach prämierten Unternehmens, das Designgeschichte für Hifi-Geräte geschrieben hat)

Jazzmusik — Jazz Kælderen, Gråbrødre Torv 5 (alles über Jazzmusik; gute CD-Auswahl)

Kaufhäuser — *Illum, Østergade 52 (Kaufhauslegende mit internationalem Angebot auf sechs Etagen unter einer herrlichen Glaskuppel; weiter Rundblick von den Cafés im Dachgeschoß; hier bietet zudem die Louisiana-Boutique Drucke und Kunstbücher des berühmten Museums; Antiquitätenmarkt im dritten Stock; Tip für Eltern mit Kleinkindern: Wickeltisch in der Damentoilette im vierten Stock)

Kaufhäuser (Fortsetzung)

* Magasin du Nord, Kongens Nytorv 13 (eines der größten Kaufhäuser Skandinaviens mit schmucker Gründerzeitfassade, die noch vom einstigen 'Hotel du grand Nord' stammt, das 1893 zum Warenhaus umfunktioniert wurde; Besucher finden ebenso namhafte internationale Markenartikel wie dänisches Topdesign; gute Buchabteilung)

Kindermode

Natoli, Grønnegade 35 (bezaubernde Kindersachen von Tintin u.a.)
Créatex Jeunesse (farbenfrohe Kindermode)

Lampen

Diser 37, Kompagnistræde 37 (stilvolle Arbeiten der 30er Jahre)
Housewarming, Lars Bjørnsstræde 5 (alte Lampen mit edlem Dekor)

Leder

Bally, Østergade 55 (der Name spricht für erstklassige Qualität)
Borgen Bags, Sct. Peders Stræde 25 (schöne Taschen und Schuhe)
Le Pied, Skoubogade 1 und Sværtegade 7kld. (ausgefallene Schuhmode)
Lædersmeden, Vestergade 15 (Leder in allen Variationen)
*Neye, Vimmelskaftet 28 (edle Ledersachen)
Royal skin, Frederiksberggade 10B (schöne Lederhosen und -jacken)
Skind Galleriet, Amagertorv 31 (ausgefallene Lederjacken und -taschen)

Unbestritten Kopenhagens schönste Einrichtungsadresse: Illums Bolighus im Herzen der Stadt

Möbel

Fog & Co, Klareboderne 16 (geschmackvolle Einrichtungsgegenstände)
*Illums Bolighus, Amagertorv 10 (Kopenhagens schönstes Einrichtungshaus erfüllt alle Wünsche zum Wohnkomfort)
Toybox, Kompagnistræde 8 (Jan Egeberg liefert handgefertigte Möbel nach Disneyvorlagen und anderen Comicfiguren)

Mode für Sie und Ihn

Im Verlauf des Strøget trifft man auf zahllose Modeboutiquen, die alles von der individuellen Designerkollektion über verrückte Avantgardeentwürfe bis zu aktuellen Modehits versprechen. Meist preisgünstiger sind die Boutiquen, die sich in den Nebenstraßen des Strøget und der Købmagergade

Über 400 Jahre Tabakgeschichte, ausgesuchte Rauchutensilien und wohlduftende 'Selected Blends' verspricht ein Besuch in W. Ø. Larsens Pfeifengeschäft, zu dem ein kleines Tabakmuseum gehört.

Mode für Sie und Ihn (Fortsetzung)

angesiedelt haben. Junge Mode in alten Gemäuern findet man im 'Lateinerviertel' um die Universität, so in der Fiolstræde, der Krystalgade und dem Rosengården. Preisgünstige Modegeschäfte liegen ferner an der Vesterbrogade westlich vom Hauptbahnhof. Ausgefallene Mode bieten u.a.:

Modegeschäfte

Bacher und Schilder, Stavangergade 6 (klassischer Stil von Gant, Cottonfield, René Lezard und Peak Performance)
Carli Gry's Hus, Købmagergade 38 (junges Outfit mit klassischer Note)
*Birger Christensen, Østergade 44 (nur feinste Stoffe von Hermes)
Bison Bee·Q, Østergade 26 (schickes Outfit für sie und ihn)
*Rie Christiansen, Rosengården 12 (exklusive Designermodelle für Damen)
Gucci, Østergade 46 (die italienische Nobelmarke hat ihren Preis)
H & M, mehrere Filialen, darunter Amagertorv 23 (junge Mode zu erschwinglichen Preisen)
*Kaufmann, Nygade 2–4 (edler Herrenausstatter mit Savannah, GB und anderen Topdesignern)
*Monsoon, Amagertorv 16 (das britische Unternehmen schwelgt in Samt und Seide; romantische Hüte und traumhafte Abendkleider für junge Leute)
*Mads Nørgaard, Amagertorv 1 (junge Herrenkonfektion)
Peak Performance, Ny Østergade 10 (junger Schick)
Red/Green, Bremerholm 1 (nobel und teuer für sie und ihn)
Sand, Østergade 40 (Edelboutique mit Tradition)
*Maria Sander, Ny Adelgade 6 (Elegantes für den großen Abendauftritt)
*Strenesee, Designer's Stock Sales, Ny Østergade 13 (Fabrikverkauf des In-Designers mit bis zu 30–50 % reduzierten Preisen)
*Sweater Market, Frederiksberggade 15 (mollige Pullover und Jacken mit skandinavischen Mustern)

Papiertheater

→ Dukketeatre, s. 63

Pfeifen und Tabak

Paul Olsen's Tobaksblanderi, Nygade 4 (Königlicher Hoflieferant mit ausgesuchten Tabaksorten)
*W. O. Larsen, Amagertorv 9 (ein Muß für Pfeifenraucher; Besonderheit: das kleine Tabakmuseum, s. hierzu S. 44)

Porzellan

Artium, Vesterbrogade 1 (skandinavisches Designzentrum mit guter Auswahl an geschmackvollen Geschenkartikeln)
*Royal Copenhagen, Amagertorv 6 (vom Flora-Danica-Prachtgeschirr bis zur handbemalten Porzellanfigur – nur das Feinste aus der königlich-dänischen Porzellanmanufaktur und von Bing & Grøndahl)
*Rosenthal Studio-Haus, Frederiksberggade 21 (Meisterwerke von Bjørn Wiinblad und anderen Rosenthal-Künstlern)

Schmuck- und Silberwaren

Art deco, Sct. Strandstræde 19 (Jugendstilarbeiten)
English Silver House, Pilestræde 4 (edle Silberleuchter und feines Besteck)
*Georg Jensen, Amagertorv 4 (Meisterwerke der berühmten Silberschmiede aus den 20er und 30er Jahren, aber auch modernes Silberdesign; nicht vergessen: ein Besuch im angeschlossenen Jensen-Museum mit Exponaten von 1904–1940)
Museums-Kopi Smykker, Grønnegade 6 (handgearbeiteter Schmuck in Gold, Silber und Bronze nach dem Vorbild gefundener Schmuckstücke aus der Bronze- bis Wikingerzeit)
Peter Krog, Bredgade 4 (u.a. erschwingliches Georg-Jensen-Silber aus zweiter Hand)

Schuhe

→ Leder

Spielsachen

Englebasserne, Vestergade 14 (alles, was Kinderherzen erfreut)

Segelausstatter

Helly-Hansen Shoppen, Nørregade 45 (Segeljacken und Troyer der Nobelmarke)

Elektrizität

Das dänische Stromnetz führt eine Spannung von 220 Volt Wechselstrom; die Frequenz beträgt 50 Hertz. Im Handel erhältliche Europa-Norm-Stekker sind in Dänemark weitgehend verwendbar.

Essen und Trinken

Dänische Gaumenfreuden

Was essen die Dänen am liebsten, welche Spezialitäten bietet die dänische Küche? Frikadellen und Kartoffeln, am besten mit einer sämigen braunen Soße dazu, Smørrebrød, Rote Grütze und das leckerste Soft-Eis der Welt, der traditionell marinierte Hering, Dorsch und Aquavit, und natürlich nicht zu vergessen: rote Würstchen, die Pølser, Krönung aller Fast food-Speisen. Von besagter Würstchenbude bis zum First Class Restaurant: gut essen und trinken kann man auf einem kulinarischen Streifzug durch Kopenhagen allemal. Dänemarks Nationalspeise, die Frikadelle, wurde übrigens anno 1842 aus Deutschland importiert. Ziemlich opulent und keineswegs etwas für eilige Zeitgenossen ist die dänische Frokost mit allen erdenklichen Variationen zum Thema 'Smørrebrød' – eine wunderbare Idee für die Mittagspause oder einen festlichen Anlaß.

Mahlzeiten

Frühstück (morgenmad) bekommt man in Restaurants und Hotels bis etwa 11.00 Uhr. Es ist kontinental, mit Brötchen, Käse, Ei, Marmelade und reichhaltigem Aufschnitt. Das Mittagessen (Lunch, frokost) wird zwischen 11.30

Wer Smørrebrød mag, ist hier richtig: Wirtshaus "Snaren" in der Kompagnistræde

Mahlzeiten (Fortsetzung)

und 14.00 Uhr, das Abendessen zwischen 18.00 und 20.00 Uhr eingenommen. Das kalte Abendessen nennen die Dänen 'aftensmad' und – verkehrte Welt: das warme Abendbrot heißt 'middag', also Mittagessen.

Frokost

Typisch für Dänemark sind die in den Restaurants vielseitig gedeckten Mittagsbüffets, 'Frokost' genannt, die den dänischen Lunch so gewichtig machen. Gereicht werden dabei eine Reihe von kalten und warmen Gerichten. Man beginnt immer mit Fisch, meist marinierter Hering, gefolgt von geräuchertem oder 'graved' Lachs, danach hat man die Wahl zwischen Frikadellen, Schweinebraten, Leberpastete oder Rinderbrust, den Abschluß bildet ein Stück Käse (ost), der auch mit etwas Rum übergossen serviert wird. Dazu trinkt man Bier und eisgekühlten Aquavit.

Restaurants

⟶ dort

Speisen

Smørrebrød

Das legendäre Smørrebrød ist ein mit allen erdenklichen Köstlichkeiten – z. B. Roastbeef, Lachs, Fischfilet, Räucheraal, Leberpastete oder Krabben – belegtes Butterbrot (Franskbrød = Weißbrot, Rugbrød = Roggenbrot, Surbrød = Graubrot), das in vielen Variationen angeboten wird. Fertig kaufen kann man die kulinarischen Kreationen um die Mittagszeit in den zahlreichen Smørrebrød-Geschäften der Stadt wie beispielsweise in den Tivolihallen an der Vester Voldgade 91. Oder man kehrt in einem der vielen Smørrebrøder ein (s. S. 181) ein und verzehrt hier genußvoll die fantasievollen Butterbrothäppchen.

Fisch

Fisch aller Art wird besonders lecker und abwechslungsreich zubereitet. Viele Gerichte bestehen aus Forelle, Flunder oder gebratener Scholle. Eine Delikatesse, die man sich in Kopenhagen unbedingt schmecken lassen sollte: Räucherlachs oder den mit einer Mischung aus Zucker, Salz, Pfeffer und Dill marinierten 'graved' Lachs.

Fisch (Fortsetzung)

Fleisch

Ebenso beliebt sind aber auch deftige Sachen wie der herzhafte Frühstücksschinken (bacon), Schweinebraten mit knuspriger Schwarte und Rotkraut (flæskesteg mit røkål), die an zahllosen Ständen erhältliche Bratwurst (Pølser), würzige Frikadellen (Hackfleischklöße aus Schweinefleisch), Hackfleischklöße aus Rindfleisch (Hakkebøf), Erbsensuppe mit Medisterpølser und Schweinefleisch (Gule årter) und Rehbraten mit Preiselbeeren (Dyreryg).

Getränke

Die Nationalgetränke der Dänen sind Kaffee und Bier. Der meist aus Deutschland, Frankreich oder Italien importierte Wein ist im Vergleich zum europäischen Festland relativ teuer, wenngleich die Preise in den letzten Jahren etwas heruntergegangen sind. Ein typisch dänischer Schnaps, der gern nach dem Verzehr von fetten Gerichten getrunken wird, ist der Aquavit (lat. aqua vitae = Lebenswasser), ein mit Kümmel und anderen Gewürzen aromatisierter Branntwein (mindestens 38 % Alkohol). Die gängigsten Sorten sind 'Rød Aalborg' und 'Jubilæums-Akvavit'. Als Magenbitter ist der 'Gammel Dansk' zu empfehlen. Brausegetränke heißen 'Vand' als Abkürzung von 'Sodavand' (z. B. Appelsinvand, Citronvand), Mineralwasser trägt die Bezeichnung 'Danskvand'. Mahlzeiten werden meistens mit einem Kaffee beendet.

Bier

Das übliche Getränk ist helles Lagerbier (øl), das in der Regel in kleinen Flaschen abgegeben wird. Es gibt auch dänisches Faßbier, allerdings wird es wie das englische mit wesentlich weniger Kohlensäure als das deutsche gezapft.
Die bei weitem größte Braugruppe Dänemarks, die United Breweries Carlsberg and Tuborg, stellt allein über 15 Marken für den inländischen Verbrauch her. Dazu gehören verschiedene Biersorten wie das dem deutschen Pils entsprechende, wenngleich etwas leichtere 'Grøn Tuborg' und 'Hof' von Carlsberg (beide mit 3,7 % Alkoholgehalt) sowie das mit dem deutschen Alt vergleichbare 'Rød Tuborg' und 'Gammel Carlsberg'. Etwas mehr Alkohol enthalten das 'Carlsberg Guld Export' (4,0 %) und das 'Guld Tuborg' (4,6 %). Stärkere Biersorten mit bis zu 6,2 % Alkoholgehalt sind das helle 'Elefanten Beer', das 'Tuborg F.F.' (Schönes Fest) und das 'Tuborg Påskebryg' (Osterbier) sowie das bernsteinfarbene 'Carlsberg 47' oder kurz 'C 47', dessen Zahl auf das Gründungsjahr der Carlsbergbrauerei 1847 hinweist. Zu den Starkbieren zählt schließlich noch das im Aussehen dem irischen Guinness ähnelnde 'Gammel Porter', ein süßliches 'Imperials' Stout (6,1 % Alkoholgehalt).
Eine dänische Spezialität ist die sog. 'Kande', eine wenn auch verwegen klingende, so doch von Kennern vielgelobte Mischung aus zwei Biersorten (Porter mit Pils oder Alt) und Aquavit, Pernod sowie Zitronenlimonade.
Gegenüber dem Tivoli braut im Restaurant 'A Hereford Beefstouw' Dänemarks kleinste Brauerei namens 'Apollo' ihr eigenes Faßbier. Die Brauerei wurde mit Unterstützung der Wiibroe Brauereien mitten im Restaurant errichtet, wo man zum frisch Gezapften auch Würstchen nach deutschem Rezept bestellen kann.

Gastronomische Ausdrücke

Essen

Wo gibt es hier ...	Hvor er der ...? [wor är der ...]
... ein gutes Restaurant?	... en god restaurant? [en goh resdaurang]
Gibt es hier eine gemütliche Kneipe?	Er der et hyggeligt værtshus? [är der et hüggeligt wärtshus]

Baedeker Special

Smørrebrød, Pølser und Rød Grød med Fløde

Die Namen auf der dänischen Speisekarte erweisen sich für ausländische Besucher mitunter als wahre Zungenbrecher, um so leichter fällt es hingegen, sich Dänemarks kulinarische Köstlichkeiten auf der Zunge zergehen zu lassen. Natürlich bietet das Land zwischen den Meeren Fisch und Schalentiere in endlosen Variationen – versuchen Sie zur 'Frokost' zartrosa Garnelen oder marinierten Hering auf gesäuertem Brot mit einem Frischgezapften vom Faß und einem eiskalten Aquavit. Probieren Sie Dorsch oder Stockfisch in Senfsoße, Graved Lachs, gegrillte Seezunge oder gebratene Scholle bei einem der Meisterköche im Viertel um den Gammel Strand oder gewähren Sie sich eine gastronomische Sternstunde in den Gourmetkellern am 'hyggeligen' Nyhavn. Das zu recht gerühmte 'Smørrebrød', wie die herzhaft belegten Butterbrote der Dänen heißen, verschwindet in der Regel unter einem überaus appetitlichen Belag aus Fisch, Fleisch oder Gemüse. Tradition haben außerdem die 'Pølser', knallrote Würstchen vom Stand – mit süßen Gurken, Senf und Röstzwiebeln zumindest einen Versuch wert. Aber auch knusprige Schweinekotletts mit Rotkraut oder würzige Frikadellen gelten als dänische Originale. Wer gerne nascht, ist in Dänemark allemal gut aufgehoben. Ein Muß zum Nachtisch ist die Rote Grütze mit Sahne – die legendäre 'Rød Grød med fløde' –, zum Tee wird gerne marzipangefülltes Plundergebäck wie 'Kopenhagener', 'Wienerbrød' und 'Kransekager' gereicht. Purer Genuß an heißen Sommertagen heißt 'Fløde-Is', eine Portion Sahne-Eis nach dänischem Rezept.

Topadresse für Fischfreunde: Krogs Fiske-Restaurant am Gammel Strand

Gastronomische Ausdrücke (Fortsetzung)

Reservieren Sie uns bitte für heute abend eine Tisch für 4 Personen	Vil De være venlig at reservere et bord til i aften til fire personer [will di währe wännli att reserwehre et boht till i afften till fier persohner]	
Auf Ihr Wohl!	Skål! [skohl]	
Bezahlen, bitte.	Jeg vil gerne betale. [jei will gärne betähle]	

Spisekort (Speisekarte)

morgenmad (Frühstück)

sort kaffe [sort kaffe]	schwarzer Kaffee
kaffe med mælk [kaffe med mälk]	Kaffee mit Milch
koffeinfri kaffe [koffeinfri kaffe]	koffeinfreier Kaffee
te med mælk/citron [teh med mälk/sitrohn]	Tee mit Milch/Zitrone
urtete [urte-teh]	Kräutertee
chocolade [schokoläde]	Schokolade
frugtsaft [fruktsaft]	Fruchtsaft
et blødkogt æg [ett blödkokt äg]	ein weiches Ei
røræg [röhr-äg]	Rühreier
bacon og æg [bäkon ou äg]	Eier mit Speck
brød/rundstykker/ristet brød [bröd/ronnstöckär/ristet bröd]	Brot/Brötchen/Toast
horn [horn]	Hörnchen
smør [smöhr]	Butter
ost [ost]	Käse
pølse [pölse]	Wurst
skinke [skinke]	Schinken
honning [honning]	Honig
marmelade [marmeläde]	Marmelade
mysli [müsli]	Müsli
yoghurt [joghurt]	Joghurt
frugt [frukt]	Obst

forretter (Vorspeisen)

butterdejspostej [budderdeis-postei]	Blätterteigpastete
fiskesalat [fiskesaläht]	Fischsalat
forskellige forretter [forskällje forrätter]	Diverse Vorspeisen
hønsesalat [hönsesaläht]	Geflügelsalat
kold steg [koll stei]	Kalter Braten
leverpostej [lewerpostei]	Leberpastete
pålæg [polläg]	Aufschnitt
røget sild [reuet sill]	Bückling
sildeanretning [sille-anrättning]	Heringsplatte

suppen (Suppen)

ærtesuppe [ärtesobbe]	Erbsensuppe
kærnemælksuppe [kärnemälksobbe]	Buttermilchsuppe
øllebrød [öllebröd]	Bier-Brotsuppe

fisk og skaldyr (Fisch und Schalentiere)

ål [ohl]	Aal
blåmuslinger [blomusslinger]	Miesmuscheln
brisling [brisling]	Sprotte
fiskeboller [fiskeboller]	Fischklößchen
flynder [flünder]	Flunder
gedde [gedde]	Hecht
helleflynder [hälleflünder]	Heilbutt
klipfisk [klippfisk]	Stockfisch
ørred [örred]	Forelle
pighvar [piggwahr]	Steinbutt
rejer [reier]	Garnelen
rødspætte [rödspätte]	Scholle
sandart [sandart]	Zander
sild [sill]	Hering
torsk [torsk]	Dorsch

Essen und Trinken

(kødretter) Fleischgerichte	bajerske pølser [beierske pölser]	Würstchen
	bedekølle [behdekölle]	Hammelkeule
	benløse fugle [behnlöse fuhle]	Rouladen
	biksemad [bicksemäd]	Bauernfrühstück
	engelsk bøf [engelsk böff]	Rumsteak
	flæskesteg [fläskestei]	Schweinebraten
	frikadelle[frekadelle]	Frikadelle
	kalveskank [kalweskank]	Kalbshaxe
	kødboller [ködboller]	Fleischklößchen
	lever [lehwer]	Leber
	mørbrad [mörbra]	Lendenbraten
	nyrer [nühr]	Nieren
	medisterpølse [medisterpölse]	Bratwurst
	svinekotelet [swienekotelett]	Schweinkotelett
	tunge [tunge]	Zunge
vildt og fjerkræ (Wild und Geflügel)	agerhøne [Äjerhöhne]	Rebhuhn
	and [ann]	Ente
	due [due]	Taube
	gås [gohs]	Gans
	hare [hahr]	Hase
	hjort [johrt]	Hirsch
	kalkun [kalkuhn]	Truthahn
	kylling [külling]	(Brat-)Huhn/Hähnchen
	rådyr [roddühr]	Reh
salater (Salate)	agurkesalat [agurkesaläht]	Gurkensalat
	blandet salat [blannet saläht]	Gemischter Salat
	endiviesalat [endiviesaläht]	Endiviensalat
	grøn salat [grönn saläht]	Grüner Salat
	italiensk salat [italiehnsk saläht]	Gemüsesalat
	julesalat [juhlesaläht]	Chicorée
	karrysalat [karrüsaläht]	Heringssalat mit Curry
	smørrebrød [smörbröd]	Buntdekoriertes köstlich belegtes Brot
	det kolde bord [deh kolle bohr]	Kaltes Buffet, bei dem es auch warme Gerichte gibt
grønsager (Gemüse)	ærter [ärter]	Erbsen
	blomkål [blommkohl]	Blumenkohl
	brunede kartofler [bruhnede kartoffler]	glacierte Kartoffeln
	gulerødder [gullerödder]	Möhren
	kartoffelmos [kartoffelmohs]	Kartoffelbrei
	pillekartofler [pillekartoffler]	Pellkartoffeln
	(syltede) rødbeder [sültede röhbeder]	(eingelegte) rote Bete
	rødkål [rödkohl]	Rotkohl
	rørhatte [röhrhätte]	Steinpilze
	savojkål [saweukohl]	Wirsing
	svampe [swampe]	Pilze
efterretter (Dessert)	bondepige med slør [bonnepije med slöhr]	Apfelauflauf mit Schlagsahne (wörtlich: Bauernmädchen mit Schleier)
	citrinfromage [sitrohnfromähsche]	Zitronencreme
	frugtsalat [fruktsaläht]	Obstsalat
	is [ies]	Eis
	jordbæris [johrbähries]	Erdbeereis
	piskefløde [piskeflöhde]	Schlagsahne
	rødgrød (med fløde) [rödgröd med flöhde]	Rote Grütze (mit Sahne)
	æblegrød [äblegröd]	Apfelmus

boller [boller]	süße Brötchen	kager (Kuchen und Gebäck)
kvarkkage [kwark-käje]	Käsekuchen	
lagkage [laukäje]	Sahnetorte	
småkager [smo-käjer]	Teegebäck	
wienerbrød [wienerbröd]	Kopenhagener Gebäck	

Vinkort/Getränkekarte

øl [öl]	Bier	alkoholiske drikke (Alkoholische Getränke)
fadøl [fad-öl]	Faßbier	
brændevin [brännewien]	Branntwein	
rom [romm]	Rum	
snaps [snaps]	Aquavit	
vin [wien]	Wein	
hvidvin [widwien]	Weißwein	
rødvin [rödwien]	Rotwein	
kaffe [kaffe]	Kaffee	alkoholfri drikke (Alkoholfreie Getränke)
te (med rom) [teh med romm]	Tee (mit Rum)	
te (med citron) [teh med sitrohn]	Tee (mit Zitrone)	
æblemost [äblemost]	Apfelsaft	
mineralvand [minerahlwann]	Mineralwasser	
juice [djuhs]	Fruchtsaft	
mælk [mälk]	Milch	
chokolade [schokoläde]	Schokolade	
appelsinjuice [abbelsiehn-djuhs]	Orangensaft	
appelsinvand [abbelsiehn-wann]	Orangenlimonade	

Fahrräder

Kopenhagen besitzt ein gut ausgebautes Netz von Fahrradwegen. Wer kein eigenes Rad dabeihat, kann eines der rund 2000 städtischen Fahrräder benutzen, die an 150 markanten Stellen der Innenstadt bereitstehen.

Kostenfreie Fahrräder!

Ähnlich wie bei einem Einkaufswagen, können die Fahrräder mit einem 20-Kronen-Stück aus dem Fahrradständer gelöst werden – bei Abgabe erhält man entsprechend das Geld zurück.

Fahrradvermieter

Fahrräder vermieten u. a. auch folgende Stellen:
Cykelbørs, Hauptbahnhof (Tel. 33140717) und Gothersgade 157 (Tel. 33140009
Danwheel-Rent a bike, Colbjørnsensgade 3, Tel. 31212227
Fahrräder können ferner auch an den Bahnhöfen von Østerborg, Klampenborg, Lyngby, Hillerød und Helsingør gemietet werden.

Geführte Fahrradtouren

City Safari
Junge Leute aus Kopenhagen zeigen auf einer zweistündigen Fahrradtour gute und schlechte Seiten ihrer Stadt
Auskunft: Tel. 31240407

Bike Denmark
Individuelle Sightseeing-Fahrradtouren zwischen 3 und 9 Stunden
Auskunft: Tel. 33338613

Feiertage

1. Januar
Gründonnerstag
Karfreitag
Ostersonntag
Ostermontag
Buß- und Bettag
Himmelfahrt
Pfingstsonntag
Pfingstmontag
5. Juni (Verfassungstag; aber erst ab 12.00 Uhr Feiertag)
25. und 26. Dezember.

Flugverkehr

Flughafen Kastrup

Rund 6 Minuten dauert die Fahrt mit der S-Bahn von der City zu Kopenhagens Flughafen Kastrup, der auf der Insel Amager, rund 18 km südöstlich der Innenstadt liegt. Glanzpunkt des Flughafens ist die moderne Einkaufszone im Abflug- und Transitbereich.
Anreise: ⟶ dort
Inlandsflüge starten in Kopenhagen zu den jütländischen Flugplätzen Billund, Esbjerg, Karup, Skrydstrup, Stauning, Sønderborg, Thisted sowie Ålborg und Århus (Tirstrup). Außerdem nach Odense (Beldringe) auf Fünen und zum Flugplatz Rønne auf der Insel Bornholm (40–60 Minuten). Taxiflüge gibt es zu den Inseln Anholt, Læsø, Samsø und Æro.

Air Terminal

Vom Air Terminal am Hauptbahnhof gegenüber dem Tivoli fahren die Busse alle 15 Minuten zwischen 6.15 und 22.45 Uhr, in der Zeit von 7.40 bis 10.00 Uhr und 15.10 bis 17.30 Uhr alle 10 Minuten; die Fahrzeit beträgt rund 25 Minuten; Auskunft über Busabfahrten: Tel. 31541701.

Fluginformation

Fluginformation von Kastrup:
Tel. 32474747, www.cph.dk

Fluggesellschaften

Austrian Airlines
Vester Farimagsgade 6
Tel. 33128090

Lufthansa
Vester Farimagsgade 7
Tel. 33377333

Scandinavian Airlines System (SAS)
SAS-Building, Hammerichsgade 1–5
Auskunft über An- und Abflüge: Tel. 32300000
Reservierung Inland: Tel. 32326868

Fluggesellschaften (Fortsetzung)

Swissair
Vester Farimagsgade 6, Tel. 33128090

Freibäder/Hallenbäder

Freibäder

Amager-Helgoland Søbadeanstalt, Øresundsvej (1.6.–31.8.)
Bavnehøj Friluftsbad, Enghavbevej 90 (15.5.–31.8.)
Bellahøj Friluftsbad, Bellahøjvej 1–3 (15.5.–31.8.)
Emdrup svømmebad, Bredelandsvej 20 (15.5.–31.8., sonst Hallenbad)
Sundby svømmebad, Sundbyvestervej (15.5.–31.8., sonst Hallenbad)
Vestbad, Nykær 26, Rødovre

Hallenbäder

Frankrigsgades svømmehal, Frankrigsgade 35
Frederiksberg svømmehal, Helgesvej 29

Öffnungszeiten

Auskunft über die Öffnungszeiten erhält man beim Fremdenverkehrsamt (⟶ Auskunft).

Badestrände

⟶ dort

Fundbüros

Städtisches Fundbüro

Københavns Politi, Slotsherrensvej 113
Tel. 38748822
Geöffnet: Mo.–Do. 9.00–17.30 Uhr, Fr. 9.00–14.00 Uhr

Flugzeug

Beim Verlust des Fluggepäcks erkundige man sich bei der entsprechenden Fluggesellschaft oder bei Copenhagen Air Services, Tel. 32474725
Geöffnet: tgl. 8.00–21.00 Uhr

Bus

Lyshøjgårdsvej 80, Tel. 36454545
Geöffnet: tgl. 7.00–21.30 Uhr

Eisenbahn, S-Bahn

Lyshøjgårdsvej 80, Valby, Tel. 36442010
Geöffnet: Mo.–Mi., Fr. 9.00–16.00 Uhr, Do. 9.00–18.00 Uhr

Galerien

Kopenhagen besitzt zahlreiche Galerien, deren wechselnde Ausstellungen von Malerei, Skulpturen, Grafik, Lithografie, Fotografie, Video und Keramik bis zu Glas- und Textilarbeiten reichen. Das aktuelle Programm kann man der vom Fremdenverkehrsamt (⟶ Auskunft) herausgegebenen Broschüre 'Copenhagen this week' entnehmen.

Galerien (Auswahl)

Art House, Gothersgade 29
Bell Free Gallery, Admiralgade 19
Bredgade Kunsthandel, Bredgade 67–69 und Esplanaden 14
Christian Dam Kunsthandel, Amaliegade 6
Court Gallery, Østergade 24
Dansk Arkitekturcenter, Strandgade 27 B
Galerie Asbæk, Ny Adelgade 8–10

Galerien (Fortsetzung)	Galerie Gerly, Vandkunsten 13 Gallerihuset, Studiestræde 19 Glasværkstedet, Kronprinsessegade 34 B Overgaden, Overgaden neden Vandet 17

Geld

Währung	Währungseinheit ist die Dänische Krone (dkr oder DKK) zu je 100 Øre. Es gibt Banknoten zu 50, 100, 200, 500 und 1000 Kronen sowie Münzen zu 25 und 50 Øre (ohne Loch, aus Kupfer), 1, 2 und 5 Kronen (mit Loch, aus Silber) sowie 10 und 20 Kronen (ohne Loch, Messing).
Euro	Seit 1. Januar 2002 ist der Euro die gemeinsame offizielle Währung in elf europäischen Staaten. Das EU-Mitgliedsland Dänemark ist bislang nicht dem Eurosystem beigetreten. Noch also bleibt die Dänische Krone die einzige Währungseinheit. Umgerechnet entspricht 1 Euro derzeit 7,43 dkr. Für die Schweiz gilt: 1 sfr = 5,03 dkr.
Geldautomaten	An den dänischen Geldautomaten kann man mit Kredit- und ec-Karten Geld abheben. Den Verlust der ec-Karte bzw. Kreditkarte sofort melden, die Karte wird dann umgehend gesperrt: Verlust der ec-Karte: Tel. 0049/1805-021021. Verlust der Postbank Sparcard: Tel. 0049/0180-3040500. Verlust der Eurocard: Tel. 0049/69-79331910 Verlust der Visa-Karte: Tel. 0049/130-814910
Banken und Wechselstuben	Banken sind in der Regel Mo.–Fr. 9.30–16.00 und Do. bis 18.00 Uhr geöffnet. Wechselstuben am Bahnhof und Flughafen schließen oft erst um 22.00 Uhr – hierfür wird allerdings auch eine Sondergebühr erhoben!

Im September 2000 entschieden sich die Dänen mit knapper Mehrheit gegen den Euro.

Luxusherberge am Königlichen Neuen Markt: das Hotel d'Angleterre

Hotels

Hotelkategorien

Es gibt keine offizielle Hotelklassifizierung in Kopenhagen, und auch der Preis ist nicht immer eine Qualitätsgarantie. In jedem Fall sind die rund 90 Hotels nicht billig, wenngleich die Preise im Winter deutlich unter den Sommertarifen liegen. Generell überwiegt die gehobene Mittelklasse, wahre Traumhotels sind die Ausnahme. Wer mit dem Auto unterwegs ist, sollte möglichst schon vor der Anreise die Parkmöglichkeit abklären, da nur die wenigsten Häuser über eine Garage verfügen – und der Citybereich ist weitgehend in Kurzparkzonen gegliedert.
Die in der folgenden Aufstellung berücksichtigten Hotels sind in vier Preiskategorien eingeteilt. Die Kategorie I bezeichnet Häuser der Luxusklasse (DZ ab 1600 dkr), die Kategorie II weist auf Hotels der oberen Preisklasse hin (DZ ab 1000 dkr), die Kategorie III auf Mittelklassehotels (DZ ab 800 dkr) und die Kategorie IV auf preiswerte Häuser für einfachere Ansprüche (DZ ab 570 dkr); "Z." bedeutet Zimmer.

Hotelreservierung

Die Zimmervermittlung erfolgt direkt beim Hotel, über ein Reisebüro oder über den Booking Service des Kopenhagener Fremdenverkehrsamtes:
Wonderful Copenhagen
Tel. 45 70 22 24 42, Fax 70 22 24 52
E-Mail: turistinfo@woco.dk

Apartments

Für Familien und längere Aufenthalte ist die Buchung eines Apartments zu empfehlen. Zentral gelegene Apartments vermitteln u.a.:

Ascot Hotel, Studiestræde 61, Tel. 33 12 60 00, Fax 33 14 60 40
www.ascothotel.dk
Citilet, Fortunstræde 4, Tel. 70 22 21 29, Fax 33 91 30 77
www.citilet.dk

Ausgewählte Hotels in Kopenhagen

Kategorie I (Luxushotels)

*Hotel d'Angleterre
Kongens Nytorv 34, Tel. 33120095, Fax 33121118; 130 Z., Abb. S. 159
Die traditionsreiche Luxusherberge gehört zu Dänemarks berühmtesten Hotels (⟶ Kopenhagen in Zitaten, Erich Kästner). Im Gästebuch findet man so illustre Namen wie Winston Churchill, Roald Amundsen und Michael Jackson, das Feinschmeckerrestaurant "Wiinblads" zieren Meisterwerke des Rosenthalkünstlers Bjørn Wiinblad (⟶ Berühmte Persönlichkeiten). Großkanzler Frederik Ahlefeld ließ am Königlichen Neuen Markt unter Christian V. ein Palais erbauen, welches 1795 von dem Gastronom Gottfried Rau übernommen wurde, der es zum eleganten Hotel d'Angleterre umgestaltete. Später ging der Hof in den Besitz der Tietgens Baugesellschaft über, die den Gebäudekomplex Ende des 19. Jh.s von V. Dahlerup und G. E. W. Møller erweitern ließ. Die schmucke Fassade erhielt 1903 ihr heutiges Aussehen.

*The Plaza
Bernstorffsgade 4, Tel. 33149262, Fax 33939362; 93 Z.
Anno 1913 neben dem Hauptbahnhof eröffnete Nobelresidenz mit dem unnachahmlichen Stil des britischen Empire – die Eleganz der Zimmer sucht wahrlich ihresgleichen. Tip: Nehmen Sie einen Drink in der holzgetäfelten Library-Bar. Russische Spezialitäten werden im Alexander Newski-Restaurant serviert, skandinavische Köstlichkeiten im "Flora Danica".

*Palace
Rådhuspladsen 57, Tel. 33144050, Fax 33145279, 162 Z.
Bis heute bewohnt ein Falke den markanten Turm des Palast-Hotels gegenüber vom Rathaus. Für die Ausführung der unter Denkmalschutz stehenden Luxusherberge beauftragte Anders Jensen 1910 den Stararchitekten Anton Rosen. Schon im Eröffnungsjahr trug sich König Frederik VIII. in das Goldene Buch des Hauses ein, später folgten andere gekrönte Häupter und internationale Prominenz wie Josephine Baker, Bob Hope und Audrey Hepburn. Gourmets erwartet eine Edelbrasserie, Entspannung pur versprechen Sauna, Solarium und Massagebereich.

Kategorie II (Hotels der oberen Preisklasse)

*Ascot
Studiestræde 61, Tel. 33126000; Fax 150 Z.
Stararchitekt Martin Nyrop zeichnete 1902 für die Entwürfe des ehemaligen Badehauses verantwortlich, von dessen Blütezeit dekorative Reliefs erzählen. Wo sich einst die Kopenhagener Bourgeoisie vergnügte, wird heute komfortabel logiert und vornehm getafelt.

*Admiral
Toldbodgade 24–28, Tel. 33118282, Fax 33325542; 366 Z.
Langgestrecktes Komforthotel in einem ehemaligen Kornspeicher aus dem 18. Jahrhundert mit nostalgischem Ambiente. Schlichtschön eingerichtete Zimmer mit Blick auf den Hafen, nur wenige Schritte von Schloß Amalienborg entfernt.

*Kong Frederik
Vester Voldgade 25, Tel. 33125902, Fax 33935901; 110 Z.
Grüne Buchsbäume leuchten vor der altehrwürdigen, weißen Fassade des Hauses, dessen Anfänge bis in das 14. Jh. zurückreichen. Hier findet man entspannte Atmosphäre zwischen englischen Antiquitäten, eine Oase der Ruhe mitten im quirligen Herzen von Kopenhagen. Nach welchem der dänischen Könige namens Frederik das Hotel 1898 seinen Namen erhielt, ist ungewiß, so daß man die Porträts aller neun Monarchen bewundern kann – eine sympathische, typisch dänische Lösung. Im "Queens Pub" erinnert viel Mahagoni, Messing und Spiegelglas an die gute alte Zeit, das Gästebuch zieren Widmungen von König Gustav von Schweden und Desmond Tutu ebenso wie von Ella Fitzgerald und Sting.

Hotels der oberen Preisklasse (Fortsetzung)

*71 Nyhavn Romantikhotel
Nyhavn 71, Tel. 33 11 85 85, Fax 33 93 15 85; 82 Z.
Romantik pur verspricht schon der traumhafte Blick auf den Nyhavn-Kanal mit seinen alten Holzschiffen, gemütlichen Kneipen und erstklassigen Fischrestaurants. Im 19. Jh. diente der liebevoll restaurierte Backsteinspeicher als Warenlager; Feinschmeckerrestaurant "Pakhuskælderen".

Romantik pur mit Kopenhagens schönster Hafenkulisse verspricht ein Aufenthalt im Hotel 71 Nyhavn, einem restaurierten Backsteinspeicher aus dem 19. Jahrhundert.

*Phoenix
Bredgade 37, Tel. 33 95 95 00, Fax 33 33 98 33; 212 Z.
Das erste Hotel Phoenix öffnete bereits vor mehr als 150 Jahren seine Pforten im Finanzviertel nahe Schloß Amalienborg, das gleichnamige Restaurant des Schotten Murdoch gehörte zu den Spitzenadressen des 19. Jahrhunderts – jetzt werden hier leichte Snacks serviert. Die heutige, 1991 eingeweihte Nobelherberge (Abb. S. 161) wirkt von außen fast kühl, während das Interieur kostbare Antiquitäten zieren. Das Restaurant Gyldensteen – schon optisch ein Gedicht mit viel Brokat und Stuck – verwöhnt ebenso wie der Gourmettreff "Von Plessen" mit bester dänischer Küche.

Radisson SAS Scandinavia
Amager Boulevard 70, Tel. 33 11 23 24, Fax 31 57 01 93, 542 Z.
Trotz seiner Größe verspricht der luxuriöse Hotelkomplex vollendeten Stil von der Nobelsuite über Hallenbad und Gesundheitszentrum bis zum Kopenhagener Casino.

Kategorie III (Mittelklassehotels)

*Alexandra
H. C. Andersen Boulevard 8, Tel. 33 14 22 00, Fax 33 14 02 84; 62 Z.
Der Gründerzeitbau wurde 1910 vom Ehepaar Theodor und Käthe Hansen zu einem Hotel umgebaut, das heute über 63 komfortabel eingerichtete

Nur einen Steinwurf von Schloß Amalienborg entfernt, zwischen noblen Antiquitätengeschäften und berühmten Smørrebrødadressen, liegt die Nobelherberge Phoenix mit zwei erstklassigen Restaurants und stilvollem Pub nach schottischem Muster.

Mittelklassehotels (Fortsetzung)

Alexandra (Fortsetzung)
Zimmer verfügt – eine ganze Etage ist Nichtrauchern vorbehalten. Gemütliche Atmosphäre und persönlicher Service; nicht zu vergessen: die hausgemachten dänischen Spezialitäten auf dem großen Frühstücksbuffet.

Astoria
Banegårdspladsen 4, Tel. 33141419, Fax 33140802; 94 Z.
Überrascht neben dem Bahnhofsgebäude durch seinen ansprechenden Art-deco-Stil; ordentliche Zimmer.

Christian IV
Dr. Tværgade 45, Tel. 33321044, Fax 33320706; 42 Z.
Geschmackvoll eingerichtetes Hotel in der Nähe des Kongens Have; Empfehlung: ein Zimmer zum grünen Atrium hin.

Park
Jarmers Plads 3, Tel. 33133000, Fax 33143033; 61 Z.
Im Westen der Stadt, rund 10 Minuten vom Rathausplatz entfernt. Helle, großzügig ausgestattete Zimmer; gefrühstückt wird stilvoll unter alten Kronleuchtern.

Kategorie IV (Einfache Hotels)

Ansgar Missionshotellet
Colbjørnsgade 29, Tel. 31212196, Fax 31216191; 87 Z.
Helle Zimmer mit freundlichen Holzmöbeln.

Bertrams
Vesterbrogade 107, Tel. 33250405; Fax 33250402; 45 Z.
Einladendes Haus in Vesterbro mit angenehmer Atmosphäre; rund 20 Minuten bis zum Hauptbahnhof.

Hotels, einfache Hotels (Fortsetzung)

Cab Inn Skandinavia
Vodroffsvej 57, Tel. 35 36 11 121, Fax 35 36 11 14; 201 Z.
Einfache, aber originelle Unterkunft mit kleinen Zimmern, die an Schiffskabinen erinnern; 15 Minuten zu Fuß bis ins Zentrum.

*Ibsens
Vendersgade 23, Tel. 33 13 19 13, Fax 33 13 19 16; 50 Z.
Sympathisches Hotel mit persönlicher Note in allen Zimmern, u. a. auch urgemütliche Himmelbetten; Bad auf dem Flur, Waschbecken im Zimmer.

Jugendherbergen (Danhostel)

Jugendherbergsausweis

Preiswerte Übernachtungsmöglichkeiten bieten die dänischen Jugendherbergen. Sie kennen keine Altersbegrenzung. Gäste müssen jedoch einen gültigen Jugendherbergsausweis vorlegen, den man zuhause oder beim Dänischen Jugendherbergswerk erhält (Vesterbrogade 39, DK-1620 København V, Tel. 31 31 36 12). Wer keinen Mitgliedsausweis besitzt, kann in der jeweiligen Jugendherberge einen internationalen Jahresgästeausweis bzw. einen Gästeausweis für eine Nacht erwerben.

Jugendherbergen

Copenhagen Danhostel Amager
Vejlands Alle 200, 2300 København S; Tel. 32 52 29 08, Fax 32 52 27 08
528 Betten; 4 km vom Rathausplatz
Auch für Behinderte eingerichtet.

Copenhagen Danhostel Bellahøj
Herbergvejen 8, 2700 Brønshøj, Tel. 38 28 97 15, Fax 38 89 02 10
250 Betten; 5 km vom Rathausplatz

Lyngby-Tårbæk Vandrerhjem
Rådvad 1, 2800 Lungby, Tel. 45 80 03 07, Fax 45 80 30 32
94 Betten; 8 km vom Rathausplatz

Schlafsäle

Ajax Copenhagen
Bavnehøj Alle 30, 2450 København SV, Tel. 31 21 24 56
33 Betten; 3 km vom Rathausplatz

City Public Hostel Vesterbro Ungdomsgård
Absalonsgade 8, 1658 København V, Tel. 31 31 20 70, Fax 31 23 51 75
202 Betten; 1 km vom Rathausplatz

Kinder

Mit Kindern in Kopenhagen

Kopenhagen bietet seinen kleinen Besuchern eine solche Vielzahl von Attraktionen und Unterhaltungsmöglichkeiten, daß es keinem Kind hier langweilig werden dürfte – wenn doch, dann muß es an den Eltern liegen. Schon die Entfernungen in Dänemarks Hauptstadt sind angemessen, kann man die Innenstadt doch fast in einer Stunde durchqueren, ohne einmal außer Atem zu kommen. Wer lieber das Fahrrad benutzt, ist hier bestens aufgehoben: rund 2000 Fahrräder stehen kostenlos für eine Stadtrundfahrt zur Verfügung. Kindertarife und ermäßigte Familienkarten gewähren die meisten Museen und Sehenswürdigkeiten. Und nicht nur die großen Museen sind sehr darum bemüht, ihre Ausstellungen für Kinder attraktiv und unterhaltsam zu machen. Viele Restaurants haben Kindermenüs – ein Hochstuhl ist selbstverständlich –, und manche sorgen sogar für Unterhaltung beim Essen. Wer aus Platzgründen für die Familie lieber ein Apartment buchen möchte, kann über die Agentur Citilet zentralgelegene Wohnungen buchen (s. S. 159).

Aktivitäten für Kinder

Ein kostenloses und großes Vergnügen ist die Wachablösung vor Schloß Amalienborg Schlag 12 Uhr mittags. Der Spaziergang durch den Tivoli ist natürlich ein Muß, aber auch der Vergnügungspark Bakken und das Freilichtmuseum in Lyngby sind willkommene Familienausflugsziele. Immer wieder ein Erfolg ist der Besuch im Zoo und eine Bootsfahrt durch den Hafen, um die Schloßinsel und durch die alten Kanäle von Christianshavn. Kinderträume von gestern werden im Spielzeughaus des Nationalmuseet und im Legetøjsmuseet wieder lebendig, während in den Versuchsaufbauten des Experimentariums die neuesten Zukunftsvisionen selbst erprobt werden können. Andere 'Renner' sind das Wachsfigurenkabinett, Ripley's Believe it or not Museum und die Guinness World of Records. Autofreies Einkaufen verspricht Europas längste Shoppingmeile. Und wer für Kinder Spielzeug und schöne Anziehsachen sucht, wird in Kopenhagen allemal fündig, wenngleich nicht immer zu günstigen Preisen.

Kinos

Die Kinos in Kopenhagen zeigen ausländische Filme im Originalton mit dänischen Untertiteln – also durchaus ein interessantes Filmerlebnis. Montagsvorstellungen sind in vielen Kinos billiger, manche Häuser gewähren auch Ermäßigungen für Tagesvorstellungen.

Palads – kunterbunter Kinotempel am Axeltorv

Kinos (Auswahl)

Dagmar, Jernbanegade 2, Tel. 33143222
Grand, Mikkel Bryggers Gade 8, Tel. 33151611
*Filmhuset, Gothersgade 55, Tel. 33743404 (ein Muß für Cineasten; das neue Filmhaus zeigt Höhepunkte der Filmgeschichte, dänische Kultstreifen und experimentelle Werke junger Filmemacher)
*Imperial Bio, Ved Vesterport, Tel. 33111821 (Kopenhagens schönster und größter Kinosaal mit einmaliger Beinfreiheit)

Palads, Axeltorv 9, Tel. 33131400 (kunterbunter Kinokomplex mit mehr als 20 Vorführungssälen; Empfehlung: die Snacktheke)
Palladium, Vesterbrogade 1, Tel. 33111818
Scala, Axeltorv 2, Tel. 33138100 (wo einst Josephine Baker auftrat, steht heute ein kleines Kinocenter)

Kinos (Fortsetzung)

Märkte

Flohmärkte

An den einstigen Fischmarkt am Gammel Strand erinnert heute nur noch das den Fischersfrauen in Stein gesetzte Denkmal der 'Fiskerkone' (⟶ Sehenswürdigkeiten, Gammel Strand). In den Sommermonaten können Antiquitätenfreunde hier derweil samstags über den Trödelmarkt bummeln und mit etwas Glück ein Schnäppchen erstehen (s. S. 135). Flohmärkte werden außerdem jeden Samstag von Mai bis September zwischen 8.00 und 14.00 Uhr hinter dem Rathaus von Frederiksberg, am Nørrebros Runddel und auf dem Israels Plads veranstaltet.
Der Markt Frelsens Hær (Heilsarmee), Hørhusvej 5, ist dienstags bis donnerstags von 13.00 bis 17.00 Uhr, freitags von 13.00 bis 18.00 Uhr und samstags von 9.00 bis 13.00 Uhr geöffnet.

Mietwagen

Avis

Kampmannsgade 1, Tel. 33152299
Flughafen: Tel. 32512299
Reservierung in Deutschland: Tel. 0180/55577
Reservierung in Österreich: Tel. 0660/8757
Reservierung in der Schweiz: Tel. 01/2983333

Europcar

Gammel Kongevej 13,m Tel. 33140111
Flughafen: Tel. 32503090
Reservierung in Deutschland: Tel. 0180/58000
Reservierung in Österreich: Tel. 01/7996176
Reservierung in der Schweiz: Tel. 01/8136566

Hertz

Ved Vesterport 3, Tel. 33127700
Flughafen: Tel. 31509300
Reservierung in Deutschland: Tel. 0180/5333535
Reservierung in Österreich: Tel. 01/79532
Reservierung in der Schweiz: Tel. 01/7301077

Museen

Copenhagen Card

Inhaber der Copenhagen Card (⟶ Verkehrsmittel · Öffentlicher Nahverkehr) erhalten Ermäßigungen oder haben freien Eintritt zu den meisten Museen von Kopenhagen und Umgebung.

Museen von Kopenhagen und Umgebung

Afstøbningssamlingen (Königliche Abgussammlung)
Vestindisk Pakhus, Toldbodgade 40
Bus: 284; geöffnet: Di.–So. 13.00–17.00 Uhr
Rund 2000 Gipsabdrücke vermitteln 4000 Jahre Skulpturgeschichte der westlichen Welt.

Akvarium (Aquarium): ⟶ Sehenswürdigkeiten, Akvarium

Amagermuseet
⟶ Sehenswürdigkeiten, Amager

Amalienborg, Ausstellungen der königlichen Privaträume
⟶ Sehenswürdigkeiten, Amalienborg Slot

Arbejdermuseet (Arbeitermuseum)
Rømersgade 22
Busse: 5, 14, 16, 31, 40, 42, 43, 173E, 184, 350S; S-Bahn: Nørreport
Geöffnet: Nov.–Juni: Di.–So. 10.00–16.00 Uhr; Juli–Okt.: tgl. 10.00–16.00 Uhr
Im anno 1879 erbauten, ehemaligen 'Versammlungsgebäude der Arbeiter' wurde 1983 das erste Arbeitermuseum Europas eröffnet. Es dokumentiert die Lebensbedingungen der Arbeiter sowie politische Entwicklungen und gewerkschaftliche Tätigkeiten seit 1870.

Arken
⟶ Sehenswürdigkeiten, Arken

Arkitekturcentret Gammel Dok
⟶ Sehenswürdigkeiten, Christianshavn

Bakkehusmuseet
Rahbeks Allé 23
Busse: 6, 18, 550S
Geöffnet: Mi., Do., So. 11.00–15.00 Uhr
Das Museum bewahrt Sammlungen aus dem 'Goldenen Zeitalter' der dänischen Literatur und erzählt Kulturgeschichte von 1780 bis 1830.

B & W Museet
⟶ Sehenswürdigkeiten, Christianshaven

Københavns Bymuseum
⟶ Sehenswürdigkeiten, Københavns Bymuseum

Carlsberg Museum
⟶ Sehenswürdigkeiten, Carlsberg-Brauerei

Danmarks Tekniske Museum
⟶ Ausflüge, Helsingør

Dansk Design Center
⟶ Sehenswürdigkeiten, Dansk Design Center

Dansk Jagt- og Skovbrugsmuseum (Jagd- und Forstmuseum)
Folehavevej 15–17, Hørsholm
Geöffnet: Feb.–Nov.: Di.–So. 10.00–16.00 Uhr
Jagdutensilien von der Steinzeit bis heute.

Det Danske Filminstitut, Fimmuseum & Cinematek
Gothersgade 55
Geöffnet: Di.–Fr. 9.30–22.00 Uhr, Sa., So. 13.30–22.00 Uhr; Di.–So. bietet die Cinemathek ca. 10 Filmvorführungen pro Tag mit aktuellen Filmen wie auch Klassikern

Davids Samling
⟶ Sehenswürdigkeiten, C. L. Davids Samling

Dragør Museet: ⟶ Sehenswürdigkeiten, Amager

Dukketeatermuseet, Priors Papirteater
⟶ Sehenswürdigkeiten, Dukketeatermuseet

Museumsliste
(Fortsetzung)

Experimentarium
⟶ Sehenswürdigkeiten, Experimentarium

Erotica Museum
⟶ Sehenswürdigkeiten, Købmagergade

Fredensborg Slot
⟶ Sehenswürdigkeiten, Fredensborg Slot

Frederiksborg Museum
⟶ Sehenswürdigkeiten, Frederiksborg Slot

Frihedsmuseet
⟶ Sehenswürdigkeiten, Frihedsmuseet

Frilandsmuseet
⟶ Sehenswürdigkeiten, Frilandsmuseet

Gammel Dok
⟶ Sehenswürdigkeiten, Christianshavn

Geologisk Museum (Geologisches Museum)
Øster Voldgade 5–7
Busse: 5, 10, 14, 16, 31, 42, 43, 184, 185, 150S, 350S; S-Bahn: Nørreport
Geöffnet: Di.–So. 13.00–16.00 Uhr
Mineralien aus aller Welt, eine der größten Meteoritensammlungen Europas, ein Stück Mond von der Apollo-17-Fahrt sowie eine Übersicht über die Geologie Dänemarks und Grönlands.

Georg Jensen Museum
⟶ Sehenswürdigkeiten, Amagertorv

Gilleleje Museum
⟶ Ausflüge, Gilleleje

Guinness World of Records Museum
Østergade 16
Busse: 1, 6, 9, 10, 29, 31, 42, 43, 350S, 650S
Geöffnet: Sept.–Mai So.–Do. 10.00–17.00 Uhr, Fr., Sa. 10.00–19.00 Uhr; Juni–4Aug. tgl. 9.30–21.30 Uhr
Weltrekorde – die größten, kleinsten, höchsten, schnellsten u.a. Dinge

Hirschsprungskse Samling
⟶ Sehenswürdigkeiten, Hirschsprungske Samling

Holmegaard Glaswerke
Fensmark bei Næstved
(80 km südwestlich von Kopenhagen)
Eisenbahn: bis Næstved, von dort Bus nach Fensmark
Geöffnet: Mo.–Do. 9.30–13.30, Fr. 9.30–12.00 Uhr, Mitte April–Mitte Okt. auch Sa., So. 11.00–15.00 Uhr.
Berühmte Glasbläserei, wo man von der Schmelze bis zum Formen des einzelnen Stücks das kunstvolle Handwerk bestaunen kann.

HT Museum
Islevdalvej 119, Rødovre
Busse: 142, 161, 166
Geöffnet: Mi., So. 10.00–16.00 Uhr
Alte Kopenhagener Straßenbahnen und Busse von 1880 bis heute.

Karen Blixen Museet
⟶ Sehenswürdigkeiten, Karen Blixen Museet

Den Festsaal der Ny Carlsberg Glyptotek zieren Statuen aus der römischen Kaiserzeit.

Museumsliste (Fortsetzung)

Kastrupgårdsamlingen
Kastrupvej 399, Kastrup
Busse: 9, 250 S
Geöffnet: April–Dez.: Di.–So. 14.00–17.00, Mi. auch 19.00–21.00 Uhr
Wechselausstellungen moderner dänischer und ausländischer Grafik.

Knud Rasmussens Hus
Knud Rasmussens Vej 9, Hundested
Eisenbahn: Hundested
Geöffnet: Mitte Feb.–Mitte April: Di.–So. 11.00–14.30 Uhr; Mitte April–Ende Okt.: Di.–So. 11.00–16.00 Uhr; Ende Okt.–Mitter Dez.: Mo.–So. 11.00–14.30 Uhr
Im Haus des dänischen Grönlandforschers Knud Rasmussen sind grönländische Trachten und Eskimogeräte zu sehen.

Kongelige Stalde og Kareter
⟶ Sehenswürdigkeiten, Christiansborg Slot

Königliches Marinemuseum
⟶ Sehenswürdigkeiten, Christianshavn, Orlogsmuseet

Königliches Zeughaus
⟶ Sehenswürdigkeiten, Tøjhusmuseet

Kronborg Slot
⟶ Sehenswürdigkeiten, Kronborg Slot

Kunstgewerbemuseum
⟶ Sehenswürdigkeiten, Kunstindustrimuseet

Københavns Bymuseum: ⟶ Sehenswürdigkeiten, Bymuseum

Ordrupgårdsamlingen: Stilleben von Matisse ... ... und Gauguins 'Mademoiselle Goupil'

Museumsliste (Fortsetzung)

Kalvebod Brygge, Kaijplads 110
Geöffnet: Juni–Aug.: tgl. 10.00–20.00 Uhr, Sept., Okt.: tgl. 11.00–18.00 Uhr, Ende Okt.–April: Sa., So. 11.00–18.00 Uhr
Russisches U-Boot aus den siebziger Jahren

Køge Museum
⟶ Ausflüge, Køge

Køge Skitsesamling
⟶ Ausflüge, Køge

W. Ø. Larsen's Pipe Museum
⟶ Sehenswürdigkeiten, Amagertorv

Legetøjsmuseet
⟶ Sehenswürdigkeiten, Legetøjsmuseet

Lejre Forsøgscenter
⟶ Sehenswürdigkeiten, Lejre Forsøgscenter

Livgårdens historiske Samling
(Sammlung der Leibgarde)
Gothersgade 100
Busse: 5, 14, 16, 31, 42, 43, 184, 185, 350 S; S-Bahn: Nørreport
Geöffnet: Mai–Sept.: Di., So. 11.00–15.00 Uhr; Okt.–April: So. 11.00–15.00 Uhr
In der 200 Jahre alten Kaserne sind Uniformen, Waffen, Bilder und Dokumente von 1658 bis zur Gegenwart ausgestellt.

Louisiana
⟶ Sehenswürdigkeiten, Louisiana

Museumsliste (Fortsetzung)

Marienlyst Slot
⟶ Ausflüge, Helsingør

Medicinsk-historisk Museum
(Medizinhistorisches Museum)
Bredgade 62
Busse: 1, 6, 9, 29
Führungen: Mi.–Fr., So. 11.00 und 13.00 Uhr
Geschichte der Medizin von ca. 1700 bis zur Gegenwart.

Mindelunden i Ryvangen
(Gedenkstätte dänischer Widerstandskämpfer 1940–1945)
⟶ Sehenswürdigkeiten, Mindelunden

Museet for Danmarks Frihedskamp 1940–1945
⟶ Sehenswürdigkeiten, Frihedsmuseet

Musikhistorisk Museum
⟶ Sehenswürdigkeiten, Musikhistorisk Museum

Mølsteds Museet
⟶ Sehenswürdigkeiten, Amager

Det Nationalhistoriske Museum på Frederiksborg Slot
⟶ Sehenswürdigkeiten, Frederiksborg Slot

Nationalmuseet
⟶ Sehenswürdigkeiten, Nationalmuseet

Nivågårds Malerisamling
Gl. Strandvej, Nivå; Busse 375, 388; Eisenbahn: Nivå
Geöffnet: Feb.–Nov. Di.–Fr. 12.00–16.00; Sa., So. 11.00–17.00 Uhr; Dez.–Jan. Sa., So. 11.00–17.00 Uhr
Gemälde der italienischen und niederländischen Renaissance sowie des dänischen 'Goldenen Zeitalters' zwischen 1800 und 1850 sind hier ausgestellt.

Ny Carlsberg Glyptotek
⟶ Sehenswürdigkeiten, Ny Carlsberg Glyptotek

Ole Roemer's Museum
Kroppedals Allé 3, Taastrup; Bus: 113 von Taastrup
Geöffnet: Di.–Do. 9.00–16.00, Fr. 9.00–15.00, Sa., So. 14.00–17.00 Uhr
Museum über den dänischen Astronomen Ole Roemer (1644–1710).

Ordrupgårdsamlingen
Vilvordevej 110
Charlottenlund
S-Bahn: Klampenborg/Lyngby, dann Bus 388
Geöffnet: Di.–So. 13.00–17.00 Uhr
Das Museum zeigt französische Impressionisten und dänische Malerei aus dem 19./20. Jahrhundert. Zum Gelände gehört ein großer Park.

Orlogsmuseet: ⟶ Sehenswürdigkeiten, Christianshavn

Øresund Udstilling
Strandpark 9, Kastrup; Auskunft: Tel. 32505522
Buslinien: 9, 36, 250S
Geöffnet: tgl. 10.00–17.00 Uhr
Ausstellung am Jachthafen Kastrup über die neue Brücken-Tunnel-Verbindung zwischen Kopenhagen und Malmö und die geplante Entwicklung der Øresund-Region:

Palæsamlingerne
Stændertorvet, Roskilde
Zug nach Roskilde
Geöffnet: 15.5.–15.9.: tgl. 11.00–16.00 Uhr; 17.9.–14.5.: Sa., So. 13.00 bis 15.00 Uhr
Gemälde und Möbel aus dem 18. und 19. Jahrhundert.

Pfeifenmuseum
⟶ Sehenswürdigkeiten, Amagertorv, Larsen's Pipe Museum

Politihistorisk Museum
Fælledvej 20
Buslinie: 3
Geöffnet: Di., Do. 10.00–16.00 Uhr und jeden 1. So. im Monat 11.00 bis 15.00 Uhr
Die Geschichte der dänischen Polizei nebst berühmter Kriminalfälle.

Post & Tele Museum
Købmagergade 37
Das 1998 eröffnete Museum erzählt die Geschichte dänischer Post- und Telekommunikation von der Postverwaltung König Christians IV. bis zur Computer-Telekommunikation von heute; vom Dachcafé hat man einen herrlichen Blick auf die Türme Kopenhagens.
Auskunft: Tel. 33410900

Ravhuset
⟶ Sehenswürdigkeiten, Kongens Nytorv, Ravhuset

Ripley's Believe It Or Not Museum
Rådhuspladsen 57
Busse: 2, 6, 8, 14, 16, 28, 29, 30, 32, 33, 67, 68, 69, 173E, 250S
Geöffnet: Sept.–Mai So.Do. 10.00–17.00 Uhr, Fr., Sa. 10.00–19.00 Uhr; Juni–Aug. tgl. 9.30–21.30 Uhr
Nagelneue Austellung über kuriose Gegenstände und exotische Raritäten.

Roskilde Museum
Sct. Olsgade 18,
Roskilde
Zug nach Roskilde
Geöffnet: tgl. 11.00–16.00 Uhr
Geschichte der alten Hauptstadt Dänemarks.

Rosenborg Slot
⟶ Sehenswürdigkeiten, Rosenborg Slot

Sommers Veteranbil Museum (Oldtimermuseum)
Nærum Hovedgade 1
Nærum
Bus: 193, 194, 195 von Holte
Geöffnet: Mo.–Fr. 9.00–18.00 Uhr, So. 11.00–16.00 Uhr
54 Oldtimer (1908–1984), rund 2000 Modellautos sowie Schiffs- und Flugzeugmotoren.

Sophienholm
Nybrovej 401
Lyngby
S-Bahn nach Lyngby Station, dann Bus 191
Geöffnet: Di.–So. 11.00–17.00 Uhr
Alljährlich drei bis vier große Kunstausstellungen.

Statens Museum for Kunst
⟶ Sehenswürdigkeiten, Statens Museum for Kunst

Museumsliste (Fortsetzung)

Storm P. Museet
⟶ Sehenswürdigkeiten, Storm P. Museet

Storebelt Udstillingcenter
Storebeltsvej 88, Korsør
Auskunft: Tel. 58350100
Geöffnet: Mai–Sept.: Di.–So. 10.00–20.00 Uhr, Okt.–April: Di.–So. 10.00–17.00 Uhr
Ausstellung über die neue Brücken-Tunnel-Verbindung über den Großen Belt zwischen Seeland und Fünen

Søllerød Museum (Vedbæk Finds)
Attemosevej 170, Holte
Bus: 195 von Holte
Geöffnet: Di.–Fr. 12.00–16.00 Uhr; Sa., So. 12.00–17.00 Uhr
Das neue Museum mit den Funden von Vedbæk vermittelt ein Bild vom Jägervolk der Altsteinzeit ca. 5000 Jahre v. Chr.

Søren Kierkegaard Samling
⟶ Sehenswürdigkeiten,
Københavns Bymuseum und Søren Kierkegaard Samling

Tabaksmuseet
⟶ Sehenswürdigkeiten, Amagertorv, W.O. Larsens's Pipe Museum

Teatermuseet
⟶ Sehenswürdigkeiten, Christiansborg Slot

Rudolf Tegners Museum
Museumsvej 19, Dronningmølle
S-Bahn: Hillerød, dort Bus 306
Geöffnet: März–Okt.: Di.–So. 9.30–17.00 Uhr
Auf einem Heidehügel liegen Park und Museum mit Werken des Malers und Bildhauers Rudolf Tegner (1873–1950).

Telefonmuseet
Svanemøllevej 112A, Hellerup
Bus: 6, 21, 23, 166, 169, 179, 191, 650S
Geöffnet: Di., Mi. 10.00–16.00 Uhr, So. 13.00–16.00 Uhr
Telefonmodelle von 1876 bis heute.

Thorvaldsens Museum
⟶ Sehenswürdigkeiten, Thorvaldsens Museum

L. Tussaud's Wax-Museum
⟶ Sehenswürdigkeiten, L. Tussaud's Wax-Museum

Tøjhusmuseet
⟶ Sehenswürdigkeiten, Tøjhusmuseet

Vikingeskibshallen
⟶ Sehenswürdigkeiten, Roskilde, Vikingeskibshallen

Wachsfigurenkabinett
⟶ Sehenswürdigkeiten,
L. Tussaud's Wax-Museum

Wikingerschiffshallen
⟶ Sehenswürdigkeiten, Roskilde, Vikingeskibshallen

J.F. Willumsen Museum
⟶ Ausflüge, Frederikssund

Zoologisches Museum
⟶ Sehenswürdigkeiten, Zoologisk Museum

Museen (Fortsetzung)

Musik

Klassische Konzerte

Das dänische Rundfunksymphonieorchester, das auch mehrere Wochen im Jahr auf Auslandstournee geht, gilt als das führende philharmonische Orchester des Landes. Seit 1995 steht es unter der Leitung des deutschen Chefdirigenten Ulf Schirmer. Die Konzerte finden meistens Dienstag, Donnerstag und Sonntag im Konzertsaal des Rundfunkhauses (Julius Thomsens Plads) statt, sowie im Konzertsal des Tivoli oder in der Holmens Kirke. Der renommierte dänische Rundfunkchor, dem 75 professionelle Sänger angehören, wirkt zusammen mit dem Rundfunksymphonieorchester oder in A-capella-Konzerten. Karten und Programme (auch in deutsch) erhält man im Rundfunkhaus (Danmarks Radio-butikken, Rosenørns Alle 34, Tel. 35203040).
Auf der Bühne der Tivolis Koncertsalen (Tietgensgade) sind regelmäßig inländische Orchester wie internationale Philharmoniker zu hören – bei Konzerten mit berühmten Stars sollte man sich unbedingt frühzeitig um Karten bemühen; Vorverkauf: Tivoli Ticket Centre, Vesterbrogade 3, Tel. 33151012 (Mo.–Fr. 11.00–17.00 Uhr). Fast jede Woche bietet eine der Kopenhagener Kirchen ein schönes Konzert, bei dem sich nicht selten junge Talente profilieren. Einen ausgezeichneten Ruf genießen zudem die Kammermusikabende im Old Fellow-Palæet (Bredgade 28, Tel. 33112722). Regelmäßige Konzertveranstaltungen von Studenten bietet das Königliche Musikkonservatorium (Niels Brocksgade 1). Auch im Louisiana Museum für moderne Kunst in Humlebæk werden häufig ausgezeichnete Konzerte gegeben. Das dänische Fremdenverkehrsamt (⟶ Auskunft) gibt halbjährlich einen Veranstaltungskalender heraus.

Oper/Ballett

Det Kongelige Teater
Kongens Nytorv 9
Buslinien: 1, 6, 7, 9, 10, 17, 28, 29, 31, 41

Theaterkasse: Kongens Nytorv (Mo.–Sa. 13.00–20.00 Uhr)
Telefonische Kartenreservierung: Tel. 33696969
(Mo.–Sa. 13.00–19.00 Uhr)
Karten auch über die ⟶ Vorverkaufsstellen.
Karten zum halben Preis für denselben Tag:
Nørreport Kiosk (⟶ Vorverkaufsstellen)

Die Spielpläne sind der Tagespresse sowie den Broschüren 'Copenhagen this week' und 'Wonderful Copenhagen' zu entnehmen.

An der 'Gamle' (Alten) und 'Nye Scene' (Neuen Bühne) des Königlichen Theaters finden Schauspiel, Opern, Ballett und Musiktheater statt. Zu den bekanntesten Ballettinszenierungen gehören die Werke des legendären dänischen Tänzers und Choreographen Auguste Bournonville (1805 bis 1879), der mit Unterbrechungen zwischen 1830 und 1877 Direktor des Königlichen Dänischen Balletts war und bis heute zum Repertoire dänischer wie internationaler Bühnen gehört. Vertreten ist er u.a. mit "Sylphide" (1836), "Napoli" (1842) und "Et Folkesagn" (1854), dessen neues Bühnenbild 1991 von Ihrer Majestät Königin Margarethe II. entworfen wurde. Die avantgardistische Ära begann mit dem begnadeten Choreographen Harald Lander, der 1932–1951 neue Wege für die Ballettschule schuf. Die Oper bietet ein breites Repertoire, angefangen von Mozart und Verdi bis hin zu Carl Nielsen und Kurt Weill. Da die Kapazitäten von Gamle und Nye Scene längst nicht mehr ausreichen, hat man auch Außenbühnen belegt, wie die 'Turbinehallerne', ein ehemaliges Elektrizitätswerk in der Adelgade 10, und 'Baron Bolten' im Boltens Gård.

Musik (Forts.), Musicals	Einen guten Ruf als Musicalbühne haben die Amager Scenen (Amager Centret), das Betty Nansen Taeter (Frederiksberg Alle 57), das Nørrebro Teater (Ravnsborggade 3) und Det Ny Teater (Gl. Kongevej).
Jazz, Rock und Pop	Kopenhagen ist für sein alljährlich Anfang Juli stattfindendes Jazzfestival bekannt, wenn lokale Bands wie internationale Größen in einer der zahlreichen Kneipen oder auf einem der Plätze unter freiem Himmel spielen. Aber auch außerhalb der Festivalzeiten hört man in vielen Musiklokalen und Cafés der Stadt traditionelle wie moderne Jazzrhythmen, trifft man immer wieder auf Live Musik. Einige der bekanntesten Treffpunkte der Musikszene findet man unter dem Stichwort ⟶ Nachtleben.
Festivals	Venue Festival (letztes Januarwochenende) Undergroundrock, vor allem in kleinen Musikkneipen
	Golden Days in Copenhagen (Ende April/Anfang Mai) Theater, Ballett, Konzerte und organisierte Ausflüge zum Thema "Das Goldene Zeitalter um 1780–1850"
	Karneval (Pfingsten) Umzüge und Open-Air-Konzerte im Fælledpark nahe Sortedams Sø, im Kongens Have und in der Innenstadt
	Roskilde Festival (verlängertes letztes Juniwochenende) Dänemarks größtes Rockfestival auf einem weitläufigen Wiesengelände südlich von Roskilde mit mehr als 100 000 Besuchern. Kartenvorverkauf: bei BilletNet (⟶ Vorverkaufsstellen) und Roskilde Posthus (Jernbanegade, DK-4000 Roskilde; Auskunft: Tel. 33 15 62 64, Fax 33 15 62 70)
	Copenhagen Jazz Festival (Anfang Juli) Auf Bühnen, in Kneipen und auf der Straße – Jamsessions vom Feinsten
	Glyptotekets Sommerkoncerter (Mitte Aug.–Anfang Sept.) Klassische Konzerte in der Ny Carlsberg Glyptotek
	Amager Musikfestival (Sept.) Kirchenmusiktage auf Amager
Kartenvorverkauf	⟶ Vorverkaufsstellen

Nachtleben

Wenn es Abend wird in Kopenhagen füllen sich die gemütlichen Pubs und Kneipen der Innenstadt, am Gammel Torv und in der Frederiksberggade. Hier wird Livemusik geboten, Discosound und Jazz vom Feinsten, Zerstreuung aller Art, ⟶ Theater, ⟶ Kino und Konzerte (⟶ Musik) bis zu gefragten In- und Trendy-Treffs.

Casino	SAS Scandinavia Hotel Amager Boulevard 70 Tel. 33 11 51 15 Geöffnet: tgl. 14.00–4.00 Uhr (stilvolles Kasino mit Black Jack, Baccarat und französischem Roulette) Auskunft: Tel. 33 11 51 15)
Diskotheken (Auswahl)	After Dark Studiestræde 31 Tel. 33 11 06 02 Geöffnet: Mo.–Sa. 23.00–5.00 Uhr (lockere Atmosphäre; Club der Gay-Szene)

Diskotheken
(Fortsetzung)

*Annabel's
Lille Kongensgade 16
Tel. 33110057
Geöffnet: Mo.–So. 22.00–6.00 Uhr
(Edeldisko mit schickem Publikum – keine Jeans!)

Fellini Night Club (SAS Royal Hotel)
Hammerichsgade 1
Tel. 33141412
Geöffnet: Mo.–Sa. 22.00–5.00 Uhr
(gekonnter Mix aus Ton und Licht)

New Daddy's
Axeltorv 5
Tel. 33114679
Geöffnet: So.–Do. 23.00–5.00 Uhr,
Fr., Sa 23.00–7.00 Uhr
(aktuelle Musik aus den Charts)

Tordenskjold
Kongens Nytorv 19
Tel. 33124356
Geöffnet: Mo.–So. 22.00–5.00 Uhr
(moderner Szenetreff)

Woodstock
Vestergade 12
Tel. 33112071
Geöffnet: Mi., Do. 21.00–3.00;
Fr., Sa. 22.00–6.00 Uhr
(Musik der 50er und 60er Jahre)

Jazz, Blues, Rock und Pop
(Auswahl)

*Bananarepublikken
Nørrebrogade 13
Tel. 35360830
Geöffnet: So.–Mi. 11.00–2.00 Uhr, Do.–Sa. 11.00–4.00 Uhr
(vielseitiger Musikclub von Acid Jazz über Funk bis Salsa und Tango)

Bar Blue
Rådhusstræde 13
Tel. 33320066
Geöffnet: Di.–Sa. 20.00–2.00 Uhr
(Live-Musik von HipHop bis Techno und Trash)

*Copenhagen Jazz House
Niels Hemmingsens Gade 10
Tel. 33152600
Geöffnet: Di.–Sa. 16.00–5.00 Uhr
(Ein absolutes Muß für Jazzliebhaber;
gespielt wird alles von Bebop bis Modern Jazz)

Finn Zieglers Hjørne
Vodroffsvej 24
Tel. 31245454
Geöffnet: Mo.–Sa. 21.00–2.00 Uhr
(intimes Lokal mit guter Livemusik, vor allem Mainstream-Jazz)

*La Fontaine
Kompagnistræde 11
Tel. 33116098
Geöffnet: tgl. 20.00–6.00 Uhr
(gelungene Jamsessions etablierter Künstler wie junger Talente)

Jazz, Blues, Rock und Pop (Forts.)

Jazzhus Montmartre
Nørregade 41
Tel. 33127836
Geöffnet: Mo.–Do., So. 20.00–1.00;
Fr., Sa. 20.00–5.00 Uhr
(früher bekannte Jazzkneipe, heute eher Rock und Pop)

*Jazzhus Slukefter
Tivoli
Tel. 33143074
Geöffnet: Mai–Sept. tgl. 20.00–2.00 Uhr
(New Orleans Jazz und Dixieland)

Mojo
Løngangsstræde 21c
Tel. 33116453
Geöffnet: tgl. 20.00–5.00 Uhr
(Blues in allen Variationen)

*Momo
Griffenfeldtsgade 20
Nørrebro, Tel. 31358000
Fr., Sa. Livemusik ab 21.00 Uhr
(hier dreht sich alles um Salsa)

Musikcafeen im Jugendtreff Huset
Rådhusstræde 13
Tel. 33112932
Geöffnet: Mo.–So. 21.00–1.00 Uhr
(Verschiedenes von Jazz bis Rock)

*De Tre Musketerer
Nikolaj Plads 25
Tel. 33125067
Geöffnet: Mo.–Sa. 20.00–2.00 Uhr
(renommierte Jazzkneipe)

*Pumpehuset
Studiestræde 52
Tel. 33931960
Geöffnet: an Konzerttagen ab 20.00 Uhr
(Insidertreff mit Rock, Pop und Jazz im alten Wasserwerk)

Rust
Guldbergsgade 8
Nørrebro, Tel. 31366533
Geöffnet: tgl. 12.00–2.00 Uhr,
Mi. bis 3.00, Do.–Sa. bis 5.00 Uhr
(nach dem Kremlflieger benannter Rockclub mit jungen Gästen unter 30)

Nachtleben (Fortsetzung)

Stengade 30
Stengade 18
Tel. 31390920
Geöffnet: So.–Mi. 21.00–2.00, Do. 21.00–4.00, Fr., Sa. 22.00–5.00 Uhr
(Hard Rock und HipHop)

Nachtclubs (Auswahl)

Waterloo
Gammel Kongevej 7
Tel. 31223946
(Nobelschuppen mit Striptease)

Wonder Bar
Studiestræde 69
Tel. 33111766
Geöffnet: Mo.–So. 21.00–5.00 Uhr
(bekannter Nachtclub mit Striptease)

Notdienste

Notruf

Tel. 112
(einheitlich in ganz Dänemark)

Ärztliche Hilfe

⟶ dort

Pannenhilfsdienst

⟶ Autohilfe

ADAC-Notrufdienst in Kopenhagen

Deutschsprachiger Notrufdienst
in Kopenhagen (Juni–Sept.):
Tel. 45931708

Notrufdienste in Deutschland

ACE-Euro-Notruf (Kranken- und Fahrzeugrückholdienst)
Aus Dänemark: Tel. (004918 02) 343536
ADAC-Notrufzentrale München
Aus Dänemark: Tel. (004989) 222222; rund um die Uhr (Unfallberatung)
Tel. (004989) 767676; 8.00–20.00 Uhr, in der Hauptreisezeit 7.00 bis 23.00 Uhr (Krankenrücktransport und Telefonarzt)
DRK-Flugdienst Bonn
Aus Dänemark: Tel. (0049228) 230023
Deutsche Rettungsflugwacht Stuttgart
Aus Dänemark: Tel. (0049711) 701070
(Alarmzentrale)

Notrufdienste in Österreich

ÖAMTC-Notrufzentrale Wien
Aus Dänemark: Tel. (00431) 9828282 (ÖAMTC-Euronotruf)

Notrufdienste in der Schweiz

Schweizerische Rettungsflugwacht Zürich
Aus Dänemark: Tel. (00411) 3831111

Öffentlicher Nahverkehr

⟶ Verkehrsmittel

Öffnungszeiten

Geschäfte

Geöffnet sind Geschäfte in der Regel Montag bis Donnerstag 9.00–17.30 Uhr (teilweise auch bis 19.00 Uhr), Freitag 9.00–19.00 Uhr, größere Kauf-

Öffnungszeiten (Fortsetzung)

häuser bis 20.00 Uhr, am Samstag bis 14.00 bzw. bis 17.00 Uhr. Manche Läden haben am Montag oder Dienstag geschlossen.
In den Sommermonaten sind eine Reihe von Geschäften in der Kopenhagener Innenstadt auch am Samstag- und Sonntagnachmittag geöffnet. Ferner gelten in der Vorweihnachtszeit besondere Ladenöffnungszeiten. An Sonntagen geöffnet sind Bäckereien, Smørrebrødläden, Blumengeschäfte, Kioske und spezielle Souvenirläden.

Im Hauptbahnhof ist ein Supermarkt eingerichtet, der jeden Tag – auch am Wochenende – bis Mitternacht geöffnet hat.

Banken

⟶ Geld

Post

⟶ dort

Parken

Parkplätze

Parkplätze gibt es rund um die City. In der Innenstadt sollte man besser zu Fuß gehen. Parkvorschriften sind genau zu beachten, da die Geldstrafen für Parksünder in Dänemark sehr hoch sind.
Tragen Parkschilder den Zusatz 'P-shive pådbudt', so bedeutet das: Parkscheiben-Pflicht. Man erhält Parkscheiben bei der Polizei, auf der Post, in Banken und an Tankstellen.
Überall, wo am Straßenrand P-Schilder mit dem Zusatz ZONE stehen, ist das Parken gegen Gebühr erlaubt. Be- und Entladen sind gebührenfrei. Die Bezahlung der Parkgebühr erfolgt am nächsten Parkscheinautomat (Parkautomat). Der Parkschein ist gut sichtbar, am besten auf dem Armaturenbrett des Wagens, zu hinterlegen.

Park- und Halteverbot

'Stopforbud' bedeutet 'Halteverbot'
'Parkering forbudt' bedeutet 'Parkverbot'

Parkhäuser

Die Parkhäuser der Innenstadt sind in der Regel zwischen 6.00 bzw. 8.00 und 20.00 Uhr (z. T. bis Mitternacht) geöffnet, manche sind Samstagnachmittag und Sonntag geschlossen. Während ihrer Geschäftszeit bieten auch die Kaufhäuser Illum (Købmagergade) und Magasin du Nord (Bremerholm) Parkhausplätze.

Parkhäuser in der Innenstadt (Auswahl)

City Auto Parkering, Jernbanegade 1
Industriens Hus, H. C. Andersens Boulevard 18
Langebro Garage, Puggårdsgade 21
Q 8, Landgreven
Q 8 Service, Nyropsgade 8
Q 8, Nyropsgade 42
Statoil City Parkering, Israels Plads 1
Statoil Service Center, Dronningens Tværgade 4

Parks

Amalieparken
Zwischen Schloß Amalienborg und Langelinie
Busse: 1, 6, 9, 10
Kopenhagens jüngster Park bietet die Möglichkeit zu einem gemütlichen Bummel entlang des Hafens von Schloß Amalienborg bis zur Langelinie. Er ist mit Fliesen, Granit, Marmor und Bronzeskulpturen dekoriert.

Botanisk Have
⟶ Sehenswürdigkeiten, Botanisk Have

Parks (Fortsetzung)

Frederiksberg Have
⟶ Sehenswürdigkeiten, Frederiksberg Have

Kongens Have
⟶ Sehenswürdigkeiten, Rosenborg Slot

Rosenhaven
Valbyparken
Hammelstrupvej
Bus 3
Geöffnet: tgl. 9.00–19.00 Uhr
Zwischen Juni und August blühen hier über 12000 Rosen der verschiedensten Sorten.

Polizei

Hauptwache

Polititorvet
Tel. 33251448

Post

Hauptpostamt

Tietgensgade 35–39
Geöffnet: Mo.–Fr. 10.00–18.00, Sa. 9.00–13.00 Uhr
Postlagernde Briefe (Poste restante) gehen an das Hauptpostamt, falls nicht anders vermerkt.

Postamt am Hauptbahnhof

Geöffnet: Mo.–Fr. 8.00–22.00 Uhr, Sa. 9.00–16.00, So. 10.00–17.00 Uhr

Portogebühren

Postkarten und Briefe bis 20 g innerhalb Dänemarks, in die nordischen Länder und Staaten der Europäischen Union (EU) betragen 4,50 dkr, in das übrige Ausland 5,25 dkr.

Telecom Center

Bahnreisen, Hauptbahnhof

Reisedokumente

Personalpapiere

Bei der Einreise nach Dänemark entfällt die Paßkontrolle für EU-Bürger, also auch für deutsche und österreichische Staatsbürger. Da dennoch Stichproben gemacht werden und Ausweispflicht auf Flughäfen und in Schiffshäfen zunächst weiterhin besteht, sollten Besucher aus Deutschland, Österreich und der Schweiz zur Einreise nach Dänemark den Personalausweis oder Reisepaß unbedingt mitnehmen. Kinder unter 16 Jahren müssen im Paß der Eltern eingetragen sein oder aber einen Kinderausweis (Kinder ab 10 Jahre mit Foto) besitzen.

Fahrzeugpapiere

Mitzuführen sind nationaler Führerschein und Kraftfahrzeugschein. Kraftfahrzeuge müssen das ovale Nationalitätskennzeichen tragen.
Die Mitnahme der grünen Internationalen Versicherungskarte ist nicht vorgeschrieben, da die gesetzliche Haftpflichtversicherung auch in Dänemark gilt. Der Versicherungsnachweis kann jedoch bei einem Verkehrsunfall zeitraubende Ermittlungen ersparen.

Haustiere

Für die Mitnahme von Haustieren (Hund oder Katze) ist ein tierärztliches Attest über die erfolgte Tollwutimpfung (mindesten 1 Monat, höchstens 1 Jahr alt) im internationalen Impfausweis des Tieres erforderlich.

Reisezeit

Klima

Kopenhagens Klima unterscheidet sich kaum von dem in Norddeutschland, allerdings weist Seeland die Eigenarten eines Inselklimas auf. Das bedeutet: die Winter sind nicht zu kalt, die Sommer selten heiß, der Herbst ist lang und mild, und die Frühlingswärme setzt erst spät ein. Regen ist nicht selten, so daß man sich in jedem Fall darauf einstellen sollte, wenngleich Dauerregen nicht häufig vorkommt. Die Abende sind auch im Sommer gerne kühl, also: immer ein warmes Kleidungsstück einpacken!

Hauptreisezeit

'Wonderful Copenhagen' zeigt in den Sommermonaten sein strahlendstes Gesicht, gekrönt von den Topveranstaltungen des Sommerfestivals, des Jazzfestivals sowie der internationalen Ruderregatta – nicht zu vergessen: das große Rock-Festival in Roskilde. Der illustre Tivolipark hat von Ende April bis Anfang September geöffnet. Bekannte Nachteile der Hochsaison: überfüllte Hotels und Restaurants. Wer es einrichten kann, sollte daher eher im Mai, Juni oder Anfang September nach Kopenhagen reisen. Besonders stimmungsvoll ist auch ein Besuch in den Wochen vor Weihnachten, wenn die Fußgängerzonen festlich geschmückt sind.

Restaurants

Kulinarische Freuden

Kopenhagen bietet Gaumenfreuden für jeden Geschmack, von der preiswerten Cafékultur über gutbürgerliche Häuser mit deftiger dänischer Küche bis zu Gourmettempeln der Spitzenklasse. Auch eine Vielzahl Restaurants mit fremdländischer Küche stehen zur Auswahl. Bei den mitunter nicht gerade niedrigen Preise muß berücksichtigt werden, daß darin sowohl 15 % Service als auch 25 % Umsatzsteuer (MOMS) enthalten sind.

In Kopenhagen trifft man sich gern ganz ungezwungen auf ein Bier am Nyhavn.

Frokost-Küchen und Smørrebroder

Wer typisch dänisch speisen möchte, sollte sich zur Frokost (⟶ Essen und Trinken) an den kalten und warmen Speisen der dänischen Mittagsbuffets gütlich tun oder eine schmackhafte Smørrebrødkombination zusammenstellen. Bei Ida Davidsen in der Store Kongensgade 70, dem wohl berühmtesten und ältesten Smørrebrød-Restaurant der Stadt, werden schon in der fünften Generation über 150 köstliche Variationen serviert. Wegen der Länge ihres 'Butterbrotzettels' kam die Gastronomenfamilie Davidsen in den sechziger Jahren sogar ins Guinness-Buch der Rekorde. Eine sehr empfehlenswerte Alternative: das Værtshus Snaren in der Kompagnistræde 2 mit unwiderstehlichen Butterbroten nebst gemütlicher Atmosphäre. Im Kongens Kælder in der Gothersgade 87 kann man nach Herzens Lust die bevorzugte Brotsorte mit Meeresgenüssen oder dänischen Käsespezialitäten belegen lassen. 'Koldt Bord' steht für warme und kalte Gerichte, und gegessen wird bis man satt ist.

Ausgewählte Restaurants in Kopenhagen

Kategorien

Kategorie A – ab 200 dkr
Kategorie B – ab 100 dkr
Die angegebenen Preise sind Durchschnittpreise für ein Hauptgericht à la carte incl. Mehrwertsteuer.

Gourmettempel (Kategorie A)

*Alberto K.
Radisson SAS, Amager Boulevard 70, Tel. 33 42 61 61
Zu Ehren des großen dänischen Designers Arne Jacobsen, der 2002 hundert Jahre alt geworden wäre, wurde das Restaurant im Hotel Radisson SAS mit von ihm entworfenen Möbeln neu durchgestylt. Den Gast erwartet eine gelungene Symbiose der skandinavischen und italienischen Küche.

*Kommandanten
Ny Adelgade 7, Tel. 33 12 09 90
Der schöne Bau aus dem 17. Jh. war einst Domizil des Kopenhagener Kommandanten. Die zauberhafte Dekoration des Nobelrestaurants entwarf Tage Andersen, der gegenüber sein museales Blumengeschäft hat.

*Kong Hans
Vingårdsstræde 6, Tel. 33 11 68 68
Die gotischen Gewölbe dienten König Hans (1455–1513) als Weinkeller. Mit den Traummenus seiner Haute Cuisine erkochte sich der gebürtige Elsässer Daniel Letz den ersten Michelin-Stern des Landes.

*Krogs Fiskerestaurant
Gammelstrand 38, Tel. 33 15 89 15
Topadresse für Fischliebhaber. Im Sommer kann man vor dem Patrizierhaus (1798) speisen mit Blick auf Schloß Christiansborg (Abb. S. 152).

*St. Gertruds Kloster
Hauser Plads 32, Tel. 33 14 66 30
Rund 1500 Kerzenleuchter verleihen den mittelalterlichen Kellergewölben ihre stimmungsvolle Atmosphäre; die Küche verspricht exquisite Gaumenfreuden, die Weinkarte sucht ihresgleichen.

Weitere Feinschmeckeradressen (Kategorie B)

*Café Victor
Ny Østergade 8, Tel. 33 12 36 13
Stilvolle Feinschmeckeradresse, 1993 mit dem dänischen Kunstpreis ausgezeichnet.

*Cap Horn
Nyhavn 21, Tel. 311 285 042, Abb. S. 182
Direkt am Nyhavn gelegen mit Blick auf die betagten Museumsschiffe; ein Muß: die Fischsuppe des Hauses und danach die Entenbrust.

Der illustre Name hält, was er verspricht: schon die deftige Fischsuppe vom 'Cap Horn' sucht wahrlich ihresgleichen.

Feinschmecker-
adressen
(Fortsetzung)

*Den Gyldne Fortun
Fiskekælderen, Ved Stranden 18, Tel. 33 15 89 15
Am Kanalufer von Christiansborg grüßt Glücksgöttin Fortuna, die paradiesische Meeresfrüchte in allen Variationen verheißt.

Els
Store Strandstræde 3, Tel. 33 14 13 41
Ausgezeichnet speisen kann man nur wenige Schritte vom Königlichen Neuen Markt entfernt im 'Elch' mit Originaldekor von 1853.

*Gammel Mont
Gammel Mont 41, Tel. 33 15 10 60
Karen Rømer und Claus Christensen servieren traumhafte Fischmenus und köstliches Wildschwein mit Haselnuß-Honigsauce.

*Gråbrødre Torv 21
Gråbrødre Torv 21, Tel. 33 11 47 07
Urgemütliches Wirtshaus von 1881 im Landhausstil; probieren Sie den geräucherten Lachs an Blattspinat und Bornholmer Hähnchenbrust in Thymiansauce.

*Philippe
Gråbrødre Torv 2, Tel. 33 32 92 92
Erinnert an Pariser Bistros; Morten Sørensen verwöhnt à la Française mit marinierten Muscheln, Perlhuhnbrust und Trüffelsauce.

Riz Raz
Kompagniestræde 20, Tel. 33 15 05 75
Feine Mittelmeerküche mit Lamm, Feta, Oliven und frischen Salaten; sehr guter Service.

Restaurants (Fortsetzung)

*Skipperkroen
Nyhavn 27, Tel. 33 11 99 06
Zwei Häuser am Nyhavn gehören zum Edelrestaurant 'Schifferkrug' mit ausgezeichneten Fischgerichten und guter Weinkarte.

*Spiseloppen
Loppebyningen, Christiania, Christianshavn, Tel. 31579558
Zwischen viel Grün und moderner Kunst bietet der gemütliche 'Speisesaal' erschwingliche Gaumenfreuden mit besonderem Pfiff; Tip: Gemüsegratin oder Wildbret mit Rosmarin und Thymian in würziger Rotweinsauce.

Peder Oxe
Gråbrødretorv 11, Tel. 33110077
Knackige Salate, frische Pilzgerichte oder deftige Hausmannskost – hier stimmt alles auf der Speisekarte.

Restaurants mit ausländischer Küche

*Bali, Lille Kongensgade 4, Tel. 33110808 (Tip: indonesische Reistafel)
Bejing, Frederiksberggade 28, Tel. 33111205 (Hochgenuß aus dem Reich der Mitte: die Pekingente)
El Greco, Skindergade 20, Tel. 33329344 (gemütliche Taverne mit großem griechischen Buffet)
*Era Ora, Torvegade 62, Tel. 31540693 (italienische Küche vom Feinsten)
India Palace, H.C.Andersen Boulevard 13, Tel. 33910408 (probieren Sie das Madras Curry)
Sala Thai, Vesterbrogade 107, Tel. 31230350 (ausgesuchte thailändische Köstlichkeiten)
*Sea Palace, Havnegade Kajplads 139, Tel. 33939888 (mehrstöckiges Chinarestaurant in einer üppig verzierten Dschunke, die im Hafen vor Anker liegt)

Schiffsausflüge

Hafen- und Kanalrundfahrten

Hafen- und Kanalrundfahrten inkl. der wichtigsten Sehenswürdigkeiten nebst Kleiner Meerjungfrau (ca. 1. Stunde) werden von Ende März bis Mitte Oktober veranstaltet. Abfahrt tgl. alle halbe Stunde zwischen 10.00 und 17.00 Uhr ab Nyhavn und Gammel Strand.
Man kann auch den Wasserbus benutzen und mit einem Tagesticket von Sehenswürdigkeit zu Sehenswürdigkeit weiterfahren.

Ausflüge auf See

Der Zweimastschoner 'Isefjord' verkehrt nur nach Absprache. Von Mai bis Oktober kann er für Gruppenausflüge auf dem Øresund gemietet werden (mindestens 20 Pers.). Abfahrt: Kai beim Hotel Admiral, Toldbodgade; Auskunft und Reservierung: Tel. 33151729, Fax 33157890

Schiffahrt nach Schweden

Fahrten von Havnegade mit dem Tragflügelboot nach Malmö/Schweden (Fahrzeit: 40 Minuten) und zur Insel Hven/Schweden (Fahrzeit 45 Minuten); Auskunft und Platzreservierung: Tel. 33128088

Von Dragør nach Limhamn/Schweden, ca. 20 Abfahrten pro Tag; Fahrzeit: 55 Minuten; Auskunft und Platzreservierung: Tel. 32531585

Von Tuborg Havn nach Landskrona; Fahrzeit: 90 Minuten; Auskunft und Platzreservierung: (0046) 41873081

Sport

Angeln

Angler können mit dem Boot auf den Øresund hinausfahren, Dauer der Angeltour durchschnittlich 5–7 Stunden.

Sport, Angeln (Fortsetzung)	M/S Antares/M/S Arresø Helsingør-Hafen (Elsinore), Tel. 30223630
	M/S Hanne Berit Rungsted-Hafen, Tel. 42570724
	M/S Kastrup Kastrup-Industriehafen, Tel. 32505438
	Für das Hochsee- und Küstenangeln ist keine Angellizenz erforderlich, im Gegensatz zum Süßwasserangeln. Nähere Auskünfte erteilt Danmarks Sportfiskerforbund (Worsåesgade 1, DK-7100 Vejle).
Fußball	Von April bis Juni und August bis November finden im Idrætsparken jedes Wochenende Meisterschaftsspiele und zwischendurch auch internationale Spiele statt.
Golf	Københavns Golf Klub Dyrehaven 2, Lyngby,Tel. 39630483 S-Bahn-Station Klampenborg, dann Bus 388
Schwimmen	→ Badestrände → Freibäder/Hallenbäder
Squash	Copenhagen Squash Club Vestersøhus, Vester Søgade, Tel. 33118638
Tennis	B93 Gunnar Nu Hansens Plads, Tel. 31388093 Bus: 1, 6, 14
	Københavns Boldklub Peter Bangsvej, Tel. 38714180 Bus: 2

Sprache

Allgemeines

Dänisch ist nicht ganz einfach zu lernen, aber durch einige Verwandtschaft zum niederdeutschen Platt manchmal leicht zu lesen. Viele Dänen sprechen Deutsch (das auf der Schule gelehrt wird) oder Englisch, so daß es eigentlich nie Verständigungsschwierigkeiten gibt.

Wie Schwedisch und Norwegisch gehört Dänisch zur nordgermanischen oder skandinavischen Sprachgruppe. Allen diesen Sprachen ist die Neigung zu Suffixen eigen (u.a. Anhängen des bestimmten Artikels an das Hauptwort). In der alphabetischen Reihenfolge folgen æ, ø und å am Ende nach z. Alle Wörter, mit Ausnahme der Eigennamen, werden klein geschrieben.

Die dänische Sprache, die vom Niederdeutschen sowie vom Angelsächsischen stark beeinflußt wurde und bis zum 10. Jh. gegenüber den anderen skandinavischen Sprachen kaum Unterschiede zeigte, ist besonders dem heute geschriebenen Norwegischen sehr verwandt. Noch am Anfang unseres Jahrhunderts bildeten beide Sprachen vor allem infolge der langen staatlichen Einheit (1380–1814) eine einzige Schriftsprache, das 'dansk-norsk'. Die Aussprache ist bei den Dänen weicher und abgeschliffener, bei den Norwegern volltönender. Charakteristisch für das Dänische ist der für Ausländer eigenartig klingende sog. Stoßlaut. Anno 1948 wurde eine Sprachreform durchgeführt, nach der auch im Dänischen alle Substantive bis auf die Eigennamen klein geschrieben werden; aus aa wurde å. Die Aussprache weicht vom Deutschen besonders im folgenden ab: å ist ein breiter dunkler o-Laut, ähnlich wie in dem englischen 'all'; – æ wie das

Aussprache (Fortsetzung)

deutsche ä; – ch immer wie k; – d meist stumm vor s und t sowie nach l, n und r; – d zwischen Vokalen und im Auslaut ein stimmhafter Lispellaut (wie engl. th in 'the'); – g zwischen zwei hellen Vokalen etwa wie j; – gj wie j, die Buchstabenverbindung egn (z.B. regn = Regen) fast wie 'ein', wobei das e wie ä gesprochen wird, ogn etwa wie oun (ähnlich der englischen Aussprache von 'so'); – h ist stumm vor j und v; – ø wie das deutsche ö; – s stets scharf (ß); – v zwischen Vokalen wie w, vor Konsonanten und am Wortende wie u; – Y wie ü; – aj, ej, øj wie ai, ei, eu.

Sprechen und verstehen ganz einfach

Zur Erleichterung der Aussprache sind alle dänischen Wörter mit einer einfachen Aussprache (in eckigen Klammern) versehen.

Gastronomie

⟶ Essen und Trinken, Speisekarte

Auf einen Blick

Ja/Nein/Vielleicht/Bitte	Ja [ja]/Nej [nei]/Måske [mosgeh] Vær så venlig [wäe so wännli] Vær så god [wärs' goh]
Danke	Tak [tack]
Vielen Dank!	Mange tak [mange tack]
Gern geschehen	Det var så lidt [deh war so litt]
Entschuldigung!	Undskyld! [onnsküll]
Wie bitte?	Hvad behager? [wa behar]
Ich verstehe Sie/dich nicht	Jeg forstår Dem/dig ikke [jei forstohr däm igge]
Ich spreche nur wenig ...	Jeg taler kun lidt ... [jei täler kunn litt]
Können Sie mir bitte helfen?	Undskyld, kan De hjælpe mig? [onnsküll, kann die jälpe mei]
Ich möchte ...	Jeg vil gerne ... [jei will gärne]
Das gefällt mir (nicht).	Det kan jeg (ikke) lide. [deh kann jei (igge) lie]
Haben Sie ...?	Har De ...? [har die ...]
Wieviel kostet es?	Hvad koster det? [wa koster deh]
Wieviel Uhr ist es?	Hvad er klokken? [wa är kloggen]

Kennenlernen

Guten Morgen!	God morgen! [goh morn]
Guten Tag!	Goddag! [goh däh]
Guten Abend!	God aften! [goh aften]
Hallo! Grüß dich!	Hallo!/Hej! Dav! [halloh/hei/dau]
Wie ist Ihr Name, bitte?	Undskyld, hvad er Deres navn? [onnsküll, wa är däres naun]
Wie geht es Ihnen?	Hvordan har De det? [wordann har die deh]
Danke. Und Ihnen/dir?	Godt tak. Hvad med Dem/dig? [gott tack. Wa med dämm/dei]
Auf Wiedersehen!	Farvel! [fahrwäll]
Bis morgen!	Vi ses i morgen! [wi sehs i morn]

Auskunft

links/rechts	venstre/højre [wänstre/heure]
geradeaus	lige ud [lie ud]
nah/weit	tæt/fjernt [tätt/fjärnt]
Bitte, wo ist ...?	Undskyll, hvor er ...? [onnsküll, wor är ...]
Hauptbahnhof	hovedbanegården [hohweg-bähnegohren]
U-Bahn	S-tog [äss-tou]
Flughafen	lufthavnen [lofthaunen]
Wie weit ist das?	Hvor langt er der? [wor langt ät der]

Einkaufen

Wo finde ich ...?	Hvor finder jeg ...? [wor finner jei ...]
Apotheke	apotek [apotek]
Bäckerei	bageri [bäjerie]
Fotoartikel	fotoartikel [fotoartikel]
Kaufhaus	varehus [wahrehuhs]
Markt	torved [torwet]

Sprache

Übernachtung	Können Sie mir bitte ... empfehlen?	Kunne De anbefale mig ... [kunne die anbefähle mei ...]
	... ein gutes Hotel	... et godt hotel? [et gott hotel]
	... einen Pension?	... et pension? [et pangschon]
	Ich habe bei Ihnen ein Zimmer reserviert	Jeg hat reserveret et værelse her. [jei hahr reserwehret et währelse her]
	Haben Sie noch Zimmer frei?	Har De ledige værelser? [hahr die ledige währelser]
	ein Einzelzimmer	et enkeltværelse [et enkeltwährelse]
	ein Doppelzimmer	et dobbeltværelse [et dobbeltwährelse]
	mit Dusche/Bad	med brusebad/bad [med bruhsebad/bad]
	mit Blick aufs Meer	med udsigt over havet [med udsikt ouer hähwet]
	für eine Nacht	for en nat [for en natt]
	für eine Woche	for en uge [for en uhe]
	Was kostet das Zimmer mit ...	Hvad koster væreselt med ...] [wa koster währelset med]
	... Frühstück?	... morgenmad? [mornmäd]
	... Halbpension?	... halvpension? [hallpangschohn]
Arzt	Können Sie mir einen guten Arzt empfehlen?	Kan De anbefale mig en god læge? [kan die anbefähle mei en goh lähje]
	Ich habe hier Schmerzen.	Jeg har ondt her. [jei hahr onnt her]
Bank	Wo ist hier bitte ...	Undskyld, hvor er der ... [onnsküll, wor är der ...]
	... eine Bank?	... en bank? [en bank]
	... eine Wechselstube?	... et vekselkontor? ... [et wäkselkontohr]
	Ich möchte ... DM (Schilling, Schweizer Franken) in Kronen umwechseln.	Jeg vil gerne veksle DM (schilling, schweizerfrancs) til kroner. [jei will gärne wäksle DM (schilling, schweizerfrancs) till kroner]
Post	Was kostet ...	Hvad koster ... [wa koster ...]
	... ein Brief ...	... et brev ... [et brew ...]
	... eine Postkarte ...	... et postkort ... [et postkort]
	... nach Deutschland?	... til Tyskland? [till tüsklann]
Panne	Ich habe eine Panne.	Jeg har en skade på bilen. [jei hahr en skähde po bielen]
	Würden Sie mir bitte einen Abschleppwagen schicken?	Vil De være venlig at sende mig en kranvogn? [will de währe wännli att sänne mei en krahnwoun]
	Wo ist hier in der Nähe eine Werkstatt?	Hvor er der et værksted?] [wor ät der et wärksted]
Tankstelle	Wo ist bitte die nächste Tankstelle?	Undskyld, hvor er den nærmeste tankstation? [onnsküll, wor är den närmaste tankstaschohn]
	Ich möchte ... Liter ...	Jeg vil gerne have ... liter ... [jei will gärne häh ... liter]
	... Normalbenzin.	... oktan 93. [oktähn tre-ou-hallfämms]
	... Super.	... oktan 95/98. [oktähn fem-ou-hallfämms/ ohde-ou-hallfämms]
	... Diesel.	... diesel. [diesel]
	... bleifrei/verbleit.	... blyfri/blyholdig. [blühfrie/blühholldig]
	... mit ... Oktan.	... med ... oktan. [med ... oktähn]
	Volltanken, bitte.	Vær venlig at fylde helt op. [währ wännli att fülle hehlt opp]

Sprache (Fortsetzung), Unfall

Hilfe!	Hjælp! [jälp]	
Vorsicht!	Pas på! [pas poh]	
Rufen Sie bitte schnell ...	Tilkald hurtigt ... [tillkall hurdit]	
... einen Krankenwagen.	... en ambulance. [en ambulangse]	
... die Polizei.	... politiet. [politiet]	
... die Feuerwehr.	... brandvæsenet. [brannwähsnet]	
Es war meine/Ihre Schuld	Det var min/Detes skyld [deh var mien/dähres sküll]	
Geben Sie mir bitte Ihren Namen und Ihre Anschrift.	Vær venlig at give mig Deres navn og adresse. [währ wännli att gie mei dähres naun ou adrässe]	

Zahlen

0	nul [noll]	19	nitten [nitten]
1	en [ehn]	20	tyve [tühwe]
2	to [toh]	21	enogtyve [ehn-ou-tühwe]
3	tre [treh]	22	toogtyve [toh-ou-tühwe]
4	fire [fier]	30	tredive [trähdwe]
5	fem [fämm]	40	fyrre [föhr]
6	seks [säks]	50	halvtreds [hallträs]
7	syv [süw]	60	tres [träss]
8	otte [ohde]	70	halvfjerds [hallfjährs]
9	ni [nie]	80	firs [fiers]
10	ti [tie]	90	halvfems [hallfämms]
11	elleve [älwe]	100	et hundrede [et hunnrede]
12	tolv [toll]	200	to hundrede [toh hunnrede]
13	tretten [trätten]	1000	et tusinde [et tuhsinn]
14	fjorten [fjohrten]	2000	to tusinde [to tusinn]
15	femten [fämmten]	10 000	ti tusinde [tie tuhsinn]
16	seksten [seisten]		
17	sytten [sütten]	1/2	en halv [en hall]
18	atten [atten]	1/4	en fjerdedel [en fjehrdehl]

Stadtbesichtigung und organisierte Ausflüge

Baedekers Vorschläge

Baedekers Vorschläge für Rundgänge auf eigene Faust: s. S. 36 ff.

Organisierte Spaziergänge durch Kopenhagen

Geführte Stadtrundgänge mit deutschsprachigen Fremdenführern Mitte April–Mitte Sept.; Treffpunkt Rathausplatz
Auskunft: DSR, Tel. 33162013, Fax 33162023

Christiania-Tour
Führung durch den 'Freistaat' Christiania; jeden Sa., So. um 15.00 Uhr; Treffpunkt: Eingang Princessgade

Mittelalterliche Nachtwache
Abendlicher Rundgang durch das mittelalterliche Kopenhagen; von Mai–Sept.: Do.–Sa. 21.00–22.00 Uhr (mit deutscher Zusammenfassung); Treffpunkt: Gråbrødretorv

Turmbesteigungen

Immer empfehlenswert ist es, sich einen Überblick über eine Stadt von oben zu verschaffen. Höchster Punkt Kopenhagens ist der 113 m hohe Rathausturm, dessen etwas mühsamer Aufstieg den weitesten Rundblick bietet (Führungen vom 1.6. bis 30.9.: Mo.–Fr. 10.00, 12.00, 14.00 Uhr; Sa. 12.00 Uhr). Beachtlich ist auch die Aussicht vom 87 m hohen Turm der Erlöserkirche (Vor Frelser Kirke) in Christianshavn. Bescheidener, wenn-

Stadtbesichtigung, Turmbesteigungen (Fortsetzung)

gleich ebenfalls lohnend, sind ferner die Stadtansichten, die man vom Runden Turm (Rundetårn) und vom Aussichtsturm des Zoologischen Gartens (43,5 m) genießt, wobei der letztere der einzige Aussichtspunkt ist, der mit einem Lift erreicht werden kann.

Busrundfahrten

Auskunft: Tel. 31540606

City-Tour
Von Mitte Mai bis Mitte Okt. tgl. mehrfach 1 1/2stündige Stadtrundfahrten mit Fremdenführer (deutsch- und englischsprachig); Ausgangspunkt: Rathausplatz bei der Lurenbläserstatue. Die Tickets können beim Reisebüro, beim Hotelportier oder dem Dänischen Fremdenverkehrsamt (⟶ Auskunft) erworben werden.

Große Rundfahrt durch 'Wonderful Copenhagen'
Rundfahrt im großen roten Bus zu den schönsten Sehenswürdigkeiten Kopenhagens; unterwegs kann man aussteigen, wo man möchte, und die Rundfahrt später fortsetzen; tgl. 9.00–22.00 Uhr; Tagestickets sind beim Hotelportier oder beim Fremdenverkehrsamt (⟶ Auskunft) erhältlich.

City- und Hafenrundfahrt
Von Mitte Mai bis Mitte Sept. tgl. mit Bus und Motorboot ca. 2 1/2 Stunden durch Kopenhagen. Treffpunkt: Rathausplatz; Abholdienst bei sieben Hotels.

Königliche Kopenhagentour
Juni bis Mitte September: Di., Sa. 10.00 Uhr; Dauer knapp 3 Std.
Besichtigung der königlichen Empfangsräume auf Schloß Christiansborg und der Kronjuwelensammlung von Rosenborg Slot.

Vogel-Touren
Ibis Excursion, Tel. 39624162
Nach Wunsch individuell zusammengestellte Touren für Kopenhagen und Nordseeland – zu Fuß, mit dem Fahrrad, Auto, Schiff oder öffentlichen Verkehrsmitteln; Dauer 1–10 Std.

Fahrt ins Wikingerland
Mitte Mai bis Mitte September: Di., Sa. 9.00, Dauer 6 Std.
Besichtigung von Roskilde mit Dom und Wikingerschiffsmuseum.

Schiffsausflüge ⟶ dort

Straßenverkehr

Straßen

Die dänischen Autobahnen (Motorvej) und numerierten Hauptstraßen (A..., Hovedvej) sind in gutem Zustand und verhältnismäßig wenig befahren.

Autohilfe ⟶ dort

Parken ⟶ dort

Verkehrsvorschriften

Höchstgeschwindigkeiten

In geschlossenen Ortschaften beträgt die zulässige Höchstgeschwindigkeit 50 km/h, auf Landstraßen und Schnellstraßen 80 km/h, auf Autobahnen 110 km/h, jedoch maximal 70 km/h für Pkw mit Anhänger bzw. 80 km/h für Busse. Auch geringe Überschreitungen der Höchstgeschwindigkeit werden in Dänemark mit hohen Geldstrafen geahndet.

Gurtanlegepflicht, Helmpflicht

Es besteht Gurtanlegepflicht auf Vorder- und Rücksitzen. Motorradfahrer müssen einen Schutzhelm tragen.

In Dänemark ist ein Warndreieck mitzuführen. — Warndreieck

An Straßeneinmündungen bedeuten weiße Dreiecke auf der Fahrbahn 'Vorfahrt gewähren'. Kreisverkehr hat Vorfahrt. — Vorfahrtsregeln

Autos und Motorräder müssen rund um die Uhr mit eingeschaltetem Abblendlicht fahren! Andernfalls ist mit einer Geldbuße zu rechnen. — Beleuchtung

Die Höchstgrenze für den Blutalkoholgehalt liegt bei 0,8 Promille. — Promillegrenze

Taxis

Freie Taxis haben ein erleuchtetes Schild "Fri" an der Windschutzscheibe. Die meisten Fahrer verstehen Englisch oder Deutsch. — "Fri"

Københavns Taxa: Tel. 31 35 35 35 — Taxirufe

Minibusse/Behindertenbusse: Tel. 31 39 35 35

Telefon

Telefongespräche können in Dänemark von öffentlichen Telefonzellen und Postämtern mit 1-, 2-, 5- und 10-Kronen-Münzen oder per Telefonkarte geführt werden. Für ein Auslandsgespräch benötigt man mindestens 5 dkr. Telefonkarten erhält man in DSB-Kiosken und auf Postämtern. — Öffentliche Fernsprecher

Dänemark: Tel. 118, Ausland: Tel. 113 — Telefonauskunft

Von Deutschland, Österreich und der Schweiz
nach Kopenhagen: 0045 — Ländervorwahlen

Von Dänemark
nach Deutschland: 0049
nach Österreich: 0043
in die Schweiz: 0041
Die Null der nachfolgenden Ortsnetzkennzahl entfällt.

D- und E-Netz-Telefone können ohne Formalitäten frei eingeführt werden. Man erkundige sich am besten bei der jeweiligen Telefongesellschaft im Heimatland nach den technischen Besonderheiten im International Roaming mit Dänemark. — Mobiltelefone

Theater

So reizvoll ein Theaterbesuch in Kopenhagen sein mag – und die Theaterkultur der dänischen Hauptstadt sucht landesweit ihresgleichen –, so scheitert der ausländische Gast doch meistens an der Sprachbarriere, abgesehen von der Commedia dell'Arte im Tivoli und den englischsprachigen Aufführungen im Mermaid Theatre. Karten sind vergleichsweise relativ preisgünstig und nicht selten auch noch zum halben Preis am Aufführungstag zu erwerben. — Hinweis

⟶ Vorverkaufsstellen — Kartenverkauf

Det Kongelige Teater

⟶ Musik

Theater (Forts.), Englisches Theater	Mermaid Theatre Vestergade 27 Tel. 33161445
Oper/Ballett	→ Musik

Trinkgeld

Trinkgelder sind in Kopenhagen in Hotel-, Restaurant- und Taxipreisen eingeschlossen, so daß man sich in der Regel nur für besondere Leistungen erkenntlich zeigt.

Veranstaltungskalender

Januar	Neujahrskonzert
April	Geburtstag der Königin (16.4.; mit Parade der Palastwache).
Mai	Wonderful Copenhagen Marathon (meist letzte Maiwoche); beim 42-km-Lauf durch die Stadt nehmen Sportler aus aller Welt teil.
Ende April bis Mitte September	Vergnügungspark Bakken; Ende Juni– Anfang Aug. jeden Mi. Kinderfest. Vergnügungspark Tivoli; So.–Do. 11.00–24.00 Uhr, Fr., Sa. 11.00–2.00 Uhr; Mi., Sa., Fei. Feuerwerk um 23.45 Uhr; jeden Dienstag von Ende Juni bis Anfang August Kinderfest.
Pfingsten	Karneval in Kopenhagen: Alternative Studenten- und Stadtteilgruppen begründeten zu Beginn der achtziger Jahre den Pfingst-Karneval, wobei sie sich an südamerikanischen Vorbildern orientierten. Da Samba nicht zum kalten Wetter paßt, wurde das Fest der farbenprächtigen Fantasiekostüme in der Hoffnung auf wärmere Temperaturen entgegen allen europäischen Traditionen auf Pfingsten gelegt. Neben heißen Samba-Nächten und bunten Umzügen gibt es zum Abschluß auch einen Kinderkarneval.
Mai bis Ende August	Sophienholm (Lyngby): jeden Sonntag Kinderprogramm und Promenadenkonzert.
Juni	23. Juni: heidnischer Johannisabend mit Feuern nördlich von Kopenhagen zur Vertreibung der Hexen. Tanzfestival Dancin' City (Skandinaviens größtes Festival für Modern Dance). Roskilde-Festival: Dänemarks größtes Rock-Festival (verlängertes letztes Juniwochenende).
Juni/Juli	Kopenhagener Sommerfestival mit vielen Veranstaltungen auf Plätzen und Straßen, in Kneipen, Parks und Schloßanlagen.
Juli	Kopenhagener Jazz-Festival (an neun Tagen Anfang Juli werden nahezu 500 Konzerte sowie Jamsessions in den Altstadtstraßen und Kneipen, auf historischen Plätzen und an den Kanälen gegeben). Internationale Ruderregatta. Orgelkonzerte in mehreren Kirchen.
August	Copenhagen Water Festival (10tägiges Stadtfestival an und um die Hafenpromenaden nahe Schloß Amalienborg mit Ausstellungen, Oper, Ballett und Rockkonzerten. Klassische Musik in der Ny Carlsberg Glyptotek (ab Mitte August).

Copenhagen Film Festival (1 Woche Vorpremieren der neuen Filme des Herbstes in Originalton mit dänischen Untertiteln).
Amager: Musikfestival (Kirchenkonzerte).

Veranstaltungskalender (Forts.), September

Antiquitätenausstellung in der alten Börse.
Kulturnatten: 'Kulturnacht' mit Spezialveranstaltungen bis Mitternacht in Museen, Kirchen, Theatern und Kinos sowie Open-Air-Shows.
Copenhagen Choir Festival: Ende Oktober Konzerte mit den besten dänischen Chören sowie internationalen Konkurrenten.

Oktober

Weihnachtsmarkt, großer Weihnachtsumzug und Weihnachtskonzerte.

November, Dezember

Veranstaltungsprogramme

Über Veranstaltungen informiert die Touristeninformation in Kopenhagen (⟶ Auskunft), deren Website laufend aktualisiert wird: www.visitcopenhagen.dk; Kartenreservierung: Tel. 38 48 15 55, E-Mail: booking@arte.dk

Veranstaltungskalender

Die alljährlich auch in deutsch und englisch veröffentlichte Broschüre 'Wonderful Copenhagen' informiert über die wichtigsten Veranstaltungen und Festivals. Der monatlich erscheinende, kombinierte Stadtführer 'Copenhagen this week' beinhaltet aktuelle Hinweise auf besondere kulturelle und sportliche Veranstaltungen (nur in englisch). Beide Publikationen sind kostenlos erhältlich beim Dänischen Fremdenverkehrsamt (⟶ Auskunft), in Hotels und größeren Banken.

Wonderful Copenhagen, Copenhagen this week

Das Programm kleinerer Musikclubs und Kinos liegt in Kulturstätten und Szenekneipen aus.

Musikkalenderen, Filmkalenderen

Hinweise über aktuelle Theater-, Konzert-, Film- und Sportveranstaltungen bieten auch die Tageszeitungen unter der Rubrik 'Forlystelser' und der größte Online-Kulturkalender Dänemarks: www.kultunaut.dk

Weitere Infos über Theater, Konzerte und Film

Verkehrsmittel · Öffentlicher Nahverkehr

Kopenhagen besitzt ein gut ausgebautes Busnetz – die ersten Busse fahren werktags ab 5.00 Uhr und am So. ab 6.00 Uhr; die letzten bis etwa 0.30 Uhr, einige Nachtbusse sogar bis 4.30 Uhr. Das S-Bahnnetz verbindet Innenstadt und Vororte in Intervallen von 10–20 Minuten.
Auskunft: Infozentrum, HT Terminal, Rådhuspladsen, Tel. 36 45 45 45

Busse/S-Bahn

Die meisten Sehenswürdigkeiten Kopenhagens sind mit dem kombinierten HT Bus- und Bahnticket zu erreichen, das sowohl für Busse wie für DSB-Bahnen und die S-Bahn gilt.Die Fahrkarte kann man direkt im Bus oder auf den Bahnhöfen kaufen. Bezahlt wird für die Anzahl der Zonen, über die sich die Fahrt erstrecken darf. Die Fahrkarte muß vom Busfahrer bzw. im Entwerter abgestempelt werden.
Streckenplan der S-Bahn: s. hintere Umschlaginnenseite

Kombiniertes HT Bus- und Bahn-Ticket

Wer Kopenhagen und seine Umgebung mit öffentlichen Verkehrsmitteln erkunden möchte, dem sei der Kauf der Copenhagen Card angeraten. Sie ist – je nach Wunsch – für ein, zwei oder drei Tage zu haben und gewährt unbegrenzte Bus- und Bahnfahrten in der ganzen Hauptstadtregion, 10–50 % Ermäßigung auf Überfahrten nach und von Schweden sowie freien Eintritt zu mehr als 70 Museen und Sehenswürdigkeiten der Stadt, der Umgebung auf Seeland und sogar zu einigen Museen Südschwedens. Man erhält die Copenhagen Card in Hotels und Reisebüros, beim Fremdenverkehrsamt (⟶ Auskunft) und am Hauptbahnhof.

Copenhagen Card

Urbanes Schmuckstück im Herzen der dänischen Metropole: Kopenhagens Hauptbahnhof gegenüber dem Tivoli

Verkehrsmittel (Fortsetzung)

Eine andere Ermäßigungsmöglichkeit sind Rabattkarten für zehn Fahrten von je einer Stunde innerhalb von zwei Tarifzonen.

Kindertarif

Für Kinder unter 12 Jahren wird der halbe Preis verlangt, Kinder unter 7 Jahren fahren gratis.

Vorverkaufsstellen

Vorverkaufsstellen

ARTE, Hvidkildevej 64, Tel. 38882222
Geöffnet: 10.00–16.00 Uhr
Billet-Net, Bernstorffsgade, Tel. 38887022
Café-Teatret, Skindergade 3, Tel. 33125814
Geöffnet: Mo.–Fr. 14.00–18.00 Uhr, Sa. 12.00–16.00 Uhr
Circus Building, Jernbanegade 8, Tel. 33150111
Geöffnet: 12.00–17.00 Uhr
Dansescenen, Marskensgade 11, Tel. 35435858
Geöffnet: Mo.–Fr. 12.00–17.00 Uhr
DR-butikken, Rosenørns Alle 34, Tel. 35203040
Geöffnet: Mo.–Fr. 10.00–16.00 Uhr, Sa. 10.00–13.00 Uhr
Engstrøm + Sødring, Bordergade 17, Tel. 33143228
Geöffnet: Mo.–Fr. 9.00–17.30 Uhr, Sa. 9.00–13.00 Uhr
M&M, Nygade 1, Tel. 33931432
Geöffnet: Mo.–Do. 10.00–18.00 Uhr, Fr 10.00–19.00 Uhr, Sa. 10.00 bis 17.00 Uhr
Kanonhallen, Serridslevvej 2, Tel. 35432021
Geöffnet: Mo.–Fr. 14.00–18.00 Uhr, Sa. 11.00–14.00 Uhr
Tivoli Concert Hall Ticket Centre, Vesterbrogade 3, Tel. 33151012
Geöffnet: Mo.–Fr. 11.00–17.00 Uhr

Karten zum halben Preis für Theater und Konzerte am selben Tag: Nørreport Kiosk, Fiolstræde/Nørrevold gegenüber S-Bahn-Station Nørreport; geöffnet: Mo.-Fr. 12.00-19.00 Uhr, Sa. 12.00-15.00 Uhr

Karten zum halben Preis

Zeit

In Dänemark gilt die Mitteleuropäische Zeit (MEZ), für die Sommermonate von Ende März bis Ende Oktober die mitteleuropäische Sommerzeit (MESZ = MEZ + 1 Std.).

Zeitungen

Deutsche und dänische Zeitungen

Deutsche Zeitungen stehen an Kiosken und oft auch in großen Hotels am Tage ihres Erscheinens zur Verfügung, ebenso viele deutschsprachige Zeitschriften. Von den dänischen Zeitungen ist Berlingske Tidende die älteste (1749 gegründet) mit einer Auflage um 150000, sonntags etwa doppelt so viel. Sie gilt als konservativ. Die liberale Morgenzeitung Politiken erreicht eine Auflage von rund 160000 (Sonntag rund 200000). Die höchste Auflage hat die Boulevardzeitung Ekstrabladet (ca. 260000), gefolgt vom Konkurrenzblatt B. T. (etwa 190000).

Zollbestimmungen

EU-Binnenmarkt

Innerhalb der Europäischen Union (EU) ist der Warenverkehr für private Zwecke weitgehend zollfrei.

Einreise nach Dänemark aus Deutschland und Österreich

Gegenstände des persönlichen Bedarfs, die man im Urlaub braucht, können aus Deutschland und Österreich zollfrei nach Dänemark eingeführt werden. Es gelten lediglich gewisse obere Richtmengen: für Reisende über 17 Jahre 300 Zigaretten oder 150 Zigarillos oder 75 Zigarren oder 400 g Rauchtabak, nicht mehr als 1,5 l Spirituosen über 22 % Alkoholgehalt, 90 l Wein (davon max. 20 l Schaumwein) und 110 l Bier.

Einreise nach Dänemark aus Nicht-EU-Ländern

Für Reisende aus Nicht-EU-Ländern wie der Schweiz gelten folgende Freimengengrenzen für Personen über 17 Jahre: 500 g Kaffee oder 200 g Kaffeeauszüge, 100 g Tee oder 40 g Teeextrakt, 200 Zigaretten oder 100 Zigarillos oder 50 Zigarren oder 250 g Rauchtabak, ferner 2 l Wein oder 1 l Spirituosen mit mehr als 22 % Alkoholgehalt, 0,25 l Parfüm oder 0,5 l Eau de Toilette.

Wiedereinreise in EU-Länder

Aus Dänemark dürfen 300 Zigaretten oder 150 Zigarillos oder 75 Zigarren oder 400 g Rauchtabak und 1,5 l Spirituosen sowie sonstige Waren nach Deutschland und Österreich eingeführt werden.

Wiedereinreise in die Schweiz

Es gelten folgende Freimengengrenzen: 250 g Kaffee, 100 g Tee, 200 Zigaretten oder 50 Zigarren oder 250 g Rauchtabak, 2 l Wein oder andere Getränke bis 15 % Alkoholgehalt sowie 1 l Spirituosen mit mehr als 15 % Alkoholgehalt. Souvenirs sind bis zu einem Wert von 100 sfr (Personen unter 17 Jahre bis 50 sfr) zollfrei.

Register

Verzeichnis der Karten und graphischen Darstellungen

Bildnachweis

Archiv für Kunst und Geschichte: S. 24, 25, 26, 27
Baedeker-Archiv: S. 50, 63 (2 x), 81 (2 x unten), 99 (2 x unten), 117, 169 (2 x)
Blixen Museet: S. 22 (rechts)
Cabos/Dr. Reincke: S. 1, 3 (2 x), 5 (2 x), 6/7 (5 x), 13 (2 x), 14, 17, 19, 23, 37, 40, 44, 46, 47, 48, 49, 52, 53, 55, 58/59, 61 (2 x), 65 (2 x), 66, 69 (3 x), 71, 72 (3 x), 74, 75, 76, 77, 78, 79, 80, 81 (oben), 83, 84, 85, 86, 87, 88 (2 x), 89, 93, 94 (3 x), 96, 97, 99 (oben), 100, 102, 106, 111 (2 x), 112, 113, 115, 116, 119, 121, 123 (2 x), 124, 125, 126, 127 (2 x), 130 (3 x), 135, 139, 143, 147, 148, 150, 152, 155, 158, 159, 161, 162, 164, 168, 176, 180, 182, 192
Historia-Photo: S.28/29
IFA Bilderdienst: S. 8/9
Søren Jensen: S. 105
Lade Fotoagentur: S. 109, 132/133
Louisiana Museum: S. 91, 92
ZEFA: S. 34/35

Titelbild: Lade – immer belebt und urgemütlich: der Nyhavn
Hintere Umschlagseite: Dr. Reincke – Elefantentor der Carlsberg-Brauerei

Impressum

Ausstattung:
125 Abbildungen (Bildnachweis s. zuvor)
19 Karten und graphische Darstellungen (Kartenverzeichnis s. zuvor), 1 großer Cityplan

Text: Dr. Madeleine Reincke mit Beiträgen von Dr. Gerhard Eckert und Isolde Bacher

Bearbeitung: Baedeker-Redaktion (Dr. Madeleine Reincke)

Kartographie: Franz Huber, München;
RV Verlag, Ostfildern (großer Cityplan)

Gesamtleitung: Rainer Eisenschmid, Baedeker Ostfildern

8. Auflage 2002

Urheberschaft: Karl Baedeker GmbH, Ostfildern
Nutzungsrecht: Mairs Geographischer Verlag GmbH & Co., Ostfildern

Druck: Mairs Graphische Betriebe GmbH & Co., Ostfildern
Printed in Germany
ISBN 3-87504-128-3

Gedruckt auf 100% chlorfreiem Papier

Verlagsprogramm

Städte in aller Welt

Amsterdam
Athen
Bangkok
Barcelona
Berlin
Brüssel
Budapest
Dresden
Florenz
Frankfurt/M.
Hamburg
Hongkong
Istanbul
Köln
Kopenhagen
Lissabon
London
Madrid
Moskau
München
New York
Paris
Prag
Rom
San Francisco
St. Petersburg
Singapur
Stuttgart
Venedig
Weimar
Wien

Reiseländer · Großräume

Ägypten
Australien
Baltikum
Belgien
Brasilien
China
Dänemark
Deutschland
Dominikanische Republik
Finnland
Frankreich
Griechenland
Großbritannien
Indien
Irland
Israel
Italien
Japan
Jordanien
Kanada
Karibik
Kenia
Kuba
Luxemburg
Malaysia
Marokko
Mexiko
Namibia
Nepal
Neuseeland
Niederlande
Norwegen
Österreich
Polen
Portugal
Schweden
Schweiz
Skandinavien
Spanien
Sri Lanka
Südafrika
Syrien
Thailand
Tschechien
Tunesien
Türkei
Ungarn
USA
Vietnam

Regionen · Inseln · Flüsse

Algarve
Andalusien
Bali
Bodensee
Bretagne
Burgund
Chicago · Große Seen
Costa Blanca
Costa Brava
Djerba · Südtunesien
Elba
Elsaß · Vogesen
Florida
Franken
Franz. Atlantikküste
Fuerteventura
Gardasee
Gomera
Gran Canaria
Griechische Inseln
Harz
Hawaii
Ibiza · Formentera
Italien · Norden
Ischia · Capri · Procida
Istrien · Dalmat. Küste
Italienische Adria
Italienische Riviera
Kalifornien
Kanada · Osten
Kanada · Westen
Kanalinseln
Korfu · Ionische Inseln
Korsika
Kos
Kreta
Kykladen
La Palma
Lanzarote
Loire
Lombardei · Mailand · Oberital. Seen
Madeira
Malediven
Mallorca
Malta
Mecklenburg-Vorpommern
Menorca
Oberbayern
Provence · Côte d'Azur
Rhodos
Rügen
Sachsen
Salzburger Land
Sardinien
Schleswig-Holstein
Schottland
Schwäbische Alb
Schwarzwald
Seychellen
Sizilien
Südengland
Südtirol
Sylt
Teneriffa
Tessin
Toskana
Türkische Küsten
Umbrien
USA · Nordosten
USA · Südstaaten
USA · Südwesten
Washington DC · Capital Region
Zypern

Kleine Städteführer Deutschland und Schweiz

Augsburg
Bamberg
Basel
Berlin
Bonn
Bremen
Freiburg
Hannover
Konstanz
Leipzig
Lübeck
Mainz
Nürnberg
Regensburg
Trier
Wiesbaden